수학과 서술형 평가의 실제

: 초등학교 5학년

김민경, 김구연, 김래영, 노선숙
김서영, 이지영, 조미경, 주유리, 최나경, 홍지연 지음

KM 경문사

머리말

현대 사회의 특징을 나타내는 주요 키워드 중 하나는 '빅데이터'입니다. Deloitte Consulting(장영재, 2013에서 재인용)에 따르면 인류가 생긴 이래 2003년까지 만들어낸 데이터의 양은 5엑사바이트($=5\times10^{18}$) 정도인데, 현재 같은 양의 데이터가 만들어지는 데는 약 이틀의 시간만이 필요하다고 합니다. 종래의 방법으로는 수집·저장·검색·분석이 어려워진 방대한 데이터가 생성되는 빅데이터 시대를 사는 학생들에게는 정보를 논리적, 효율적으로 판단하여 합리적인 의사결정을 하는 능력과, 나아가 창의적인 아이디어를 정보에 담아 유익한 지식으로 재구성하고 적합한 표현방법을 통해 모든 사회구성원과 소통하고 나누는 인성 함양이 동시에 요구됩니다.

오늘날 학교교육의 목표 역시 학문적, 실제적으로 쌓여진 기반지식을 학교현장에 일방적으로 전달하는 것이 아니라, 학생들 스스로 유용한 정보를 유추해내고 그것을 타인에게 설득력 있게 전달하는 소통능력을 함양하는 것으로 변화되고 있습니다. 이러한 교육목표 변화에 의해 일차적으로 학교현장에서의 교수-학습 방법의 개선이 요구되고 있고 아울러 학생 평가의 방법과 관점의 전환이 필요합니다.

이러한 변화에 부응하여 학교수학의 교육과정은 학생들의 문제해결 능력, 추론능력, 의사소통능력 등을 아우르는 통합적인 수학적 사고능력 신장을 목표로 삼고 있습니다. 그러나 실제 평가에서는 학생들이 축적한 수학적 지식과 기술의 양을 가늠하는 데 초점을 둔 경우가 많았습니다. 이에 창의·인성교육을 지향하는 2009 개정 수학교육과정에서는 선택형 위주의 평가를 지양하고 다양한 평가방법을 활용한 종합적인 수학평가를 권장하고 있으며, 각 급 학교에서도 가르칠 수학내용, 가르치는 방법, 가르친 학습자평가에 있어서 개선노력을 기울이고 있습니다. 특히 2010년부터는 선택형·단답형 중심의 평가체제에서 서술형·논술형 중심의 평가체제로 전환하기 위한 노력을 하고 있습니다.

이렇듯 변화하는 국내·외 사회적·교육적 요구와 함께 학생들의 인성교육에도 도움이 될 좋은 수학 평가문항을 만들어 교육현장에 적용하려는 뜻 있는 교사들의 요구에 부응하여, 이화여자대학교, 서강대학교, 현장교사들이 힘을 합해 2011년부터 교육과학기술부, 한국연구재단 지원으로 "창의·인성교육 구현 및 미래인재육성을 위한 학교수학의 서술·논술형 평가체제 구축연구(과제번호: NRF-2011-32A-B00216)" 과제를 2년간 수행하였습니다.

본 저서 시리즈는 연구 산출물 중 하나로 개발된 초·중등학교 서술형·논술형 좋은 문항에, 연구에 기반 한 평가기준을 추가하여 현장에 효과적으로 적용하고 여러 교수-학습자들과 공유할 목적으로 집필되었습니다. 초등학교, 중학교 수학학습을 위해 개발한 문항으로 구성되며, 초등학교의 경우 3학년, 5학년 전 내용영역에 맞춘 서술형 평가문항과 평가기준, 중학교의 경우 2학년, 3학년 전 내용영역별로 서술·논술형 평가문항과 평가기준을 함께 제시하고 있습니다. 중학교 저서 시리즈는 학년별로 서술형 평가를 전반부에 제시하고 논술형 평가를 후반부에 제시하여 독자들이 필요에 따라 찾아볼 수 있도록 구성하였습니다.

2009 개정 교육과정으로부터 평가 요소를 추출하고 제작한 평가문항들은 우선 내용영역으로 분류하고 이를 핵심개념별로 구성하였으며, 평가에 관한 국내·외 연구동향을 파악하고 학교현장과 연구물들의 장·단점을 분석하여 현장에서 효과적으로 사용할 수 있도록 평가기준 및 채점기준을 포함하여 제시하였습니다. 또한 문항의 난이도와 선생님 팁(tip)을 포함하고 있어 학교 현장에서 실제로 문항을 어떻게 활용하고 변형할 수 있는지 정보를 제공하였으며, 문항 제작보다 채점에서의 어려움이 훨씬 큰 학교수학의 특성을 반영하여 수준별로 학생들의 실제 예시답안을 제시하였습니다. 이를 통해 학교현장의 교사들이 평가 및 채점기준을 쉽게 설계하고 활용할 수 있기를 기대하며, 특히 문항별로 학생들의 오답이나 오개념을 미리 탐색함으로써 수업적용과 실제평가에도 도움이 되고자 하였습니다.

본 저서의 서술·논술형 평가문항을 적절히 활용한다면 학생들이 수학개념과 원리를 상황에 따라 바르게 적용하여 문제를 해결하고, 정확한 수학적 표현능력을 향상시킬 수 있을 것으로 기대합니다. 또한 교사들은 학생들의 성취수준을 파악하는 것만이 아니라 학생들의 사고과정에 대한 보다 구체적이고 실질적인 정보를 얻을 수 있을 것입니다. 그 결과, 학생들의 이해를 촉진시키는 수업을 구성하는데 있어 구체적인 가이드가 될 것이라 기대합니다.

본 저서에 담긴 모든 결과는 공동 노력의 결실로 맺어진 것으로, 이 책을 통해 현장과 공유하고 소통함으로써 초·중등 수학교육의 공정한 평가체제 구축 및 확산에 기여하는 것이 목적입니다. 이 책을 통해 현장교사가 학생들의 창의성·인성 함양을 목적으로 문제해결 능력과 추론 능력을 향상시켜 궁극적으로는 융합인재, 즉 합리적인 사고능력을 가진 미래인재양성에 기여할 수 있도록 수학수업의 질적 개선을 추구하는데 도움이 되고자 합니다. 학부모와 학생들에게는 이 책에서 제시하는 다양한 수학 평가문항 학습을 통해 수학지식에 대한 개념적, 과정적 이해를 스스로 터득할 수 있도록 새로운 아이디어와 지속적인 노력의 장이 되기를 희망합니다. 교육정책가와 연구자들에게는 최근 평가 동향에 대한 목표 이해와 새롭게 변화하는 평가 체제 및 실제에 대한 아이디어와 결과를 공유하면서, 현장의 합리적이고 효율적인 평가체제를 구축, 확산하는 데 공동의 노력을 하는 장이 될 것으로 기대합니다. 모든 분들의 관심과 피드백으로 더 좋은 평가체제를 구축해 나가는데 협력해 주실 것을 부탁드립니다.

이 책이 이제 막 시작 단계인 학교 현장에서의 서술·논술형 평가의 효과적인 정착에 작은 보탬이 되길 바랍니다. 이를 통해 교사, 학생, 학부모, 교육전문가 모두가 힘을 합해 다양한 배경을 가지고 한 교실에 모여 공부하게 될 우리의 미래 인재들에게 평등한 수학교육 기회가 제공될 수 있도록 연구하고 노력할 것입니다.

그동안 본 기초연구를 지원해 준 한국연구재단, 함께 연구를 수행한 모든 공동연구원, 아낌없는 조언과 자문으로 협조해 주신 학교 현장의 선생님들께 큰 감사의 뜻을 전합니다. 연구에서 개발된 초·중등 서술·논술형 평가 체제 확산을 통한 현장의 수학교육개선이라는 연구목적에 뜻을 같이하셔서 출판을 수락해 주신 경문사 박문규 사장님 외 관계자 여러분께도 심심한 감사의 말씀을 전합니다.

저자 일동

"창의·인성교육 구현 및 미래인재육성을 위한
학교수학의 서술·논술형 평가체제 구축연구" 연구팀

차례

I. 서술형 평가 개발 연구

수학교육의 목표가 단순 지식을 암기하고 재생하기보다는 고차원적인 사고력, 추리력 및 창의력을 증진시키는 것으로 변화됨에 따라 수학과의 평가 내용이나 방법에 있어서도 변화를 가져오게 되었다. 채점의 객관성을 보장해주고 광범위한 영역의 교수·학습 목표의 성취도를 경제적(적은 비용, 짧은 시간)으로 파악할 수 있다는 점에서, 지금까지 학교 현장에서 가장 일반적으로 사용되는 선다형 및 단답형 문항이 학습자의 창의적이고 능동적인 사고 능력을 함양하도록 유도하는데 한계가 있다는 비판이 제기되고 이에 대한 대안적인 평가 방식의 필요성이 부각되었다.

이에 학생들의 다양한 반응을 볼 수 있고 이를 통해 학생들의 사고 과정을 파악할 수 있는 평가 방안으로 서술형 평가를 설정하고 선행연구와 교육과정에 대한 분석을 통해 서술형 평가문항 및 평가기준 개발의 방향과 원리를 도출하였다. 이는 우리나라 2007개정 수학과 교육과정의 국민공통 기본교육과정 중 5학년 1학기와 2학기 학습 내용에 대한 구체적인 평가문항 및 평가기준 개발의 바탕이 되었다.

01 | 서술형 평가 개발의 배경[1)]

21세기 학교수학에서는 단순한 사실적 지식에 대한 평가만 하는 것이 아니라 지식·정보화 사회에서 요구되는 이해 및 적용 능력까지 평가하기 위해서 새로운 평가방법의 필요성이 대두되었고, 제7차 수학과 교육과정에서는 수학의 기본적인 개념, 원리, 법칙의 이해와 수학의 용어와 기호를 정확하게 사용하고 표현하는 기능, 수학적 지식과 기능을 활용하여 문제를 수학적으로 사고하여 해결하는 능력, 실생활 현상을 수학적으로 관찰, 분석, 조직, 사고하는 태도를 평가해야 한다고 하였다(강지형 외, 2001). 이후 2007개정 교육과정(국가교육과정정보센터, 2007)에서는 수학의 기본적인 개념, 원리, 법칙을 이해하고 적용하는 능력, 수학적 표현의 의미를 이해하고 정확하게 사용하는 능력, 수학적 지식과 기능을 활용하여 타당하게 추론하는 능력, 다양한 상황에서 발생하는 여러 가지 문제를 수학적으로 사고하여 해결하는 능력, 생활 주변 현상, 사회현상, 자연현상 등의 여러 가지 현상을 수학적으로 관찰, 분석, 조직하는 능

1) 김민경 외(2012a, 2012b) 논문의 일부 내용을 요약한 것임.

력, 수학적 사고 과정과 결과를 합리적으로 의사소통하는 능력에 대한 평가로서 인지적 영역의 평가와 함께 정의적 영역에 대한 평가로, 학생의 수학에 대한 긍정적 태도를 신장시키기 위하여 학생의 수학에 대한 바람직한 가치관이나 수학 학습에 대한 관심, 흥미, 자신감 등의 정도를 파악해야 한다고 하였다. 최근 2009개정 교육과정에서는 2007개정 교육과정에서의 내용 근간을 유지하되, 인지적 영역에서 수학적 지식과 기능을 바탕으로 창의적으로 사고하는 능력도 평가해야 한다고 추가적으로 제시하였다. 현대 수학교육의 흐름을 반영하여 7차 교육과정 이후 의사소통, 창의성에 대한 요구가 평가에도 반영이 되고 있으며 이는 학교교육에서의 평가 또한 변화할 수밖에 없다는 흐름을 내포하고 있다(국가교육과정정보센터, 2011). 이에 교육인적자원부(1998)는 과정중심적인 평가방법으로서 수행평가를 도입하였으며, 각 시도교육청에서는 각종 기준안을 마련하여 교사 교육 및 평가 개발과 보급에 여러 노력을 기울이고 있다(서울특별시 교육청, 2010a, 2010b, 2011; 강원도 교육청, 2011; 경기도 교육청, 2010, 2011, 2012a, 2012b; 대구광역시 교육청, 2011).

수학 교과에서 서술형 평가는 학생들이 설명하는 문제의 풀이과정을 분석하여 학생들이 문제해결과정을 올바르게 이해하고 있는지를 평가(정동권 외, 2002; NCTM, 2001)하고자 하는 것으로, 박금란과 방정숙(2008)은 초등학교 6학년 학생들을 대상으로 학생들이 자신들의 생각과 의견을 그림이나 문장 등을 활용하여 직접 '서술'하도록 하는 형태로 서술형 평가를 시행한 바 있다. 서술형 평가와 관련된 여러 연구들(김도연, 2011: 김민경·권점례 외, 2008; 도주원 외, 2009)에서 살펴본 서술형 평가는 학생들의 창의성이나 수학적 사고력, 문제해결력 등과 같은 고등 사고 기능 향상에 기여하며 학생들의 수학적 사고 과정을 평가할 수 있는 방법으로서 우리나라에서는 수행평가의 일종으로 실시되고 있는 것으로 나타났다.

우리나라에서 1990년대 초 수행평가라는 개념이 도입되어 사용되기 시작하면서, 1996년 국립교육평가원에서 《수행평가의 이론과 실제》라는 저서 출간과 더불어 수행평가에 대한 관심이 모아졌다. 이후 서울시 교육청에서는 1997년 초등교육 새물결 운동이 확산되면서 수행평가가 초등학교에서 새로운 교육 및 평가 관점으로 자리를 잡기 시작하였으며, 2000년 제7차 교육과정의 실행 및 '교육비전 2002'에서도 학생을 총체적으로 이해하고 평가할 수 있는 수행평가의 확대 실시를 제안한 바 있다(교육인적자원부, 1998; 허경철 외, 1999). 2005년부터 시·도 교육청은 학교교육의 내실화와 학업평가에 대한 신뢰성 제고를 목표로 초·중등 수학과 서술형 평가를 주도하였고, 서울특별시 교육청에서는 2005년부터 수행평가의 일환으로서 '서술형·논술형 평가'를 연차적으로 확대하도록 계획하여 2007년 이후에는 중·고등학교 전 학년에 걸쳐 수학 학습평가에서 서술형·논술형 평가의 반영비율을 총 배점의 50%로 할 것을 제안함으로써 과정중심의 평가가 이루어질 수 있도록 권고하였다. 또한 서울특별시교육청(2007)은 실력과 인성을 갖춘 창의적인 인재육성을 교육의 방향으로 정하고, 학력 신장을 위한 평가 방법 개선의 일환으로 정보의 획득과 기억, 재생이라는 전통적 의미의 학업 능력보다는 창조력, 논리적 사고력, 비판적 사고력, 통찰력 등과 같은 고등 정신 능력을 평가할 수 있는 서술형, 논술형, 수준별 학업성취도 평가 예시문항을 개발, 보급하여 활용을 권장하였다.

이후에도 서울특별시 교육청(2010a)은 2010년 2월 '창의성 계발을 위한 평가 개선 기본 계획'에서 미래사회가 요구하는 창의적인 인재육성을 위해 창의성, 표현력, 문제해결력 신장을 위해 평가 방법을 전환하고자 서술형 문항 반영비율을 초등학교 3학년부터 2012년까지 단계적으로 높여 50%까지 확대해가도록 하였고, 교과별 특색 있는 수행평가를 활성화하는데 수학과에서는 결과뿐만 아니라 과정을 중시할 수 있는 방법을 지향하도록 하였다. 또한 2011년도 주요업무계획의 '서울교육 방향'에서는 기본교육의 내실화와 자기주도 학습역량 강화를 위한 실천과제로 과정 중심의 질적 평가 확대를 내세웠다(서울특별시 교육청, 2011). 여기서는 문제해결력 신장을 위한 서술형·논술형 평가 문항을 출제하되 단답형은 제외하도록 하였고, 총 배점의 30% 이상을 포함하도록 하였다.

이외에도 경기도 교육청(2010)도 2010년 10월 '학생 창의력 신장을 위한 평가 방법 혁신 기본계획'을 통해 서술형, 논술형 문항비율 확대 및 다양한 평가 방법의 적용으로 문제해결력을 갖춘 창의적인 인재육성을 위하여 학교급별, 교과별 특성을 고려하여 서술형 문항비율을 2010년도 20%에서 2013년도 35~40%까지 점진적으로 확대하고자 하였다. 이후에는 2011학년도 경기도 초등학교 창의·서술형 평가 실시 요강(경기도 교육청, 2011)에서 단순 지식 암기 위주의 교육을 탈피하고 자기주도적 학습력·문제해결력 등 미래핵심역량 강화를 위해 서술형 평가 컨설팅단을 조직, 운영하고, 교과 전문성과 평가 전문성 함양을 위해 워크숍 및 2009개정 교육과정 적용에 따른 교과별 평가 방법을 개발하여 희망학교, 희망 학년을 대상으로 해당 학년의 교육과정 범위 내 기본원리에 대한 이해, 실생활 적용, 창의적 결론 도출 등의 능력을 고루 측정할 수 있는 문항을 출제하여 2011년도 11월에 평가를 실시하기도 하였고, 이는 2012년도 11월에도 계획되었다(경기도 교육청, 2012b). 최근 2012년도 경기교육 기본계획(경기도 교육청, 2012a)에서는 서술형·논술형 평가를 확대하는 평가 방법 혁신을 통해 창의 지성 교육으로 미래형 학력 신장을 6대 중점정책 중 하나로 꼽으며, 서술형 평가의 중요성을 강조하였다.

또한 강원도교육청(2011)은 2011년도에 서술형 평가문항 컨설팅 연구회를 조직하여 각급 학교의 서술형 평가 문항을 분석하고 체계적인 평가문항 관리 지원 시스템을 구축하여 교사의 서술형 평가문항 제작 전문성을 신장하고 우수한 평가모델을 개발 보급하고자 하는 노력을 펼치기도 하고, 서울특별시 교육청은 2010년에는 2년간 서울특별시 교육청 지정 연구학교를 통해 서술형 평가문항 개발 연구를 시행하기도 하였다.

지난 2008년 초등교사를 대상으로 실시한 설문조사(김민경 외, 2008)에서도 91.9%의 교사들이 서술형 평가를 실시하고 있는 것으로, 그리고 서술형 평가의 필요성에 대해 29.9%의 교사들이 '꼭 필요하다'고, 63.4%의 교사들이 '조금은 필요하다'로 응답하였다. 하지만 서술형 평가 실시의 어려운 점과 관련하여, 수학과 서술형 평가문항 개발이 어느 정도로 어려운가에 대해 '매우 그렇다'가 32%, '그렇다'가 49.2%로, 서술형 평가를 위한 참고자료가 어느 정도 부족한가에 대해 '매우 그렇다'가 29.4%, '그렇다'가 46.7%의 응답이 나온 것으로 볼 때, 서술형 평가의 필요성은 인식하고 있지만 실제적으로 활용할 수 있는 자료가 절실히 부족함을 알 수 있다.

2008년(김민경 외, 2008)에 이어 2012년에도 서술형 평가 실시에 대한 초등교사들의 인식과 현황에 대해 파악하고자 다시 설문을 실시하였다. 그 결과, 98.6%의 교사들이 서술형 평가를 실시하고 있는 것으로, 그리고 서술형 평가의 필요성에 대해 38.0%의 교사들이 '꼭 필요하다'로, 53.8%의 교사들이 '조금은 필요하다'로 응답하였는데, 수행평가가 시작되고 서술형 평가 정책이 확대된 이래 서술형 평가의 활용과 인식에 대한 변화가 긍정적인 방향으로 변화되고 있음을 알 수 있다. 그러나 서술형 평가 실시의 어려움을 묻는 문항에서 수학과 서술형 평가문항 개발이 어렵다는 것(5점 척도에서 평균 4.33점)과 서술형 평가를 위한 참고자료가 부족하다는 것(5점 척도에서 평균 4.30점)이 여전히 문제점으로 지적되고 있는 것을 근거로 할 때, 교사들에게 현장에서 사용할 수 있는 다양한 문항자료와 객관적인 채점기준을 개발하여 제공하는 것이 서술형 평가 실시 확대에 매우 중요한 역할을 할 것으로 생각된다.

서술형 평가 실시의 필요성이나, 서술형 평가가 실시되었을 때 학생에게 미치는 효과에 대해서는 교사들이 긍정적으로 생각하고 있었다. 그러나 초등학교 현장에서 평가가 시행되는 과정에서 채점방법, 채점에 소요되는 시간, 학생 답안의 다양성으로 인한 평가 실시의 어려움에 대한 논의가 제기되었는데 이는 중·고등학교에서 제기되는 것과도 마찬가지 문제였다(김민정, 2009; 노선숙 외, 2008; 이성연, 2003; 한귀원,

2007). 또한 교사들뿐만 아니라 중등학생들을 대상으로 한 연구에서는(김진수·김석우, 2008; 김형미, 2009) 교사들의 의도와는 다르게, 평가를 통한 고등 사고 기능 향상의 측면보다는 단순히 평가의 한 방법으로서 서술형 평가를 인식하고 있었으며 채점에 대한 신뢰도도 낮은 것으로 나타났다.

02 | 서술형 평가의 개념 및 관련 연구

NCTM(2001)은 서술형 평가에 대하여 학생들 스스로가 다양한 지식과 자료를 활용하여 문제 상황에 적합한 전략을 세우고, 문제를 해결하는 과정을 서술하는 평가 유형으로 단순히 암기된 지식에 대한 평가가 아닌 문제해결에 관한 종합적인 사고 과정을 평가하는 방법으로서, 문제를 해결하는 것에 대한 학생들의 풀이과정을 분석함으로써 학생들이 가진 오개념 혹은 오류를 찾아내고 그것을 수정해 줄 수 있는 평가 유형이라 언급하였다.

정동권 외(2002)는 서술형 평가는 학생의 사고과정을 잘 드러낼 수 있는 문항을 제작하기 쉬울 뿐만 아니라, 문제 풀이과정이 다양하고 통합교과적인 문제와 실생활과 연관된 문제의 출제가 용이하며, 학생들에게 문제의 해결과정을 기술하도록 함으로써 문제해결과정을 올바르게 이해하고 있는가를 파악하고자 하는 평가 유형이라고 하였다.

이 외에도 양길석(2005)은 2005년부터 학교교육의 내실화와 학업성적에 대한 신뢰성 제고를 목표로 시·도 교육청에서 주도하고 있는 서술형 평가는 단답형·완성형·서술형·논술형 등을 포함하는 서답형 문항 형태의 일종으로 주어진 질문에 대하여 학생들이 답이라고 생각하는 내용을 간단한 단어, 구, 혹은 문장 등으로 구성하는 형태라고도 하였다.

김민정(2009)은 여러 연구에서 밝힌 서술형 평가의 장점을 정리하면서, 서술형 평가를 통해 학생의 고등 사고 기능과 복합적인 학습결과뿐 아니라 정의적인 영역을 측정할 수 있어 학생 정보제공에 용이하며, 학습 수준을 정확히 측정하고 다양한 반응을 유도할 수 있다고 하였다. 또한 학생의 고등 사고 기능을 증진시키며, 교수학습활동 개선에 유용하다고 하였다. 이러한 긍정적인 부분은 서술형 평가가 지닌 특성과 관련이 되는데, 서술형 평가는 지필 평가의 가장 흔한 유형인 선택형 평가와 비교할 때 학생들의 다양한 반응을 허용하기 때문에, 학생들로 하여금 자신이 가지고 있는 지식을 인출하고 적용·응용하여 자신의 말로 표현할 수 있게 하고, 학생들이 답을 추측하기가 어렵고, 정답을 구하는 능력과 문제해결 사고 기능을 사용하는 능력을 보여주어야 한다. 그렇기 때문에 서술형 평가는 학습자의 문제해결과정을 잘 파악할 수 있게 하며, 수학적 개념이나 원리를 이해하고 그것을 활용하는 연습을 하는 방향으로 학습자의 태도를 개선할 수 있게 한다는 장점을 지니는 것이다. 하지만 부정적인 부분에 대한 논의도 있는데, 서술형 평가는 질문에 대답하는 데 시간이 오래 걸리기 때문에 주어진 시간 내에 많은 문항을 통하여 평가하기 어렵고, 한 단원을 평가할 수 있는 문항이 적다는 것은 측정하지 못하는 학습 목표가 생기게 할 수도 있으며, 평가가 주관적이며 평가가 학생의 언어 능력에 영향을 받는다는 측면도 지니고 있어 객관성이나 신뢰도가 낮을 수 있다(부재율, 2003; 양길석, 2005).

이러한 여러 가지 선행 연구들에 기초하여 본 연구에서는 서술형 평가를 "학생들에게 단편적인 지식을 묻는 방식이 아닌 개념이나 과정을 어떻게 조직하고 내면화하였는가를 평가하는 문항으로서, 다양한 전략 사용이 가능한 평가"라고 정의하였다(김민경 외, 2008, 2012b).

03 | 서술형 평가 개발의 절차

이 연구의 서술형 평가문항 및 평가기준 개발 과정은 평가문항 개발 절차와 평가기준 개발 절차로 나눌 수 있는데, 각각은 크게 다섯 단계로 이루어진다.

첫 번째 단계는 국내외의 교육과정 및 수행평가 관련 문헌을 바탕으로 진행하는 문헌연구 및 조사연구의 단계이다. 이 단계에서는 본 연구에서 개발하는 평가문항과 평가기준이 나아갈 방향에 대해 연구자들이 여러 문헌을 검토하고, 분석하여 기준을 세웠다.

두 번째 단계는 개발 연구와 전문가 검토를 거치는 설계 및 개발의 단계인데, 첫 번째 단계에서 세운 기준에 기초한 실제 평가문항과 평가기준을 개발하는 단계로, 전문가의 의견을 수렴하여 내용타당도를 검증하였다.

세 번째 단계는 검토 단계로서, 두 번째 단계에서 개발한 평가문항을 대상 학년의 아동들을 대상으로 예비검사를 실시하고 그 응답지를 개발한 평가기준으로 채점하면서 현장교사의 의견을 수렴하고 아동의 응답과 기준 예시를 비교 검토하면서 어떤 점이 아동의 수준에 맞지 않는지, 현장에서 평가하면서 나타난 어려움과 논의점에 대해

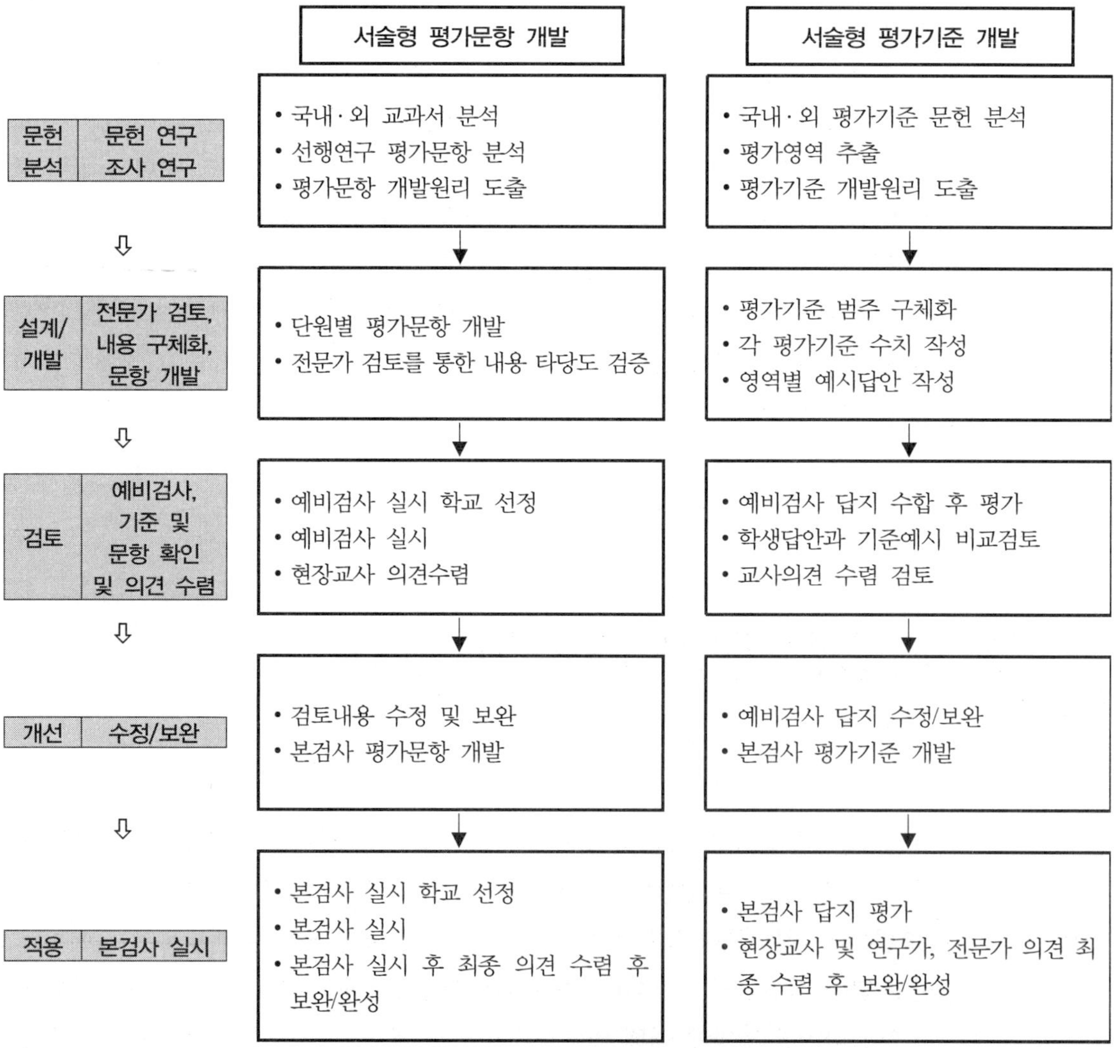

[그림 1] 서술형 평가문항 및 평가기준 개발 과정

서 전문가 검토가 다시 이루어졌다.

네 번째 단계는 개선 단계로서, 세 번째 단계에서 이루어진 검토 내용을 바탕으로 문항과 기준의 수정 및 보완이 이루어졌으며, 이를 기초로 하여 본검사 평가문항과 기준을 개발하였다.

다섯 번째 단계는 적용 단계로, 네 번째 단계에서 개발된 평가문항과 기준을 대상 학년의 아동들을 대상으로 본검사를 실시하고 현장교사와 연구자, 전문가의 의견을 최종 수렴하여 문항과 기준을 최종 보완 및 완성을 하였다.

이러한 '문헌 분석 → 설계/개발 → 검토 → 개선 → 적용'의 다섯 단계와 평가문항 개발, 평가기준 개발의 절차를 그림으로 나타내면 [그림 1]과 같다.

04 | 서술형 평가문항 및 평가기준 개발

(1) 서술형 평가문항 개발

1) 평가문항 개발의 원리 도출

제7차 수학과 교육과정에서 수학적 힘의 신장을 목표로 하고 문제해결의 지도는 모든 영역에서 각 학습내용과 관련지어 종합적인 접근이 되도록 하고자 하였으며, Bell & Isaacs(2007)는 스탠다드 기반 초등수학 교육과정인 'Everyday Mathematics'의 교육과정 개발에 앞서, 교육과정 설계, 교수, 학습, 평가에 대한 기본 방향인 교육과정 개발의 원리(development principles)를 설계하였다. 이러한 문헌 분석 결과에 기초하여 본 연구에서는 다음과 같이 서술형 평가문항 개발의 기본 방향을 설정하였다.

- 수학적 개념과 그것을 적용하는 방법을 통해 문제해결과정을 평가한다.
- 문제해결과정에서 수학적으로 표현하고 의사소통하는 과정을 평가한다.
- 하나의 정답을 갖지만 문제해결방법은 다양할 수 있다.
- 가능한 실제 생활과 밀접한 관련이 있는 문제 상황을 제시함으로써,
- 문제를 수학적으로 해석하고 타당한 추론을 통해 해결하는 능력을 평가한다.

그리고 김민경 외(2008)에서 실시된 초등교사 대상 설문조사에서, 현재 사용 중인 서술형 평가의 문항 난이도를 물은 결과 '중' 수준이 45.1%, '중상' 수준이 41%라고 답한 것에 기초하여, 개발하는 문항 수준은 '중~중상' 수준으로 조정하여 문항을 개발하였다.

2) 5학년 평가문항 개발의 범위

5학년 1학기와 2학기의 각 단원별로 3개씩의 문항을 개발하여, [표 1]과 같이 1학기 8개 단원의 28문항, [표 2]와 같이 2학기 8개 단원의 24문항을 개발하였다.

5학년 1학기	28문항
5학년 2학기	24문항

[표 1] 5학년 1학기 개발 범위

단원	영역	문항번호	교육과정 중영역	문항수	
1. 약수와 배수	수와 연산	5-1-1-1	약수와 배수 알아보기	4	28
		5-1-1-2	배수 알아보기		
		5-1-1-3	최대공약수 구하기		
		5-1-1-4	최소공배수 구하기		
2. 약분과 통분	수와 연산	5-1-2-1	크기가 같은 분수 알아보기	4	
		5-1-2-2	크기가 같은 분수 알아보기		
		5-1-2-3	기약분수로 나타내기		
		5-1-2-4	분수의 크기 비교하기		
3. 분수의 덧셈과 뺄셈	수와 연산	5-1-3-1	대분수의 덧셈하기	4	
		5-1-3-2	대분수의 뺄셈하기		
		5-1-3-3	세 분수의 덧셈과 뺄셈하기		
		5-1-3-4	분모가 다른 세 분수의 혼합 계산하기		
4. 분수의 곱셈	수와 연산	5-1-4-1	진분수끼리의 곱셈하기	4	
		5-1-4-2	세 분수의 곱셈하기		
		5-1-4-3	대분수끼리의 곱셈하기		
		5-1-4-4	자연수와 대분수의 곱셈하기		
5. 도형의 합동	도형	5-1-5-1	합동인 삼각형 그리기	3	
		5-1-5-2	합동인 삼각형 그리기		
		5-1-5-3	합동인 삼각형 찾기		

단원	영역	문항번호	교육과정 중영역	문항수	
6. 직육면체와 정육면체	도형	5-1-6-1	직육면체와 정육면체 알아보기	3	
		5-1-6-2	정육면체 알아보기		
		5-1-6-3	직육면체의 전개도 알기		
7. 평면도형의 넓이	측정	5-1-7-1	삼각형의 넓이 이해하기	3	
		5-1-7-2	사다리꼴의 넓이 이해하기		
		5-1-7-3	마름모의 넓이 이해하기		
8. 여러 가지 단위	측정	5-1-8-1	넓이의 단위 m^2와 a 알아보기	3	
		5-1-8-2	무게의 단위 t 알아보기		
		5-1-8-3	넓이의 단위 사이의 관계 알아보기		

[표 2] 5학년 2학기 개발 범위

단원	영역	문항번호	교육과정 중영역	문항수	
1. 분수와 소수	수와 연산	5-2-1-1	분수와 소수의 크기 비교하기	3	24
		5-2-1-2	소수를 분수로 나타내기		
		5-2-1-3	분수와 소수의 크기 비교하기		
2. 분수의 나눗셈	수와 연산	5-2-2-1	(대분수) ÷ (자연수)의 계산하기	3	
		5-2-2-2	분수와 자연수의 혼합 계산하기		
		5-2-2-3	(대분수) ÷ (자연수) 계산하기		
3. 도형의 대칭	도형	5-2-3-1	선대칭의 위치에 있는 도형 알기	3	
		5-2-3-2	점대칭도형 알기		
		5-2-3-3	점대칭도형의 위치 이해하기		
4. 소수의 곱셈	수와 연산	5-2-4-1	(자연수) × (소수) 알기	3	
		5-2-4-2	곱의 소수점 위치 이해하기		
		5-2-4-3	(소수) × (소수) 알기		
5. 소수의 나눗셈	수와 연산	5-2-5-1	(소수) ÷ (자연수) 알기	3	
		5-2-5-2	(소수) ÷ (자연수) 알기		
		5-2-5-3	(자연수) ÷ (자연수) 계산하기		
6. 자료의 표현과 해석	확률과 통계	5-2-6-1	줄기와 잎 그림 이해하기	3	
		5-2-6-2	평균의 원리 이해하기		
		5-2-6-3	줄기와 잎 그림의 표현 해석하기		
7. 비와 비율	규칙성과 문제해결	5-2-7-1	비율 알기	3	
		5-2-7-2	백분율(%) 알기		
		5-2-7-3	백분율(%) 알기		
8. 문제해결방법 찾기	규칙성과 문제해결	5-2-8-1	문제해결방법 찾기	3	
		5-2-8-2	문제해결방법 찾기		
		5-2-8-3	문제해결방법 찾기		

3) 평가문항 개발의 실례

이를 위하여 먼저, 각 단원별 학습내용과 목표를 확인하여 서술형 평가의 방법으로 평가하기에 적합한 내용을 추출하고, 그에 맞는 문항들을 개발하여 [표 3]과 같이 학기, 단원명, 내용영역 및 성취기준과 출제의도를 함께 기술하였다.

예를 들면, 5학년 2학기의 수학교과서, 수학익힘책, 수학교사용 지도서에서 '7. 비와 비율' 단원의 각 차시별 내용과 문항을 검토하고, 이 중에서 앞서 제시한 서술형 평가문항의 개발 방향에 따라 수학적 개념과 그것을 적용하는 방법을 통해 문제해결 과정을 평가할 수 있는 내용으로 적절한 내용을 선택하여 문항을 개발한 후, 문항 출제의도와 문항을 이용하여 평가하고자 하는 성취기준을 포함하여 [표 3]과 같이 문항 개발표를 작성한다.

[표 3] 문항 개발표–5학년 2학기 '7. 비와 비율'

<table>
<tr><td>학기</td><td>5–2</td><td>단원명</td><td>7. 비와 비율</td><td>내용영역</td><td>규칙성과
문제해결</td></tr>
<tr><td colspan="2">교육과정 중영역</td><td colspan="4">비율</td></tr>
<tr><td colspan="2">성취기준</td><td colspan="4">비교하는 양, 기준량, 비율의 의미를 알고, 이를 활용하여 문제를 바르게 해결할 수 있다.</td></tr>
<tr><td colspan="2">출제의도</td><td colspan="4">비교하는 양, 기준량, 비율의 의미를 문제 상황에 활용하여 알맞은 답을 구하도록 한다.</td></tr>
</table>

이러한 과정을 거쳐 개발된 문항은 초등수학 전공의 석·박사 및 초등학교 5학년 담임교사 등으로 구성된 전문가 집단이 문항의 내용타당도, 수준, 사용된 용어의 적절성, 현장에의 적용 가능성 여부 등을 검토하였다. 검토를 거쳐 완성된 문항은 실제 5학년 학생들을 대상으로 예비검사를 실시하여 문항의 현장 적용 가능성을 검토하고, 문항의 수준을 결정하였다. 이와 같은 과정을 거쳐 [그림 2]와 같은 문항이 완성되었는데, [그림 2]의 문항은 5학년 2학기 '7. 비와 비율' 단원의 평가문항으로 개발된 것이다.

'자동차 연비'란 자동차가 연료 1L로 달릴 수 있는 거리를 말하며, 일반적으로 km/L라는 단위로 표시합니다. ★★자동차 회사의 ○○○자동차는 사용 연료의 형태에 따라 휘발유와 경유, 하이브리드의 세 가지 타입으로 생산됩니다. 세 가지 연료의 형태에 따라 ○○○자동차가 달릴 수 있는 거리가 다음과 같을 때, A, B, C 타입 중 연비가 가장 높은 타입은 무엇인지 구하시오.

〈연료 형태에 따른 ○○○자동차의 주행거리〉

연료 형태	연료의 양(L)	달릴 수 있는 거리(km)
A	10L	152km
B	8L	132km
C	20L	356km

[그림 2] 문항 예시: 5학년 2학기 '7. 비와 비율'

(2) 서술형 평가기준 개발

1) 평가기준 개발의 원리 도출[2)]

지난 2008년 초등학교 2, 4, 6학년을 대상으로 연구했던 서술형 평가 연구에서는 국내외 여러 문헌을 참고하여 세 개의 평가영역인 문제이해, 문제해결과정, 의사소통을 포함하여 [표 4]와 같이 분석적 평가틀을 완성하였다.

[표 4] 선행 연구에서의 분석적 평가틀

평가영역	문제이해	문제해결과정	의사소통
의미	• 문제 속에 내포된 수학적 개념을 이해하는 정도 • 문제를 해결하기 위해 문제에 제시된 정보를 이해하고 활용하는 정도	• 문제해결전략을 세워 실행하는 정도의 정확성 • 전략 수행 후, 문제 상황에 맞게 답을 기술하거나 해석하는 정도	• 풀이과정에 드러난 수학적 내용과 아이디어, 기호 등의 표현이 정확 혹은 명확하거나 세련된 정도 • 문제해결과정의 설명이 충분한가의 정도

2) 김민경 외(2012a) 논문의 일부 내용을 요약한 것임.

이와 같은 분석적 채점기준은 성취행동을 평가기준표에 열거된 요소와 배점에 따라 채점을 하고 요소별로 점수를 부여하는 것으로 학생들에 대한 이해와 진단을 평가의 목적으로 한다. 채점 시간과 채점자의 훈련 시간이 많이 걸린다는 단점이 있기도 하지만, 요소나 영역별로 학생의 강점이나 취약점을 파악할 수 있고, 프로그램을 개선하기 위한 구체적인 정보를 찾아낼 수 있고, 수행의 여러 가지 측면을 구분하여 점수를 부여할 수 있는 장점이 있다(좌동지, 2001; 지은림, 2000; Charles, Lester & O'Daffer, 1987; Herman, Aschbacher & Winters, 1992).

그런데 미국의 경우, 알래스카 주(state)에서는 개념이해, 문제해결전략, 의사소통, 논리와 추론의 영역을 포함하여 분석적 수행 채점표를 만든 후, 학생들의 이해를 기준으로 그들의 용어로 재진술하여 학생들에게 제시하였고(최승현, 1999), 이외에도 각 주별로 [표 5]에 제시한 바와 같이 문제해결과정을 평가하는 루브릭에 각 하위영역을 포함시킨 분석적 채점기준표를 활용한 경우도 있었지만, 메릴랜드, 켄터키, 캘리포니아, 노스캐롤라이나, 메인 주(State)와 같이 총체적 채점기준표를 활용하는 경우도 많이 있었다(Chicago Public Schools, n.d.).

[표 5] 각 주별 문제해결 평가기준 예시

	주(State)	NCTM	버몬트	QUASAR	일리노이	오리건
분석적 채점	하위 영역	문제이해 해결전략 찾기 답 구하기	문제이해 문제해결과정 의사결정 수학적 추론	수학적 지식 전략적 지식 의사소통	수학적 지식 전략적 지식	개념적 이해 절차적 지식 문제해결전략 의사소통
	영역별 척도	0-2	1-4	0-4	0-4	1,3,5
총체적 채점	주(State)	메릴랜드	켄터키	캘리포니아	노스 캐롤라이나	메인
	영역별 척도	0-4	1-5	1-6	0-3	0-4

캘리포니아 주(state)의 경우([표 6] 참조) 총체적 채점기준은 과제에 대한 응답을 부분적으로 판단하지 않고, 전체적으로 판단하여 하나의 점수를 부여한다. 이는 문제해결과정과 답을 독립적으로 보는 것이 아니라 전체적으로 본다는 것을 의미한다. 이러한 총체적 채점기준은 초등학교 현장과 매우 밀접하게 나타난다.

우리나라 여러 지역 교육청들은 서술형 평가의 확대를 위해 문항 개발과 보급에 앞장서면서 여러 가지 문항을 개발하기도 하고, 교사연수, 장학자료집, 채점기준표 등을 통해 서술형 평가의 실시를 돕고자 하였다. 2010년도에는 서울특별시 교육연구정보

[표 6] 캘리포니아의 총체적 채점기준(Chicago Public Schools, n.d.)

척도	특징
6	예시답안 : 명확한 설명과 함께 완전한 정답을 제시함. 문제 상황에 제시된 수학적 개념을 이해함. 문제 상황에 제시된 중요한 정보들을 인식함. 풀이과정을 타당하게 논증함.
5	유능한 답안 : 합리적인 설명과 함께 상당히 완전한 답을 제시함. 문제 상황에 제시된 수학적 개념을 이해함. 문제 상황에서 제시하는 중요한 정보들의 대부분을 인식함. 풀이과정을 비교적 타당하게 논증함.
4	사소한 오류가 포함된 만족스러운 답안 : 문제를 해결하였지만 설명이 약간 부족함. 풀이과정을 타당하게 논증하지 못함. 수학적 개념을 이해하고 효과적으로 사용하기 위해 노력함.
3	심각한 오류가 포함되어 만족스럽지 못한 답안 : 문제해결전략을 적절하게 실행하지 못해 문제를 해결하지 못함. 문제해결에 필요한 수학적 개념을 완전히 이해하지 못함. 수학적 용어를 잘못 사용하거나 치명적인 계산 실수가 있음.
2	문제해결을 시도하였으나 해결하지 못한 답안 : 문제해결과정의 설명을 이해할 수 없음. 문제 상황을 전혀 이해하지 못함.
1	문제해결을 시도하지 못한 답안 : 문제 상황을 전혀 이해하지 못함. 문제 상황을 적었으나 문제해결로 이어지지 못함.

원을 통해 '창의력과 표현력을 키워주는 초등 서술형 평가 장학자료집(3학년용, 4학년용)'을 배포하였는데 여기서 제시된 예를 살펴보면 다음 [표 7]과 같다. 또한 대구교육과학연구원(대구광역시 교육청, 2011)에서는 2011학년도에 초등학교 5, 6학년 학업성취도 평가문항을 개발하여 초등학교에 배부하고 홈페이지에 내용을 탑재하였는데, 전체를 서술형 평가문항으로 개발하고 예시 답안 및 해설, 채점기준 등을 제시하였다. 강원도(강원도 교육청, 2011)에서도 2011년도에 서술형 평가문항 컨설팅 연구회를 조직하여 체계적인 시스템을 구축하여 전문성 신장과 우수한 평가 모델 개발에 앞장섰으며, 서울특별시 교육청은 2010년에 2년간 서울특별시교육청 지정 연구학교를 통해 서술형 평가문항 개발 연구를 시행하여 서술형 평가 보급에 큰 노력을 기울였다.

[표 7] 서울특별시 교육청의 총체적 채점기준 예시(서울특별시 교육청, 2010b, p.96)

번호	채점기준	
	배점	특징
4	4	규칙을 찾아 설명하는 과정이 논리적이고 답이 맞는 경우
	3	규칙을 찾아 설명하는 과정이 논리적이나 답은 틀린 경우
	2	답은 맞았으나 규칙을 찾아 설명하는 과정이 논리적이지 못함
	1	규칙을 찾아 설명하였으나 논리적이지 못하고 답도 틀린 경우
	0	무응답
유의사항		답을 구하는 것보다 규칙을 찾는 것을 중점으로 하는 문항이므로, 규칙을 찾는 과정이 논리적으로 기술되어 있는지 확인하는 것이 중요함.

이러한 서술형 평가문항에 대해 국내외에서 제시하고 있는 서술형 평가에 대한 실질적인 문항 예시를 한국과 미국의 서술형 평가문항을 비교한 김민경 외(2012a)를 참고하여 살펴보면 다음 [표 8], [표 9]과 같다.

[표 8] 한국의 서울 C초등학교-서술형 평가 예시 문항과 평가기준

성취기준	평균의 의미를 이해하고 활용하여 문제를 해결할 수 있다.
문항 예시	창수네 모둠원들의 10월 수학점수는 다음과 같습니다. (모둠원: 창수, 아영, 선진, 영훈, 현우 / 점수: 95, 85, 90, 82, 60) 창수네 모둠은 다음달 11월 평가에서 평균을 85점으로 올리려고 합니다. 현욱이의 점수를 올려 평균을 높이고자 할 때, 현욱이의 성적은 몇 점 이상이 되어야 합니까? (다른 모둠원들의 10월 성적은 유지한다고 가정합시다.)

모둠원	창수	아영	선진	영훈	현우
점수	95	85	90	82	60

채점기준

배점	채점기준
A 매우 잘함	• 문제 상황 및 문제 속에 내포된 평균의 개념을 바르게 이해함. • 제시된 표에서 문제해결에 적절한 정보를 선택하여 활용함(모둠원들의 수학점수를 모두 활용, 평균 구하는 개념을 활용). • 다음의 두 가지 전략 중 한 가지를 바르게 기술함. 1) 모든 모둠원들의 점수를 합하면(95+85+90+82+60=412) 총 412점이 나오는데, 평균이 85점이 되려면 총 425점이 필요하여, 필요한 점수가 13 이상이 되므로 73점 이상이 된다는 것을 기술하는 전략(총점 이용). 2) 모든 모둠원들의 점수를 합해서 5로 나누면 평균이 82.4이고, 85점 이상이 되려면 2.6점 이상을 올리면 되므로 2.6과 모둠원의 수인 5를 곱하여 13을 구하여 73점 이상으로 기술하는 전략(평균 이용). • 답을 알아내는 모든 단계나 과정을 명확하고 논리적으로 충분히 설명함. • 문제해결과정에 사용된 수학적 용어 및 기호 등의 표현이 정확함.

B 잘 함	• 문제 상황 및 문제 속에 내포된 평균의 개념을 바르게 이해함. • 제시된 표에서 문제해결에 적절한 정보를 선택하여 활용함(모둠원들의 수학점수를 모두 활용, 평균 구하는 개념을 활용). • A단계에서 제시된 전략을 찾아 실행하고 있으나 답이 부정확함. a) 사소한 오차나 옮겨 쓰기 과정에 오류가 있음. b) 답을 쓰지 않음. • 답을 알아내는 전체 과정을 논리적으로 설명하고 있으나 약간의 비약을 포함하고 있음. • 문제해결과정에 사용된 수학적 용어 및 기호 등의 표현에서 약간의 오류를 나타냄.
C 보 통	• 문제 상황 및 문제 속에 내포된 평균의 개념을 부분적으로 이해함. • 문제의 조건을 바르게 이해하지 못하여 문제해결에 적절한 정보 중 일부만을 바르게 선택하여 활용함. a) 문제에서 10월 성적은 유지한다고 가정하였으나 이러한 조건을 바르게 이해하지 못함. b) 현욱이의 성적을 구하지 않고 다른 학생의 성적 향상 점수를 구하였음. • A단계에서 제시한 전략을 찾아 시도하고 있으나 끝까지 실행하지 못하여 정답에 이르지 못함. a) 모든 모둠원들의 점수를 합산하여야 하는데, 일부 모둠원의 점수만 합산하였음. b) 총점을 구했으나, 몇 점을 올려야 하고, 현욱이의 점수가 몇 점 이상이 되어야 하는지 바르게 구하지 못함. • 답을 알아내는 과정 설명에 비약이 많거나, 문제해결과정 없이 정답(73점 이상)만 기술함. • 문제해결과정에 사용된 수학적 용어 및 기호 등의 사용에 오류 및 부정확한 표현이 많이 포함됨.
D 노 력 요 함	• 문제 상황 및 문제 속에 내포된 평균의 개념을 이해하지 못함. • 문제의 조건을 이해하지 못하여 문제해결과 관련 없이 제시된 기록들을 활용함. • 문제해결과정에 대한 설명이 불완전하거나 명료하지 않아 이해하기 어려움. • 문제해결을 전혀 시도하지 못함. a) 백지 또는 오답 이외에 아무것도 쓰지 않음. b) 문제와 관련없는 것만을 기술함.

[표 9] 미국 Everyday Mathematics Grade 5-Assessment Handbook에 제시된 서술형 평가 예시 문항과 평가기준(UCSMP, 2007, pp. 112-114)

성취기준	단위분수와 단위분수의 합을 이용하여 분수를 다른 방법으로 표현할 수 있다.
문항예시	5학년 학생들이 분수에 관한 조사를 통해, 고대 이집트 사람들은 모든 분수를 반복되지 않는 단위분수의 합으로 나타냈다는 것을 발견했다. 예를 들면, $\frac{3}{4}=\frac{1}{4}+\frac{1}{4}+\frac{1}{4}$로 나타낼 수 없고, $\frac{1}{4}+\frac{1}{2}$로 나타낼 수 있다. 이렇게 어떤 분수를 단위분수의 합으로 나타내는 알고리즘을 찾는 방법을 'Greedy Method'라고 한다. 분수 X를 Greedy Method로 나타내기 위해서는 X보다 작은 분수 중에서 가장 큰 단위분수로 시작한 후, 나머지 값을 같은 방법을 반복적으로 적용하면 된다. 예를 들어, $\frac{7}{8}$을 단위분수의 합으로 나타내기 위해서는 첫째, $\frac{7}{8}=\frac{1}{2}+\frac{3}{8}$ [$\frac{1}{2}$은 $\frac{7}{8}$보다 작은 분수 중에 가장 큰 단위분수임] 둘째, $\frac{7}{8}=\frac{1}{2}+\frac{1}{4}+\frac{1}{8}$ [$\frac{1}{4}$은 $\frac{3}{8}$보다 작은 분수 중에 가장 큰 단위분수임] (1) $\frac{9}{10}$를 단위분수의 합으로 나타내시오. 풀이과정을 쓰고, 왜 그렇게 풀었는지 설명하시오. (2) $\frac{9}{10}$를 다른 방법을 이용하여 단위분수의 합으로 나타내시오. 풀이과정을 함께 쓰시오.

채점기준

배점	채점기준
4	• 합이 $\frac{9}{10}$가 되도록 두 가지 방법의 단위분수의 합으로 나타냄. • 단위분수의 합으로 나타낼 때 단위분수를 반복해서 사용하지 않음. • 어떤 단위분수의 조합이 $\frac{9}{10}$를 만드는지 찾아낸 방법을 완벽하게 설명함.
3	• 합이 $\frac{9}{10}$가 되도록 적어도 한 가지 방법의 단위분수의 합으로 나타냄. • 단위분수의 합으로 나타낼 때 단위분수를 반복해서 사용하지 않음. • 어떤 단위분수의 조합이 $\frac{9}{10}$를 만드는지 찾아낸 방법을 설명하였으나, 약간 보충이 필요함. • 2번 문제는 문제해결을 시도하였으나 완벽하지 못하고 오류를 포함함.
2	• 합이 $\frac{9}{10}$가 되도록 한 가지 방법의 단위분수의 합으로 나타냄. • 단위분수의 합으로 나타낼 때 단위분수를 반복해서 사용하지 않음. • 약간의 오류가 있음. • 어떤 단위분수의 조합이 $\frac{9}{10}$를 만드는지 찾아낸 방법을 설명하려고 시도하나, 설명이 부족하고 오류를 포함함.
1	• 합이 $\frac{9}{10}$가 되도록 한 가지 방법의 단위분수의 합으로 나타냄. • 어떤 단위분수의 조합이 $\frac{9}{10}$를 만드는지 찾아낸 방법을 설명하려고 시도하나, 그 설명이 문제 상황과 연결되지 않음.

이러한 국내외 평가 문항과 평가기준, 우리나라 초등학교에서 실질적으로 사용하고 있는 평가기준이 3단계 혹은 4단계의 총체적 평가로 실시되는 점, 그리고 분석적 채점기준은 시간이 오래 걸리고, 초등학생의 능력이 중고등학생과 비교했을 때 분석적으로 판단하기보다는 총체적으로 판단하는 학교 환경에서 교사들이 실질적으로 사용하기 힘들다는 점에서 본 연구에서는 [표 10]과 같은 총체적 채점기준을 마련하였다.

[표 10] 본 연구의 총체적 채점기준

단계	평가내용	비고
A	• 문제 상황 및 문제 속에 내포된 수학적 개념을 바르게 이해함. • 문제의 조건을 바르게 이해하고, 문제해결에 필요한 올바른 정보를 선택하여 활용함. • 문제해결에 알맞은 전략을 찾아 바르게 실행하고, 문제의 조건에 맞게 바르게 답을 기술함. • 전략수행과정이나 문제해결과정에서 타당한 추론을 통해 문제를 해결함. • 답을 알아내는 모든 단계나 과정을 명확하고 논리적으로 충분히 설명함. • 문제해결과정에 사용된 수학적 용어 및 기호 등의 표현이 정확함.	매우 잘함
B	• 문제 상황 및 문제 속에 내포된 수학적 개념을 바르게 이해함. • 문제의 조건을 바르게 이해하고, 문제해결에 필요한 올바른 정보를 선택하여 활용함. • 타당한 추론을 통해 문제해결에 알맞은 전략을 찾아 실행하고 있으나 답이 부정확함. a) 사소한 오차나 옮겨쓰기 과정에 오류가 있음. b) 답을 쓰지 않음. • 답을 알아내는 전체 과정을 논리적으로 설명하고 있으나 약간의 비약을 포함하고 있음. • 문제해결과정에 사용된 수학적 용어 및 기호 등의 표현에서 약간의 오류를 나타냄.	잘함
C	• 문제 상황 및 문제 속에 내포된 수학적 개념을 부분적으로 이해함. • 문제의 조건을 바르게 이해하지 못하여 일부분의 정보만을 선택하여 활용함. • 문제해결을 위한 알맞은 전략을 찾아 시도하고 있으나 타당하게 추론하지 못하거나 끝까지 실행하지 못하여 정답에 이르지 못함. • 답을 알아내는 과정 설명에 비약이 많거나, 문제해결과정 없이 정답만 기술함. • 문제해결과정에 사용된 수학적 용어 및 기호 등의 사용에 오류 및 부정확한 표현이 많이 포함됨.	보통
D	• 문제 상황 및 문제 속에 내포된 수학적 개념을 이해하지 못함. • 문제의 조건을 이해하지 못하여 문제해결과 관련없이 제시된 정보를 활용함. • 문제해결과정에 대한 설명이 불완전하거나 명료하지 않아 이해하기 어려움. • 문제해결을 전혀 시도하지 못함. a) 백지 또는 오답 이외에 아무것도 쓰지 않음. b) 문제와 관련없는 것만을 기술함.	노력 요함

총체적 채점기준은 성취행동 전체를 채점단위로 하여 채점자가 전체적인 관점에서 판단하여 점수를 부여하는 방법으로 학생들의 답안에 대하여 비교적 신속하게 채점 가능하고, 해답뿐만 아니라 풀이과정을 중시하고 학생의 답안 전체에 대해 한 가지 점수를 부여할 수 있다(좌동지, 2001; 지은림, 2000; Charles, Lester & O'Daffer, 1987; Herman, Aschbacher & Winters, 1992).

2) 평가기준의 구체화

총체적 채점기준은 4단계로 하고, A단계는 매우잘함으로, B단계는 잘함으로, C단계는 보통으로, D단계는 노력요함으로 설정하였다. 각각의 단계에 해당하는 내용은 현재 초등학교 현장에서 학생들 평가에 이용되는 평가 구분을 차용하였다. 그리고 각 단계에는 문제이해 및 문제해결과정, 수학적 의사소통 및 추론 능력의 관점에서 학생들의 응답을 전체적인 관점에서 평가할 수 있도록 아래와 같이 구체적인 평가기준을 완성하였다.

3) 평가기준 개발의 실례

개발된 문항별로 완성된 구체적인 평가기준은 예비검사를 통해 수집된 실제 5학년 학생들의 답안에 근거하여 수준 및 예시 등이 수정 및 보완되었다. 아래에 소개되는 평가기준은 5학년 2학기 '7. 비와 비율' 단원을 위해 개발된 문항([그림 2] 참조)에 대한 평가기준이다.

[표 11] 개발된 평가기준의 실례–5학년 2학기 '7. 비와 비율' 단원

단계	평가내용	비고
A	• 문제 상황 및 문제 속에 내포된 비교하는 양, 기준량, 비율의 의미를 바르게 이해함. • 문제의 조건을 바르게 이해하고, 제시된 표에 나타난 연료 형태별 연료의 양과 달릴 수 있는 거리의 정보들을 올바르게 활용함. • 비율= $\frac{\text{비교하는 양}}{\text{기준량}}$을 적용하여 $\frac{\text{달릴 수 있는 거리(km)}}{\text{연료의 양(L)}}$로 각각의 연료 형태에 따른 자동차의 연비를 구하여(A: 15.2km/L, B: 16.5km/L, C: 17.8km/L) 비교하는 전략을 찾아 바르게 실행하고, 정답(C타입)을 기술함. • 전략수행과정이나 문제해결과정에서 타당한 추론을 통해 문제를 해결함. • 답을 알아내는 모든 단계나 과정을 명확하고 논리적으로 충분히 설명함. • 문제해결과정에 사용된 수학적 용어 및 기호 등의 표현이 정확함.	매우 잘함

<table>
<tr><td>B</td><td>• 문제 상황 및 문제 속에 내포된 비교하는 양, 기준량, 비율의 의미를 바르게 이해함.
• 문제의 조건을 바르게 이해하고, 제시된 표에 나타난 연료 형태별 연료의 양과 달릴 수 있는 거리의 정보들을 올바르게 활용함.
• 타당한 추론을 통해 비율= $\frac{\text{비교하는 양}}{\text{기준량}}$ 을 적용하여 $\frac{\text{달릴 수 있는 거리(km)}}{\text{연료의 양(L)}}$ 로 각각의 연료 형태에 따른 자동차의 연비를 구하여 비교하는 전략을 찾아 바르게 실행하고 있으나 답이 부정확함.
a) 사소한 오차나 옮겨쓰기 과정에 오류가 있음.
b) 답을 쓰지 않음.
• 답을 알아내는 전체 과정을 논리적으로 설명하고 있으나 약간의 비약을 포함하고 있음.
• 문제해결과정에 사용된 수학적 용어 및 기호 등의 표현에서 약간의 오류를 나타냄.</td><td>잘함</td></tr>
<tr><td>C</td><td>• 문제 상황 및 문제 속에 내포된 비교하는 양, 기준량, 비율의 의미를 부분적으로 이해함.
• 문제의 조건을 바르게 이해하지 못하여 제시된 표에 나타난 연료 형태별 연료의 양과 달릴 수 있는 거리의 정보들 중 일부만을 선택하거나 바르게 활용하지 못함.
• 비율= $\frac{\text{비교하는 양}}{\text{기준량}}$ 을 적용하여 $\frac{\text{달릴 수 있는 거리(km)}}{\text{연료의 양(L)}}$ 로 각각의 연료 형태에 따른 자동차의 연비를 구하여 비교하는 전략을 찾아 시도하고 있으나 타당하게 추론하지 못하거나 끝까지 실행하지 못하여 정답에 이르지 못함.
a) 세 가지 타입의 연비(A: 15.2km/L, B: 16.5km/L, C: 17.8km/L)만 찾고 연비가 가장 높은 타입을 구하지 못함.
b) 세 가지 타입의 연비 중 일부만 바르게 구하여 정답에 이르지 못함.
• 답을 알아내는 과정 설명에 비약이 많거나, 문제해결과정 없이 정답(C타입)만 기술함.
• 문제해결과정에 사용된 수학적 용어 및 기호 등의 사용에 오류 및 부정확한 표현이 많이 포함됨.</td><td>보통</td></tr>
<tr><td>D</td><td>• 문제 상황 및 문제 속에 내포된 비교하는 양, 기준량, 비율의 의미를 이해하지 못함.
• 문제의 조건을 이해하지 못하여 문제해결과 관련 없이 제시된 표에 나타난 연료 형태별 연료의 양과 달릴 수 있는 거리의 정보들을 활용함.
• 문제해결과정에 대한 설명이 불완전하거나 명료하지 않아 이해하기 어려움.
• 문제해결을 전혀 시도하지 못함.
a) 백지 또는 오답 이외에 아무것도 쓰지 않음.
b) 문제와 관련 없는 것만을 기술함.</td><td>노력요함</td></tr>
</table>

II. 서술형 평가 개발의 실제

이 장의 구성

01 5학년 1학기

02 5학년 2학기

03 서술형 평가 적용의 예

이 장의 구성

이 장에 제시된 서술형 평가문항은 5학년 1학기와 2학기의 단원별로 각각 3~4개의 서술형 평가문항과 그에 따른 채점기준이 제시되어 있다.

서술형 평가문항은 크게 세 부분으로 구성되어 있다. 첫 번째 부분은 문항에 대한 기본 정보가 나타난 부분으로 제시된 평가문항의 문항번호와 평가문항에 해당되는 단원, 내용영역, 교육과정 중 영역, 성취기준 및 출제의도를 포함하여 교사들이 필요한 단원 및 내용, 출제의도와 관련된 평가문항을 손쉽게 찾아 활용할 수 있도록 하였다. 두 번째 부분은 실제 평가문항과 평가문항에 대한 정답 및 예시 답안이 제시되어 있다. 이 부분은 교사들이 평가 문항에 대한 학생들의 답안을 예시 답안과 비교, 검토하여 학생들이 가지는 오류를 점검할 수 있도록 하였다.

문항정보

학기, 단원, 영역 등 문항에 대한 정보를 나타냅니다.

구분		5-2-7-1			
학기	5-2	단원명	7. 비와 비율	내용영역	규칙성과 문제해결
교육과정 중영역	비율				
성취기준	비교하는 양, 기준량, 비율의 의미를 알고, 이를 활용하여 문제를 바르게 해결할 수 있다.				
출제의도	비교하는 양, 기준량, 비율의 의미를 문제 상황에 활용하여 알맞은 답을 구하도록 한다.				

평가문항

문 제

'자동차 연비'란 자동차가 연료 1L로 달릴 수 있는 거리를 말하며, 일반적으로 km/L라는 단위로 표시합니다. ★★자동차 회사의 ○○○자동차는 사용 연료의 형태에 따라 휘발유와 경유, 하이브리드의 세 가지 타입으로 생산됩니다. 세 가지 연료의 형태에 따라 ○○○자동차가 달릴 수 있는 거리가 다음과 같을 때, A, B, C 타입 중 연비가 가장 높은 타입은 무엇인지 구하시오.

〈연료 형태에 따른 ○○○자동차의 주행거리〉

연료 형태	연료의 양(L)	달릴 수 있는 거리(km)
A	10 L	152 km
B	8 L	132 km
C	20 L	356 km

풀이과정 및 정답

문항에 대한 풀이과정과 정답을 나타냅니다.

풀이과정

세 가지 연료에 따른 ○○○자동차의 연비를 각각 구하면,
A타입의 경우, 10L로 152km를 달릴 수 있으므로,
연비는 $\frac{152km}{10L}$= 15.2km/L가 되어 1L로 15.2km를 갈 수 있음을 알 수 있다.
B타입은 8L로 132km를 달릴 수 있으므로,
연비는 $\frac{132km}{8L}$= 16.5km/L가 되며 1L로 16.5km를 갈 수 있음을 나타낸다.
C타입의 경우, 20L로 356km를 달릴 수 있으므로,
연비는 $\frac{356km}{20L}$= 17.8km/L가 되고, 1L로 17.8km를 갈 수 있다.
따라서 세 가지 타입 중에서 연비가 가장 높은 것은 C타입이라 할 수 있다.

정 답

C타입

세 번째 부분에는 제시된 서술형 평가문항에 대한 채점기준이 안내되어 있다. 채점기준은 학생들이 (1) 문제 속에 내포된 수학적 개념을 이해하고, 문제에 제시된 정보를 이해하고 활용하는 정도(문제이해 관련)와 (2) 문제를 수학적으로 해석하여 적합한 전략을 세우고 타당한 추론을 통해 답을 구해내는 정도(문제해결과정 및 추론 관련), 그리고 (3) 문제해결과정에 대하여 충분히 설명하고 풀이과정에 수학적 내용과 아이디어, 기호 등을 명확하게 표현하는 정도(의사소통 관련)를 채점하도록 하였다. 채점기준은 A, B, C, D의 네 단계로 되어 있으며, 이 네 단계는 초등학교의 평가기준 단계로 사용되는 매우 잘함, 잘함, 보통, 노력요함의 단계와 같은 범주로서 초등학교 현장의 수학과 평가에 쉽게 적용될 수 있도록 하였다. 이 세 번째 부분에는 각 단계에 해당하는 구체적인 채점기준 내용 역시 포함되어 있어서 교사가 학생들의 학습능력 및 학습수준을 채점하고 파악하기 쉽도록 하였다. 또한 각각의 서술형 평가문항들은 교사가 바로 복사하여 사용할 수 있도록 5학년 1학기, 5학년 2학기 각 단원에 해당하는 문항별 평가지를 따로 만들어 부록으로 제시하였다.

평가기준 •

채점기준 및 점수 •

채점기준에 따라 A, B, C, D 혹은 매우 잘함, 잘함, 보통, 노력 요함으로 채점합니다.

평가기준

단계	평가내용	비고
A	• 문제 상황 및 문제 속에 내포된 비교하는 양, 기준량, 비율의 의미를 바르게 이해함. • 문제의 조건을 바르게 이해하고, 제시된 표에 나타난 연료 형태별 연료의 양과 달릴 수 있는 거리의 정보들을 올바르게 활용함. • 비율= $\frac{\text{비교하는 양}}{\text{기준량}}$ 을 적용하여 $\frac{\text{달릴 수 있는 거리(km)}}{\text{연료의 양(L)}}$ 로 각각의 연료 형태에 따른 자동차의 연비를 구하여(A: 15.2km/L, B: 16.5km/L, C: 17.8km/L) 비교하는 전략을 찾아 바르게 실행하고, 정답(C타입)을 기술함. • 전략수행과정이나 문제해결과정에서 타당한 추론을 통해 문제를 해결함. • 답을 알아내는 모든 단계나 과정을 명확하고 논리적으로 충분히 설명함. • 문제해결과정에 사용된 수학적 용어 및 기호 등의 표현이 정확함.	매우 잘함
B	• 문제 상황 및 문제 속에 내포된 비교하는 양, 기준량, 비율의 의미를 바르게 이해함. • 문제의 조건을 바르게 이해하고, 제시된 표에 나타난 연료 형태별 연료의 양과 달릴 수 있는 거리의 정보들을 올바르게 활용함. • 타당한 추론을 통해 비율= $\frac{\text{비교하는 양}}{\text{기준량}}$ 을 적용하여 $\frac{\text{달릴 수 있는 거리(km)}}{\text{연료의 양(L)}}$ 로 각각의 연료 형태에 따른 자동차의 연비를 구하여 비교하는 전략을 찾아 바르게 실행하고 있으나 답이 부정확함. a) 사소한 오차나 옮겨쓰기 과정에 오류가 있음. b) 답을 쓰지 않음. • 답을 알아내는 전체 과정을 논리적으로 설명하고 있으나 약간의 비약을 포함하고 있음. • 문제해결과정에 사용된 수학적 용어 및 기호 등의 표현에서 약간의 오류를 나타냄.	잘함
C	• 문제 상황 및 문제 속에 내포된 비교하는 양, 기준량, 비율의 의미를 부분적으로 이해함. • 문제의 조건을 바르게 이해하지 못하여 제시된 표에 나타난 연료 형태별 연료의 양과 달릴 수 있는 거리의 정보들 중 일부만을 선택하거나 바르게 활용하지 못함. • 비율= $\frac{\text{비교하는 양}}{\text{기준량}}$ 을 적용하여 $\frac{\text{달릴 수 있는 거리(km)}}{\text{연료의 양(L)}}$ 로 각각의 연료 형태에 따른 자동차의 연비를 구하여 비교하는 전략을 찾아 시도하고 있으나 타당하게 추론하지 못하거나 끝까지 실행하지 못하여 정답에 이르지 못함. a) 세 가지 타입의 연비(A: 15.2km/L, B: 16.5km/L, C: 17.8km/L)만 찾고 연비가 가장 높은 타입을 구하지 못함. b) 세 가지 타입의 연비 중 일부만 바르게 구하여 정답에 이르지 못함. • 답을 알아내는 과정 설명에 비약이 많거나, 문제해결과정 없이 정답(C타입)만 기술함. • 문제해결과정에 사용된 수학적 용어 및 기호 등의 사용에 오류 및 부정확한 표현이 많이 포함됨.	보통
D	• 문제 상황 및 문제 속에 내포된 비교하는 양, 기준량, 비율의 의미를 이해하지 못함. • 문제의 조건을 이해하지 못하여 문제해결과 관련 없이 제시된 표에 나타난 연료 형태별 연료의 양과 달릴 수 있는 거리의 정보들을 활용함. • 문제해결과정에 대한 설명이 불완전하거나 명료하지 않아 이해하기 어려움. • 문제해결을 전혀 시도하지 못함. a) 백지 또는 오답 이외에 아무것도 쓰지 않음. b) 문제와 관련 없는 것만을 기술함.	노력 요함

[단원명]

01

5학년 1학기

구분		5-1-1-1			
학기	5-1	단원명	1. 약수와 배수	내용영역	수와 연산
교육과정 중영역		약수와 배수 알아보기			
성취기준		약수와 배수의 뜻을 이해하고 약수와 배수를 구한다.			
출제의도		약수와 배수를 이해하고 자연수의 약수와 배수를 구하게 한다.			

문 제

다음은 준호가 좋아하는 숫자에 대한 힌트입니다. 다음 네 가지 힌트를 모두 만족시키는 준호가 좋아하는 숫자는 무엇인지 풀이과정과 답을 쓰시오.

〈힌트〉	① 18의 약수 중 하나인 수 ② 3의 배수 중 하나인 수 ③ 홀수인 수 ④ 5보다 큰 수

풀이과정

18의 약수는 1, 2, 3, 6, 9, 18이고
3의 배수는 3, 6, 9, 12, …이므로
준호가 좋아하는 숫자는 3, 6, 9 중 하나인데,
홀수이면서 5보다 큰 수는 9이므로
준호가 좋아하는 숫자는 9이다.

정 답

9

평가기준

단계	평가내용	비고
A	• 문제 상황 및 문제 속에 내포된 약수와 배수의 의미를 바르게 이해함. • 문제의 조건을 바르게 이해하고, 제시된 문제 상황에서 문제해결에 적절한 정보(18의 약수, 3의 배수, 홀수, 5보다 큰 수)를 활용함. • 네 가지 힌트를 모두 만족시키는 숫자를 바르게 구함. • 전략수행과정이나 문제해결과정에서 타당한 추론을 통해 문제를 해결함. • 답을 알아내는 모든 단계나 과정을 명확하고 논리적으로 충분히 설명함. • 문제해결과정에 사용된 수학적 용어 및 기호 등의 표현이 정확함.	매우 잘함
B	• 문제 상황 및 문제 속에 내포된 약수와 배수의 의미를 바르게 이해함. • 문제의 조건을 바르게 이해하고, 제시된 문제 상황에서 문제해결에 적절한 정보(18의 약수, 3의 배수, 홀수, 5보다 큰 수)를 활용함. • 네 가지 힌트를 모두 만족시키는 숫자를 구하기 위해 타당한 추론을 통하여 적절한 숫자를 찾아내고 있으나 답이 부정확함. a) 사소한 오차나 옮겨 쓰기 과정에 오류가 있음. b) 계산 과정은 있으나 답을 쓰지 않음. • 답을 알아내는 전체 과정을 논리적으로 설명하고 있으나 약간의 비약을 포함하고 있음. • 문제해결과정에 사용된 수학적 용어 및 기호 등의 표현에서 약간의 오류를 나타냄.	잘함
C	• 문제 상황 및 문제 속에 내포된 약수와 배수의 의미를 부분적으로 이해함. • 문제의 조건을 바르게 이해하지 못하고 제시된 문제 상황에서 문제해결에 적절한 정보(18의 약수, 3의 배수, 홀수, 5보다 큰 수) 중 일부만을 선택하여 활용함. • 네 가지 힌트를 모두 만족시키지 못하고, 타당하게 추론하지 못하거나 끝까지 실행하지 못하여 정답에 이르지 못함. • 답을 알아내는 과정 설명에 비약이 많거나, 문제해결과정 없이 정답만 기술함. • 문제해결과정에 사용된 수학적 용어 및 기호 등의 사용에 오류 및 부정확한 표현이 많이 포함됨.	보통
D	• 문제 상황 및 문제 속에 내포된 약수와 배수의 의미를 이해하지 못함. • 문제의 조건을 이해하지 못하여 문제해결과 관련 없이 제시된 숫자들을 무의미하게 활용함. • 문제해결과정에 대한 설명이 불완전하거나 명료하지 않아 이해하기 어려움. • 문제해결을 전혀 시도하지 못함. a) 백지 또는 오답 이외에 아무것도 쓰지 않음. b) 문제와 관련 없는 것만을 기술함.	노력 요함

구분		5-1-1-2			
학기	5-1	단원명	1. 약수와 배수	내용영역	수와 연산
교육과정 중영역		배수 알아보기			
성취기준		배수를 이해하고 배수를 구할 수 있다.			
출제의도		배수를 이해하고 배수를 구하도록 한다.			

문 제

나윤이는 가로 30cm, 세로 20cm의 색도화지를 잘라 종이접기를 하려고 합니다. 종이접기를 하기 위해서는 가로, 세로가 4cm인 정사각형이어야 합니다. (단, 자투리 종이를 붙여서 사용할 수 없음)

(1) 정사각형 종이는 최대한 몇 장까지 자를 수 있으며,

(2) 이때 남은 자투리 종이의 넓이는 몇 cm^2인지 풀이과정과 답을 쓰시오.

풀이과정

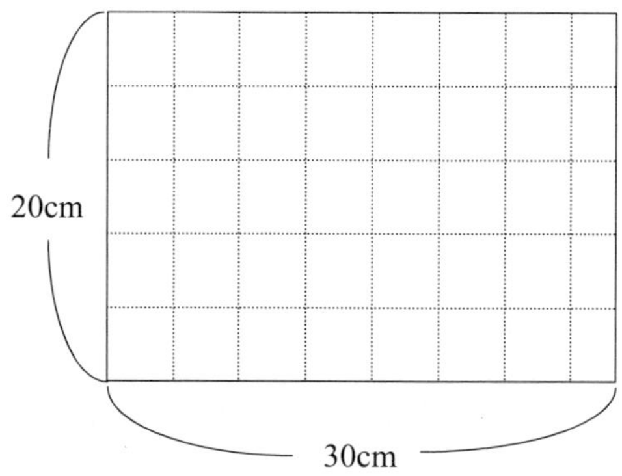

$30 \div 4 = 7 \cdots 2$, $20 \div 4 = 5$이므로 최대한 자를 수 있는 가로, 세로 4cm인 정사각형의 개수는 $7 \times 5 = 35$장이며 이 때 남는 자투리 종이의 넓이는 $2 \times 20 = 40cm^2$이다.

정 답

(1) 35장

(2) $40cm^2$

평가기준

단계	평가내용	비고
A	• 문제 상황 및 문제 속에 내포된 배수의 의미를 바르게 이해함. • 문제의 조건을 바르게 이해하고, 제시된 문제 상황에서 문제해결에 적절한 정보(색도화지의 가로와 세로의 길이, 단위 정사각형의 가로와 세로의 길이, 자투리 종이의 가로와 세로의 길이)를 활용함. • 정사각형 종이는 최대한 몇 장까지 자를 수 있는지($7\times5=35$장), 남은 자투리 종이의 넓이는 몇 인지($20\times2=40cm^2$)를 모두 바르게 구함. • 전략수행과정이나 문제해결과정에서 타당한 추론을 통해 문제를 해결함. • 답을 알아내는 모든 단계나 과정을 명확하고 논리적으로 충분히 설명함. • 문제해결과정에 사용된 수학적 용어 및 기호 등의 표현이 정확함.	매우 잘함
B	• 문제 상황 및 문제 속에 내포된 배수의 의미를 바르게 이해함. • 문제의 조건을 바르게 이해하고, 제시된 문제 상황에서 문제해결에 적절한 정보(색도화지의 가로와 세로의 길이, 단위 정사각형의 가로와 세로의 길이, 자투리 종이의 가로와 세로의 길이)를 활용함. • 정사각형 종이는 최대한 몇 장까지 자를 수 있는지($7\times5=35$장), 남은 자투리 종이의 넓이는 몇 인지($20\times2=40cm^2$)를 타당한 추론을 통하여 찾아내고 있으나 답이 부정확함. a) 사소한 오차나 옮겨 쓰기 과정에 오류가 있음. b) 계산 과정은 있으나 답을 쓰지 않음. • 답을 알아내는 전체 과정을 논리적으로 설명하고 있으나 약간의 비약을 포함하고 있음. • 문제해결과정에 사용된 수학적 용어 및 기호 등의 표현에서 약간의 오류를 나타냄.	잘함
C	• 문제 상황 및 문제 속에 내포된 배수의 의미를 부분적으로 이해함. • 문제의 조건을 바르게 이해하지 못하고, 제시된 문제 상황에서 문제해결에 적절한 정보(색도화지의 가로와 세로의 길이, 단위 정사각형의 가로와 세로의 길이, 자투리 종이의 가로와 세로의 길이) 중 일부만을 선택하여 활용함. • 정사각형 종이는 최대한 몇 장까지 자를 수 있는지, 남은 자투리 종이의 넓이는 몇인지를 타당하게 추론하지 못하거나 끝까지 실행하지 못하여 정답에 이르지 못함. • 답을 알아내는 과정 설명에 비약이 많거나, 문제해결과정 없이 정답만 기술함. • 문제해결과정에 사용된 수학적 용어 및 기호 등의 사용에 오류 및 부정확한 표현이 많이 포함됨.	보통
D	• 문제 상황 및 문제 속에 내포된 배수의 의미를 이해하지 못함. • 문제의 조건을 이해하지 못하여 문제해결과 관련 없이 제시된 숫자들을 무의미하게 활용함. • 문제해결과정에 대한 설명이 불완전하거나 명료하지 않아 이해하기 어려움. • 문제해결을 전혀 시도하지 못함. a) 백지 또는 오답 이외에 아무것도 쓰지 않음. b) 문제와 관련 없는 것만을 기술함.	노력 요함

구분		5-1-1-3			
학기	5-1	단원명	1. 약수와 배수	내용영역	수와 연산
교육과정 중영역		최대공약수 구하기			
성취기준		두 수의 최대공약수의 뜻을 알고 구할 수 있다.			
출제의도		주어진 문제 상황에서 최대공약수를 구해야 함을 알고, 바른 과정을 거쳐 최대공약수를 구할 수 있는지 알아본다.			

문 제

1반에는 연필 60자루와 지우개 48개가 있고, 2반에는 연필 64자루와 지우개 44개가 있습니다. 각 반 선생님께서 연필과 지우개를 최대한 많은 학생에게 남김없이 똑같이 나누어 주려고 합니다. 1반과 2반 중에서 어느 반 친구들이 몇 명 더 받을 수 있는지 풀이과정과 답을 쓰시오.

	1반	2반
연필	60자루	64자루
지우개	48개	44개

풀이과정

- 1반에서는 60과 48의 최대공약수인 12명이 받을 수 있다.
- 2반에서는 64와 44의 최대공약수인 4명이 받을 수 있다.
- 1반 친구들이 12－4＝8명 더 받을 수 있다.

정 답

1반 친구들이 8명 더 받을 수 있다.

평가기준

단계	평가내용	비고
A	• 문제 상황 및 문제 속에 내포된 최대공약수의 의미를 바르게 이해함. • 문제의 조건을 바르게 이해하고, 제시된 문제 상황에서 문제해결에 적절한 정보(각 반의 연필과 지우개 개수)를 활용함. • 각 학급에서 연필과 지우개를 최대한 많은 학생에게 남김없이 똑같이 나누어 주려면 몇 명에게 나누어줄 수 있는지(1반-60과 48의 최대공약수 12, 2반-64와 44의 최대공약수 4)를 적절한 식을 만들어 실행하고 구함. • 1반과 2반 중에서 어느 반 친구들이 몇 명 더 받을 수 있는지 뺄셈식($12-4=8$)을 이용하여 정확하게 구함. • 전략수행과정이나 문제해결과정에서 타당한 추론을 통해 문제를 해결함. • 답을 알아내는 모든 단계나 과정을 명확하고 논리적으로 충분히 설명함. • 문제해결과정에 사용된 수학적 용어 및 기호 등의 표현이 정확함.	매우 잘함
B	• 문제 상황 및 문제 속에 내포된 최대공약수의 의미를 바르게 이해함. • 문제의 조건을 바르게 이해하고, 제시된 문제 상황에서 문제해결에 적절한 정보(각 반의 연필과 지우개 개수)를 활용함. • 각 학급에서 연필과 지우개를 최대한 많은 학생에게 남김없이 똑같이 나누어 주려면 몇 명에게 나누어줄 수 있는지(1반-60과 48의 최대공약수 12, 2반-64와 44의 최대공약수 4), 1반과 2반 중에서 어느 반 친구들이 몇 명 더 받을 수 있는지($12-4=8$)를 타당한 추론을 통하여 구해내고 있으나 답이 부정확함. a) 사소한 오차나 옮겨 쓰기 과정에 오류가 있음. b) 계산 과정은 있으나 답을 쓰지 않음. • 답을 알아내는 전체 과정을 논리적으로 설명하고 있으나 약간의 비약을 포함하고 있음. • 문제해결과정에 사용된 수학적 용어 및 기호 등의 표현에서 약간의 오류를 나타냄.	잘함
C	• 문제 상황 및 문제 속에 내포된 최대공약수의 의미를 부분적으로 이해함. • 문제의 조건을 바르게 이해하지 못하고 제시된 문제 상황에서 문제해결에 적절한 정보(각 반의 연필과 지우개 개수) 중 일부만을 선택하여 활용함. • 각 학급에서 연필과 지우개를 최대한 많은 학생에게 남김없이 똑같이 나누어 주려면 몇 명에게 나누어줄 수 있는지(1반-60과 48의 최대공약수 12, 2반-64와 44의 최대공약수 4), 1반과 2반 중에서 어느 반 친구들이 몇 명 더 받을 수 있는지($12-4=8$)를 타당하게 추론하지 못하거나 끝까지 실행하지 못하여 정답에 이르지 못함. • 답을 알아내는 과정 설명에 비약이 많거나, 문제해결과정 없이 정답만 기술함. • 문제해결과정에 사용된 수학적 용어 및 기호 등의 사용에 오류 및 부정확한 표현이 많이 포함됨.	보통
D	• 문제 상황 및 문제 속에 내포된 최대공약수의 의미를 이해하지 못함. • 문제의 조건을 이해하지 못하여 문제해결과 관련 없이 제시된 숫자들을 무의미하게 활용함. • 문제해결과정에 대한 설명이 불완전하거나 명료하지 않아 이해하기 어려움. • 문제해결을 전혀 시도하지 못함. a) 백지 또는 오답 이외에 아무것도 쓰지 않음. b) 문제와 관련 없는 것만을 기술함.	노력 요함

구분		5-1-1-4			
학기	5-1	단원명	1. 약수와 배수	내용영역	수와 연산
교육과정 중영역		최소공배수 구하기			
성취기준		두 수의 최소공배수의 뜻을 알고 구할 수 있다.			
출제의도		주어진 문제 상황에서 최소공배수를 구해야 함을 알고, 바른 과정을 거쳐 최소공배수를 구할 수 있는지 알아본다.			

문 제

은주는 가족여행을 6개월에 한 번, 누리는 8개월에 한 번 갑니다. 은주와 누리는 이번 달에 함께 가족여행을 다녀왔습니다. 다음 번에 함께 갈 수 있는 때가 2014년 4월이라면 이번 달은 몇 년 몇 월인지 풀이과정과 답을 쓰시오.

풀이과정

다음 번에 함께 갈 수 있는 때를 구해야 하므로, 6개월과 8개월의 최소공배수를 구하면 된다.
6개월와 8개월의 최소공배수는 24개월이고, 24개월은 2년이다.
다음 번에 함께 갈 수 있는 때가 2014년 4월이므로, 지금은 2년 전인 2012년 4월이다.

정 답

2012년 4월

평가기준

<table>
<tr><th>단계</th><th>평가내용</th><th>비고</th></tr>
<tr><td>A</td><td>• 문제 상황 및 문제 속에 내포된 최소공배수의 의미를 바르게 이해함.
• 문제의 조건을 바르게 이해하고, 제시된 문제 상황에서 문제해결에 적절한 정보(은주와 누리가 가족여행을 가는 주기, 다음 가족 여행 시기)를 활용함.
• 두 가족의 여행 주기(6개월, 8개월)의 최소공배수(24개월)와 다음 번 여행시기로부터 현재가 몇 년 몇 월인지(2014년 4월로부터 24개월 전인 2012년 4월)를 정확하게 구함.
• 전략수행과정이나 문제해결과정에서 타당한 추론을 통해 문제를 해결함.
• 답을 알아내는 모든 단계나 과정을 명확하고 논리적으로 설명함.
• 문제해결과정에 사용된 수학적 용어 및 기호 등의 표현이 정확함.</td><td>매우 잘함</td></tr>
<tr><td>B</td><td>• 문제 상황 및 문제 속에 내포된 최소공배수의 의미를 바르게 이해함.
• 문제의 조건을 바르게 이해하고, 제시된 문제 상황에서 문제해결에 적절한 정보(은주와 누리가 가족여행을 가는 주기, 다음 가족 여행 시기)를 활용함.
• 두 가족의 여행 주기(6개월, 8개월)의 최소공배수(24개월)와 다음 번 여행시기로부터 현재가 몇 년 몇 월인지(2014년 4월로부터 24개월 전인 2012년 4월)를 구함.
a) 사소한 오차나 옮겨 쓰기 과정에 오류가 있음.
b) 계산 과정은 있으나 답을 쓰지 않음.
• 답을 알아내는 전체 과정을 논리적으로 설명하고 있으나 약간의 비약을 포함하고 있음.
• 문제해결과정에 사용된 수학적 용어 및 기호 등의 표현에서 약간의 오류를 나타냄.</td><td>잘함</td></tr>
<tr><td>C</td><td>• 문제 상황 및 문제 속에 내포된 최소공배수의 의미를 부분적으로 이해함.
• 문제의 조건을 바르게 이해하지 못하고 제시된 문제 상황에서 문제해결에 적절한 정보(은주와 누리가 가족여행을 가는 주기, 다음 가족 여행 시기) 중 일부만을 선택하여 활용함.
• 두 가족의 여행 주기(6개월, 8개월)의 최소공배수(24개월)를 구하지 못하거나 다음 번 여행시기로부터 현재가 몇 년 몇 월인지(2014년 4월로부터 24개월 전인 2012년 4월)를 구하지 못함.
• 답을 알아내는 과정 설명에 비약이 많거나, 문제해결과정 없이 정답만 기술함.
• 문제해결과정에 사용된 수학적 용어 및 기호 등의 사용에 오류 및 부정확한 표현이 많이 포함됨.</td><td>보통</td></tr>
<tr><td>D</td><td>• 문제 상황 및 문제 속에 내포된 최소공배수의 의미를 이해하지 못함.
• 문제의 조건을 이해하지 못하여 문제해결과 관련 없이 제시된 숫자들을 무의미하게 활용함.
• 문제해결과정에 대한 설명이 불완전하거나 명료하지 않아 이해하기 어려움.
• 문제해결을 전혀 시도하지 못함.
a) 백지 또는 오답 이외에 아무것도 쓰지 않음.
b) 문제와 관련 없는 것만을 기술함.</td><td>노력 요함</td></tr>
</table>

구분		5-1-2-1			
학기	5-1	단원명	2. 약분과 통분	내용영역	수와 연산
교육과정 중영역		크기가 같은 분수 알아보기			
성취기준		크기가 같은 분수를 만들 수 있다.			
출제의도		크기가 같은 분수를 만들기 위해 약분과 통분을 할 수 있는지 알아본다.			

문 제

동윤, 정민, 효원, 태호는 북한산 정상까지 오르되, 서로 다른 길을 택하였습니다. 1시간 후, 전체 높이의 $\frac{3}{12}$만큼 온 동윤이가 다른 친구들에게 핸드폰으로 연락을 취하니, 정민이는 전체 높이의 $\frac{1}{3}$, 효원이는 전체 높이의 $\frac{6}{24}$, 태호는 전체 높이의 $\frac{2}{8}$만큼 올라왔다고 하였습니다. 동윤이와 같은 높이만큼 올라온 친구는 누구인지 풀이과정과 답을 쓰시오.

풀이과정

$\frac{3}{12}$을 약분하면 $\frac{1}{4}$이다.
$\frac{6}{24}$과 $\frac{2}{8}$도 약분하면 $\frac{1}{4}$이므로,
동윤이와 같은 높이만큼 올라온 친구는 효원이와 태호이다.
($\frac{3}{12}$, $\frac{1}{3}$, $\frac{6}{24}$, $\frac{2}{8}$를 통분하면 $\frac{6}{24}$, $\frac{8}{24}$, $\frac{6}{24}$, $\frac{6}{24}$이므로,
동윤이와 같은 높이만큼 올라온 친구는 효원이와 태호이다.)

정 답

효원, 태호

평가기준

단계	평가내용	비고
A	• 문제 상황 및 문제 속에 내포된 약분과 통분의 의미를 바르게 이해함. • 문제의 조건을 바르게 이해하고, 제시된 문제 상황에서 문제해결에 적절한 정보(각 학생이 오른 높이)를 활용함. • 각 학생이 오른 높이를 비교하기 위하여 약분 또는 통분($\frac{3}{12}=\frac{6}{24}=\frac{2}{8}=\frac{1}{4}$ 또는 $\frac{3}{12}$, $\frac{1}{3}$, $\frac{6}{24}$, $\frac{2}{8}$를 통분하면 $\frac{6}{24}$, $\frac{8}{24}$, $\frac{6}{24}$, $\frac{6}{24}$)을 정확하게 함. • 동윤이의 높이($\frac{3}{12}$)와 크기가 같은 분수를 모두 찾아냄. • 전략수행과정이나 문제해결과정에서 타당한 추론을 통해 문제를 해결함. • 답을 알아내는 모든 단계나 과정을 명확하고 논리적으로 설명함. • 문제해결과정에 사용된 수학적 용어 및 기호 등의 표현이 정확함.	매우 잘함
B	• 문제 상황 및 문제 속에 내포된 약분과 통분의 의미를 바르게 이해함. • 문제의 조건을 바르게 이해하고, 제시된 문제 상황에서 문제해결에 적절한 정보(각 학생이 오른 높이)를 활용함. • 각 학생이 오른 높이를 비교하기 위하여 약분 또는 통분($\frac{3}{12}=\frac{6}{24}=\frac{2}{8}=\frac{1}{4}$ 또는 $\frac{3}{12}$, $\frac{1}{3}$, $\frac{6}{24}$, $\frac{2}{8}$를 통분하면 $\frac{6}{24}$, $\frac{8}{24}$, $\frac{6}{24}$, $\frac{6}{24}$)을 하고 있으나 동윤이의 높이($\frac{3}{12}$)와 크기가 같은 분수를 모두 찾아내지 못함. a) 사소한 오차나 옮겨 쓰기 과정에 오류가 있음. b) 계산 과정은 있으나 답을 쓰지 않음. • 답을 알아내는 전체 과정을 논리적으로 설명하고 있으나 약간의 비약을 포함하고 있음. • 문제해결과정에 사용된 수학적 용어 및 기호 등의 표현에서 약간의 오류를 나타냄.	잘함
C	• 문제 상황 및 문제 속에 내포된 약분과 통분의 의미를 부분적으로 이해함. • 문제의 조건을 바르게 이해하지 못하고 제시된 문제 상황에서 문제해결에 적절한 정보(각 학생이 오른 높이) 중 일부만을 선택하여 활용함. • 각 학생이 오른 높이를 비교하기 위하여 약분 또는 통분($\frac{3}{12}=\frac{6}{24}=\frac{2}{8}=\frac{1}{4}$ 또는 $\frac{3}{12}$, $\frac{1}{3}$, $\frac{6}{24}$, $\frac{2}{8}$를 통분하면 $\frac{6}{24}$, $\frac{8}{24}$, $\frac{6}{24}$, $\frac{6}{24}$)을 바르게 하지 못함. • 동윤이의 높이($\frac{3}{12}$)와 크기가 같은 분수를 찾아내지 못함. • 답을 알아내는 과정 설명에 비약이 많거나, 문제해결과정 없이 정답만 기술함. • 문제해결과정에 사용된 수학적 용어 및 기호 등의 사용에 오류 및 부정확한 표현이 많이 포함됨.	보통
D	• 문제 상황 및 문제 속에 내포된 약분과 통분의 의미를 이해하지 못함. • 문제의 조건을 이해하지 못하여 문제해결과 관련 없이 제시된 숫자들을 무의미하게 활용함. • 문제해결과정에 대한 설명이 불완전하거나 명료하지 않아 이해하기 어려움. • 문제해결을 전혀 시도하지 못함. a) 백지 또는 오답 이외에 아무것도 쓰지 않음. b) 문제와 관련 없는 것만을 기술함.	노력 요함

구분		5-1-2-2			
학기	5-1	단원명	2. 약분과 통분	내용영역	수와 연산
교육과정 중영역		크기가 같은 분수 알아보기			
성취기준		분수의 분모와 분자를 0이 아닌 같은 수로 나누어 크기가 같은 분수를 만들 수 있다.			
출제의도		분수의 분모와 분자를 0이 아닌 같은 수로 나누어 크기가 같은 분수를 만들게 한다.			

문 제

영은이는 $\frac{18}{24}$, 진영이는 $\frac{32}{40}$가 적힌 숫자카드를 각각 가지고 있습니다. 영은이와 진영이는 각자가 가진 분수를 분모와 분자의 공약수로 나누어 크기가 같은 분수를 누가 더 많이 만들 수 있는지 알아보기로 하였습니다.
누가 크기가 같은 분수를 더 많이 만들 수 있는지 풀이과정과 답을 쓰시오.

풀이과정

* 영은: 24와 18의 공약수는 1, 2, 3, 6

$\frac{18}{24}$과 크기가 같은 분수는 $\frac{9}{12}$, $\frac{6}{8}$, $\frac{3}{4}$ → 3개

* 진영: 40과 32의 공약수 1, 2, 4, 8

$\frac{32}{40}$와 크기가 같은 분수는 $\frac{16}{20}$, $\frac{8}{10}$, $\frac{4}{5}$ → 3개

☞ 둘 다 3개씩 만들 수 있으므로 만들 수 있는 크기가 같은 분수의 개수는 같다.

정 답

둘다 3개씩 똑같이 만들 수 있다.

평가기준

단계	평가내용	비고
A	• 문제 상황 및 문제 속에 내포된 약분의 의미를 바르게 이해함. • 문제의 조건을 바르게 이해하고, 제시된 문제 상황에서 문제해결에 적절한 정보(영은이와 진영이가 가지고 있는 숫자카드의 분수 $\frac{18}{24}$, $\frac{32}{40}$)를 활용함. • 영은이와 진영이가 분모와 분자의 공약수로 나눈 크기가 같은 분수를 몇 개 가지고 있는지(영은: $\frac{18}{24}=\frac{9}{12}=\frac{6}{8}=\frac{3}{4}$→3개, 진영: $\frac{32}{40}=\frac{16}{20}=\frac{8}{10}=\frac{4}{5}$→3개), 또는 분모와 분자의 공약수의 개수(24와 18의 공약수(1, 2, 3, 6) 4개, 32와 40의 공약수(1, 2, 4, 8) 4개를 정확하게 구함. • 전략수행과정이나 문제해결과정에서 타당한 추론을 통해 문제를 해결함. • 답을 알아내는 모든 단계나 과정을 명확하고 논리적으로 설명함. • 문제해결과정에 사용된 수학적 용어 및 기호 등의 표현이 정확함.	매우 잘함
B	• 문제 상황 및 문제 속에 내포된 약분의 의미를 바르게 이해함. • 문제의 조건을 바르게 이해하고, 제시된 문제 상황에서 문제해결에 적절한 정보(영은이와 진영이가 가지고 있는 숫자카드의 분수 $\frac{18}{24}$, $\frac{32}{40}$)를 활용함. • 영은이와 진영이가 분모와 분자의 공약수로 나눈 크기가 같은 분수를 몇 개 가지고 있는지(영은: $\frac{18}{24}=\frac{9}{12}=\frac{6}{8}=\frac{3}{4}$→3개, 진영: $\frac{32}{40}=\frac{16}{20}=\frac{8}{10}=\frac{4}{5}$→3개), 또는 분모와 분자의 공약수의 개수(24와 18의 공약수(1, 2, 3, 6) 4개, 32와 40의 공약수(1, 2, 4, 8) 4개를 구함. a) 사소한 오차나 옮겨 쓰기 과정에 오류가 있음. b) 계산 과정은 있으나 답을 쓰지 않음. • 답을 알아내는 전체 과정을 논리적으로 설명하고 있으나 약간의 비약을 포함하고 있음. • 문제해결과정에 사용된 수학적 용어 및 기호 등의 표현에서 약간의 오류를 나타냄.	잘함
C	• 문제 상황 및 문제 속에 내포된 약분의 의미를 부분적으로 이해함. • 문제의 조건을 바르게 이해하지 못하고 제시된 문제 상황에서 문제해결에 적절한 정보(영은이와 진영이가 가지고 있는 숫자카드의 분수 $\frac{18}{24}$, $\frac{32}{40}$) 중 일부만을 선택하여 활용함. • 영은이와 진영이가 분모와 분자의 공약수로 나눈 크기가 같은 분수를 몇 개 가지고 있는지(영은: $\frac{18}{24}=\frac{9}{12}=\frac{6}{8}=\frac{3}{4}$→3개, 진영: $\frac{32}{40}=\frac{16}{20}=\frac{8}{10}=\frac{4}{5}$→3개), 또는 분모와 분자의 공약수의 개수(24와 18의 공약수(1, 2, 3, 6) 4개, 32와 40의 공약수(1, 2, 4, 8) 4개를 정확하게 구하지 못함. • 답을 알아내는 과정 설명에 비약이 많거나, 문제해결과정 없이 정답만 기술함. • 문제해결과정에 사용된 수학적 용어 및 기호 등의 사용에 오류 및 부정확한 표현이 많이 포함됨.	보통
D	• 문제 상황 및 문제 속에 내포된 약분의 의미를 이해하지 못함. • 문제의 조건을 이해하지 못하여 문제해결과 관련 없이 제시된 숫자들을 무의미하게 활용함. • 문제해결과정에 대한 설명이 불완전하거나 명료하지 않아 이해하기 어려움. • 문제해결을 전혀 시도하지 못함. a) 백지 또는 오답 이외에 아무것도 쓰지 않음. b) 문제와 관련 없는 것만을 기술함.	노력 요함

구분		5-1-2-3			
학기	5-1	단원명	2. 약분과 통분	내용영역	수와 연산
교육과정 중영역		기약분수로 나타내기			
성취기준		기약분수의 뜻을 알고 분수를 기약분수로 나타낼 수 있다.			
출제의도		기약분수의 뜻을 알고 분수를 기약분수로 나타낼 수 있게 한다.			

문 제

다음 대화는 광개토대왕과 신하들의 대화입니다.

신하 1: 폐하! 후연이 우리 고구려의 요동성을 공격하기 위해 준비하고 있다고 합니다.
광개토대왕 : 그래? 큰일이구나! 그럼 어떻게 하는 것이 좋겠느냐?
신하 2: 폐하! 국내성을 지킬 최소한의 군사를 남겨두고 요동성으로 군사들을 파견해야 할 것 같습니다.
광개토대왕 : 그럼, 현재 요동성으로 파견할 수 있는 군사가 얼마나 되느냐?

고구려는 후연의 요동성 공격에 대비하여 총 960명의 군사 중 192명은 국내성을 지키기 위해 남겨두고 나머지 군사를 요동성으로 파견하였습니다. 요동성으로 파견한 군사는 전체의 몇분의 몇인지 기약분수로 나타내는 풀이과정과 답을 쓰시오.

풀이과정

요동성으로 파견한 군사의 수 : $960-192=768$명

$\dfrac{\text{요동성으로 파견한 군사의 수}}{\text{전체 군사의 수}}=\dfrac{768}{960}$을 최대공약수 192로 약분하여

기약분수로 나타내면 $\dfrac{4}{5}$가 된다.

정 답

$\dfrac{4}{5}$

평가기준

단계	평가내용	비고
A	• 문제 상황 및 문제 속에 내포된 기약분수의 의미를 바르게 이해함. • 문제의 조건을 바르게 이해하고, 제시된 문제 상황에서 문제해결에 적절한 정보(고구려의 총 군사 수, 국내성에 남아 있는 군사 수)를 활용함. • 요동성에 파견할 군사의 수가 몇 명인지($960-192=768$명) 구하고, 전체 군사 수에 대한 요동성으로 파견한 군사의 수를 기약분수($\frac{768}{960}=\frac{4}{5}$)로 정확하게 나타냄. • 전략수행과정이나 문제해결과정에서 타당한 추론을 통해 문제를 해결함. • 답을 알아내는 모든 단계나 과정을 명확하고 논리적으로 설명함. • 문제해결과정에 사용된 수학적 용어 및 기호 등의 표현이 정확함.	매우 잘함
B	• 문제 상황 및 문제 속에 내포된 기약분수의 의미를 바르게 이해함. • 문제의 조건을 바르게 이해하고, 제시된 문제 상황에서 문제해결에 적절한 정보(고구려의 총 군사 수, 국내성에 남아 있는 군사 수)를 활용함. • 요동성에 파견할 군사의 수가 몇 명인지($960-192=768$명) 구하고, 전체 군사 수에 대한 요동성으로 파견한 군사의 수를 기약분수($\frac{768}{960}=\frac{4}{5}$)로 나타냄. a) 사소한 오차나 옮겨 쓰기 과정에 오류가 있음. b) 계산 과정은 있으나 답을 쓰지 않음. • 답을 알아내는 전체 과정을 논리적으로 설명하고 있으나 약간의 비약을 포함하고 있음. • 문제해결과정에 사용된 수학적 용어 및 기호 등의 표현에서 약간의 오류를 나타냄.	잘함
C	• 문제 상황 및 문제 속에 내포된 기약분수의 의미를 부분적으로 이해함. • 문제의 조건을 바르게 이해하지 못하고 제시된 문제 상황에서 문제해결에 적절한 정보(고구려의 총 군사 수, 국내성에 남아 있는 군사 수) 중 일부만을 선택하여 활용함. • 요동성에 파견할 군사의 수가 몇 명인지($960-192=768$명) 구하지 못하거나 전체 군사 수에 대한 요동성으로 파견한 군사의 수를 기약분수($\frac{768}{960}=\frac{4}{5}$)로 정확하게 나타내지 못함. • 답을 알아내는 과정 설명에 비약이 많거나, 문제해결과정 없이 정답만 기술함. • 문제해결과정에 사용된 수학적 용어 및 기호 등의 사용에 오류 및 부정확한 표현이 많이 포함됨.	보통
D	• 문제 상황 및 문제 속에 내포된 기약분수의 의미를 이해하지 못함. • 문제의 조건을 이해하지 못하여 문제해결과 관련 없이 제시된 숫자들을 무의미하게 활용함. • 문제해결과정에 대한 설명이 불완전하거나 명료하지 않아 이해하기 어려움. • 문제해결을 전혀 시도하지 못함. a) 백지 또는 오답 이외에 아무것도 쓰지 않음. b) 문제와 관련 없는 것만을 기술함.	노력 요함

구분		5-1-2-4			
학기	5-1	단원명	2. 약분과 통분	내용영역	수와 연산
교육과정 중영역		분수의 크기 비교			
성취기준		분모가 다른 세 분수의 크기를 비교하여 크기 순서로 늘어놓을 수 있다.			
출제의도		세 분수를 한꺼번에 바르게 통분하여 크기를 비교하고 답을 구하도록 한다.			

문 제

이어달리기에서 우승한 순서대로 간식을 많이 받기로 하였습니다. 이어달리기 후, ㉮반은 전체 간식의 $\frac{1}{3}$, ㉯반은 전체 간식의 $\frac{3}{8}$, ㉰반은 전체 간식의 $\frac{7}{24}$을 받았습니다. 각 반이 몇 등을 했는지 풀이과정과 답을 쓰시오.

풀이과정

$\frac{1}{3}$, $\frac{3}{8}$, $\frac{7}{24}$을 통분하면 $\frac{8}{24}$, $\frac{9}{24}$, $\frac{7}{24}$이다.
$\frac{9}{24} > \frac{8}{24} > \frac{7}{24}$이므로 $\frac{3}{8} > \frac{1}{3} > \frac{7}{24}$이다.
따라서 ㉯반이 1등, ㉮반이 2등, ㉰반이 3등을 하였다.

정 답

㉮반이 2등, ㉯반이 1등, ㉰반이 3등

평가기준

단계	평가내용	비고
A	• 문제 상황 및 문제 속에 내포된 분모가 다른 분수의 크기 비교의 의미를 바르게 이해함. • 문제의 조건을 바르게 이해하고, 제시된 문제 상황에서 문제해결에 적절한 정보(각 반의 간식의 양)를 활용함. • 각 반의 간식의 양을 통분($\frac{1}{3}$, $\frac{3}{8}$, $\frac{7}{24}$을 통분하면 $\frac{8}{24}$, $\frac{9}{24}$, $\frac{7}{24}$)하고 통분된 분수의 크기를 비교($\frac{9}{24}>\frac{8}{24}>\frac{7}{24}$이므로 $\frac{3}{8}>\frac{1}{3}>\frac{7}{24}$)하여 정확하게 나타냄. • 전략수행과정이나 문제해결과정에서 타당한 추론을 통해 문제를 해결함. • 답을 알아내는 모든 단계나 과정을 명확하고 논리적으로 설명함. • 문제해결과정에 사용된 수학적 용어 및 기호 등의 표현이 정확함.	매우 잘함
B	• 문제 상황 및 문제 속에 내포된 분모가 다른 분수의 크기 비교의 의미를 바르게 이해함. • 문제의 조건을 바르게 이해하고, 제시된 문제 상황에서 문제해결에 적절한 정보(각 반의 간식의 양)를 활용함. • 각 반의 간식의 양을 통분($\frac{1}{3}$, $\frac{3}{8}$, $\frac{7}{24}$을 통분하면 $\frac{8}{24}$, $\frac{9}{24}$, $\frac{7}{24}$)하고 통분된 분수의 크기를 비교($\frac{9}{24}>\frac{8}{24}>\frac{7}{24}$이므로 $\frac{3}{8}>\frac{1}{3}>\frac{7}{24}$)하여 나타냄. a) 사소한 오차나 옮겨 쓰기 과정에 오류가 있음. b) 계산 과정은 있으나 답을 쓰지 않음. • 답을 알아내는 전체 과정을 논리적으로 설명하고 있으나 약간의 비약을 포함하고 있음. • 문제해결과정에 사용된 수학적 용어 및 기호 등의 표현에서 약간의 오류를 나타냄.	잘함
C	• 문제 상황 및 문제 속에 내포된 분모가 다른 분수의 크기 비교의 의미를 부분적으로 이해함. • 문제의 조건을 바르게 이해하지 못하고 제시된 문제 상황에서 문제해결에 적절한 정보(각 반의 간식의 양) 중 일부만을 선택하여 활용함. • 각 반의 간식의 양을 통분($\frac{1}{3}$, $\frac{3}{8}$, $\frac{7}{24}$을 통분하면 $\frac{8}{24}$, $\frac{9}{24}$, $\frac{7}{24}$)하지 못하거나 통분된 분수의 크기를 비교($\frac{9}{24}>\frac{8}{24}>\frac{7}{24}$이므로 $\frac{3}{8}>\frac{1}{3}>\frac{7}{24}$)하여 정확하게 나타내지 못함. • 답을 알아내는 과정 설명에 비약이 많거나, 문제해결과정 없이 정답만 기술함. • 문제해결과정에 사용된 수학적 용어 및 기호 등의 사용에 오류 및 부정확한 표현이 많이 포함됨.	보통
D	• 문제 상황 및 문제 속에 내포된 분모가 다른 분수의 크기 비교의 의미를 이해하지 못함. • 문제의 조건을 이해하지 못하여 문제해결과 관련 없이 제시된 숫자들을 무의미하게 활용함. • 문제해결과정에 대한 설명이 불완전하거나 명료하지 않아 이해하기 어려움. • 문제해결을 전혀 시도하지 못함. a) 백지 또는 오답 이외에 아무것도 쓰지 않음. b) 문제와 관련 없는 것만을 기술함.	노력 요함

구분		5-1-3-1			
학기	5-1	단원명	3. 분수의 덧셈과 뺄셈	내용영역	수와 연산
교육과정 중영역		대분수의 덧셈			
성취기준		받아올림이 있는 대분수의 덧셈을 할 수 있다.			
출제의도		받아올림이 있는 대분수의 덧셈에서 계산 원리를 이해하고 바른 과정을 거쳐 답을 구할 수 있는지 알아본다.			

문 제

찬희는 집에서 학교를 거쳐 할머니댁에 가기로 하였습니다. 집에서 학교까지는 $1\frac{4}{5}$km, 학교에서 할머니댁까지는 $2\frac{4}{7}$km입니다. 찬희가 집에서부터 할머니댁까지 이동한 거리는 모두 몇 km인지 풀이과정과 답을 쓰시오.

풀이과정

찬희가 이동한 모든 거리를 구해야 하므로, $1\frac{4}{5}$와 $2\frac{4}{7}$을 더해야 한다.

$1\frac{4}{5}+2\frac{4}{7}=1\frac{28}{35}+2\frac{20}{35}=4\frac{13}{35}$km이다.

정 답

$4\frac{13}{35}$km

평가기준

단계	평가내용	비고
A	• 문제 상황 및 문제 속에 내포된 받아올림이 있는 대분수의 덧셈의 의미를 바르게 이해함. • 문제의 조건을 바르게 이해하고, 제시된 문제 상황에서 문제해결에 적절한 정보(집에서 학교까지의 거리, 학교에서 할머니댁까지의 거리)를 활용함. • 분모가 다른 분수를 통분(5와 7의 최소공배수인 35로 통분)하는 과정과 받아올림이 있는 대분수의 덧셈과정을 정확하게 나타냄. a) $1\frac{4}{5}+2\frac{4}{7}=1\frac{28}{35}+2\frac{20}{35}=3\frac{48}{35}=4\frac{13}{35}$ km b) $1\frac{4}{5}+2\frac{4}{7}=\frac{9}{5}+\frac{18}{7}=\frac{63}{35}+\frac{90}{35}=\frac{135}{35}=4\frac{13}{35}$ km • 전략수행과정이나 문제해결과정에서 타당한 추론을 통해 문제를 해결함. • 답을 알아내는 모든 단계나 과정을 명확하고 논리적으로 설명함. • 문제해결과정에 사용된 수학적 용어 및 기호 등의 표현이 정확함.	매우 잘함
B	• 문제 상황 및 문제 속에 내포된 받아올림이 있는 대분수의 덧셈의 의미를 바르게 이해함. • 문제의 조건을 바르게 이해하고, 제시된 문제 상황에서 문제해결에 적절한 정보(집에서 학교까지의 거리, 학교에서 할머니댁까지의 거리)를 활용함. • 분모가 다른 분수를 통분(5와 7의 최소공배수인 35로 통분)하는 과정과 받아올림이 있는 대분수의 덧셈과정을 나타냄. a) 사소한 오차나 옮겨 쓰기 과정에 오류가 있음. b) 계산 과정은 있으나 답을 쓰지 않음. • 답을 알아내는 전체 과정을 논리적으로 설명하고 있으나 약간의 비약을 포함하고 있음. • 문제해결과정에 사용된 수학적 용어 및 기호 등의 표현에서 약간의 오류를 나타냄.	잘함
C	• 문제 상황 및 문제 속에 내포된 받아올림이 있는 대분수의 덧셈의 의미를 부분적으로 이해함. • 문제의 조건을 바르게 이해하지 못하고 제시된 문제 상황에서 문제해결에 적절한 정보(집에서 학교까지의 거리, 학교에서 할머니댁까지의 거리) 중 일부만을 선택하여 활용함. • 분모가 다른 분수를 통분(5와 7의 최소공배수인 35로 통분)하는 과정과 받아올림이 있는 대분수의 덧셈과정을 정확하게 나타내지 못함. • 답을 알아내는 과정 설명에 비약이 많거나, 문제해결과정 없이 정답만 기술함. • 문제해결과정에 사용된 수학적 용어 및 기호 등의 사용에 오류 및 부정확한 표현이 많이 포함됨.	보통
D	• 문제 상황 및 문제 속에 내포된 받아올림이 있는 대분수의 덧셈의 의미를 이해하지 못함. • 문제의 조건을 이해하지 못하여 문제해결과 관련 없이 제시된 숫자들을 무의미하게 활용함. • 문제해결과정에 대한 설명이 불완전하거나 명료하지 않아 이해하기 어려움. • 문제해결을 전혀 시도하지 못함. a) 백지 또는 오답 이외에 아무것도 쓰지 않음. b) 문제와 관련 없는 것만을 기술함.	노력 요함

구분		5-1-3-2			
학기	5-1	단원명	3. 분수의 덧셈과 뺄셈	내용영역	수와 연산
교육과정 중영역		대분수의 빼셈			
성취기준		받아올림이 있는 분모가 다른 대분수의 빼셈을 계산할 수 있다.			
출제의도		받아올림이 있는 분모가 다른 대분수의 빼셈을 계산 원리를 이해하도록 한다.			

문 제

준우네 가족과 찬수네 가족은 같은 크기의 피자를 각각 2판씩 주문하였습니다. 준우네 가족은 $1\frac{3}{8}$조각을 먹었고, 찬수네 가족은 $1\frac{5}{12}$조각을 먹었습니다. 누구네 가족이 얼마만큼 더 먹었는지 풀이과정과 답을 쓰시오.

풀이과정

$1\frac{3}{8}$과 $1\frac{5}{12}$을 비교하기 위해서는 우선 통분을 해야 한다.
분모인 8와 12의 최소공배수인 24로 통분을 하면
각각 $1\frac{9}{24}$와 $1\frac{10}{24}$이 되므로 $1\frac{10}{24}-1\frac{9}{24}=\frac{1}{24}$이 된다.
따라서 찬수네 가족이 $\frac{1}{24}$조각만큼 더 많이 먹었음을 알 수 있다.

정 답

찬수네 가족이 $\frac{1}{24}$조각만큼 더 많이 먹었다.

평가기준

단계	평가내용	비고
A	• 문제 상황 및 문제 속에 내포된 분수의 뺄셈의 의미를 바르게 이해함. • 문제의 조건을 바르게 이해하고, 제시된 문제 상황에서 문제해결에 적절한 정보(준우와 찬수네 가족이 먹은 양)를 활용함. • 두 가족이 먹은 양인 두 분수를 통분(8과 12의 최소공배수인 24로 통분)하는 과정과 '대분수－대분수'의 뺄셈과정($1\frac{10}{24}-1\frac{9}{24}=\frac{1}{24}$)을 정확하게 나타냄. • 전략수행과정이나 문제해결과정에서 타당한 추론을 통해 문제를 해결함. • 답을 알아내는 모든 단계나 과정을 명확하고 논리적으로 설명함. • 문제해결과정에 사용된 수학적 용어 및 기호 등의 표현이 정확함.	매우 잘함
B	• 문제 상황 및 문제 속에 내포된 분수의 뺄셈의 의미를 바르게 이해함. • 문제의 조건을 바르게 이해하고, 제시된 문제 상황에서 문제해결에 적절한 정보(준우와 찬수네 가족이 먹은 양)를 활용함. • 두 가족이 먹은 양인 두 분수를 통분(8과 12의 최소공배수인 24로 통분)하는 과정과 '대분수－대분수'의 뺄셈과정($1\frac{10}{24}-1\frac{9}{24}=\frac{1}{24}$)을 나타냄. a) 사소한 오차나 옮겨 쓰기 과정에 오류가 있음. b) 계산 과정은 있으나 답을 쓰지 않음. • 답을 알아내는 전체 과정을 논리적으로 설명하고 있으나 약간의 비약을 포함하고 있음. • 문제해결과정에 사용된 수학적 용어 및 기호 등의 표현에서 약간의 오류를 나타냄.	잘함
C	• 문제 상황 및 문제 속에 내포된 분수의 뺄셈의 의미를 부분적으로 이해함. • 문제의 조건을 바르게 이해하지 못하고 제시된 문제 상황에서 문제해결에 적절한 정보(준우와 찬수네 가족이 먹은 양) 중 일부만을 선택하여 활용함. • 두 가족이 먹은 양인 두 분수를 통분(8과 12의 최소공배수인 24로 통분)하는 과정과 '대분수－대분수'의 뺄셈과정($1\frac{10}{24}-1\frac{9}{24}=\frac{1}{24}$)을 정확하게 나타내지 못함. • 답을 알아내는 과정 설명에 비약이 많거나, 문제해결과정 없이 정답만 기술함. • 문제해결과정에 사용된 수학적 용어 및 기호 등의 사용에 오류 및 부정확한 표현이 많이 포함됨.	보통
D	• 문제 상황 및 문제 속에 내포된 분수의 뺄셈의 의미를 이해하지 못함. • 문제의 조건을 이해하지 못하여 문제해결과 관련 없이 제시된 숫자들을 무의미하게 활용함. • 문제해결과정에 대한 설명이 불완전하거나 명료하지 않아 이해하기 어려움. • 문제해결을 전혀 시도하지 못함. a) 백지 또는 오답 이외에 아무것도 쓰지 않음. b) 문제와 관련 없는 것만을 기술함.	노력 요함

구분		5-1-3-3			
학기	5-1	단원명	3. 분수의 덧셈과 뺄셈	내용영역	수와 연산
교육과정 중영역		세 분수의 덧셈과 뺄셈			
성취기준		분모가 다른 세 분수의 혼합셈의 계산 방법을 알고 계산할 수 있다.			
출제의도		문제 상황에서 분모가 다른 세 분수의 혼합셈을 하기 위해서는 통분을 해야 함을 알고, 통분하여 세 분수의 혼합셈을 하도록 한다.			

문 제

지현이네 모둠은 아침봉사활동을 하면서 쓰레기 2kg을 모으기로 하였습니다. 정문 앞에서 $\frac{2}{3}$kg을 줍고, 운동장에서 $\frac{3}{4}$kg을 주웠는데, 달려가다가 $\frac{5}{6}$kg을 쏟고 말았습니다. 목표량을 채우려면 몇 kg의 쓰레기를 더 모으면 되는지 풀이과정과 답을 쓰시오.

풀이과정

현재까지 모은 쓰레기의 양은 $\frac{2}{3}+\frac{3}{4}-\frac{5}{6}=\frac{8}{12}+\frac{9}{12}-\frac{10}{12}=\frac{7}{12}$kg이다.
2kg을 모아야 하므로,
$2-\frac{7}{12}=\frac{24}{12}-\frac{7}{12}=\frac{17}{12}=1\frac{5}{12}$kg을 더 모으면 된다.

정 답

$1\frac{5}{12}$kg

평가기준

단계	평가내용	비고
A	• 문제 상황 및 문제 속에 내포된 세 분수의 덧셈과 뺄셈의 의미를 바르게 이해함. • 문제의 조건을 바르게 이해하고, 제시된 문제 상황에서 문제해결에 적절한 정보(목표량, 주운 양, 쏟은 양)를 활용함. • 분모가 다른 세 분수를 통분(3, 4, 6의 최소공배수인 12로 통분)하는 과정과 '자연수－진분수'의 뺄셈과정($2-\frac{7}{12}=\frac{24}{12}-\frac{7}{12}=\frac{17}{12}=1\frac{5}{12}$kg)을 정확하게 나타냄. a) $\frac{2}{3}+\frac{3}{4}-\frac{5}{6}=\frac{8}{12}+\frac{9}{12}-\frac{10}{12}=\frac{7}{12}$kg, $2-\frac{7}{12}=\frac{24}{12}-\frac{7}{12}=\frac{17}{12}=1\frac{5}{12}$kg b) $2-\left(\frac{2}{3}+\frac{3}{4}-\frac{5}{6}\right)=2-\left(\frac{8}{12}+\frac{9}{12}-\frac{10}{12}\right)=2-\frac{7}{12}=\frac{24}{12}-\frac{7}{12}=\frac{17}{12}=1\frac{5}{12}$kg • 전략수행과정이나 문제해결과정에서 타당한 추론을 통해 문제를 해결함. • 답을 알아내는 모든 단계나 과정을 명확하고 논리적으로 설명함. • 문제해결과정에 사용된 수학적 용어 및 기호 등의 표현이 정확함.	매우 잘함
B	• 문제 상황 및 문제 속에 내포된 세 분수의 덧셈과 뺄셈의 의미를 바르게 이해함. • 문제의 조건을 바르게 이해하고, 제시된 문제 상황에서 문제해결에 적절한 정보(목표량, 주운 양, 쏟은 양)를 활용함. • 분모가 다른 세 분수를 통분(3, 4, 6의 최소공배수인 12로 통분)하는 과정과 '자연수－진분수'의 뺄셈과정($2-\frac{7}{12}=\frac{24}{12}-\frac{7}{12}=\frac{17}{12}=1\frac{5}{12}$kg)을 나타냄. a) 사소한 오차나 옮겨 쓰기 과정에 오류가 있음. b) 계산 과정은 있으나 답을 쓰지 않음. • 답을 알아내는 전체 과정을 논리적으로 설명하고 있으나 약간의 비약을 포함하고 있음. • 문제해결과정에 사용된 수학적 용어 및 기호 등의 표현에서 약간의 오류를 나타냄.	잘함
C	• 문제 상황 및 문제 속에 내포된 세 분수의 덧셈과 뺄셈의 의미를 부분적으로 이해함. • 문제의 조건을 바르게 이해하지 못하고 제시된 문제 상황에서 문제해결에 적절한 정보(목표량, 주운 양, 쏟은 양) 중 일부만을 선택하여 활용함. • 분모가 다른 세 분수를 통분(3, 4, 6의 최소공배수인 12로 통분)하는 과정과 '자연수－진분수'의 뺄셈과정($2-\frac{7}{12}=\frac{24}{12}-\frac{7}{12}=\frac{17}{12}=1\frac{5}{12}$kg)을 정확하게 나타내지 못함. • 답을 알아내는 과정 설명에 비약이 많거나, 문제해결과정 없이 정답만 기술함. • 문제해결과정에 사용된 수학적 용어 및 기호 등의 사용에 오류 및 부정확한 표현이 많이 포함됨.	보통
D	• 문제 상황 및 문제 속에 내포된 세 분수의 덧셈과 뺄셈의 의미를 이해하지 못함. • 문제의 조건을 이해하지 못하여 문제해결과 관련 없이 제시된 숫자들을 무의미하게 활용함. • 문제해결과정에 대한 설명이 불완전하거나 명료하지 않아 이해하기 어려움. • 문제해결을 전혀 시도하지 못함. a) 백지 또는 오답 이외에 아무것도 쓰지 않음. b) 문제와 관련 없는 것만을 기술함.	노력 요함

구분		5-1-3-4			
학기	5-1	단원명	3. 분수의 덧셈과 뺄셈	내용영역	수와 연산
교육과정 중영역		분모가 다른 세 분수의 혼합 계산			
성취기준		분모가 다른 세 분수의 덧셈과 뺄셈의 계산 방법을 알고 계산할 수 있다.			
출제의도		분모가 다른 세 분수의 덧셈과 뺄셈의 계산 방법을 이해하고 계산하도록 한다.			

문 제

진경이네 가족은 새 집으로 이사를 하였습니다. 이사한 기념으로 진경이 부모님께서는 진경이 방에 새 책상을 사 주시기로 하였습니다. 새 책상을 놓기로 한 벽은 가로의 길이가 $4\frac{1}{2}$m입니다. 그리고 새 책상과 함께 그 벽에 나란히 배치할 물건은 가로의 길이가 $1\frac{2}{5}$m인 옷장과 가로의 길이가 $1\frac{3}{4}$m인 책꽂이입니다. 진경이가 새로 사야 할 책상은 가로의 길이가 몇 m 이하여야 하는지 풀이과정과 답을 쓰시오.

풀이과정

벽의 가로 길이에서 옷장과 책꽂이의 가로의 길이를 뺀 길이에 책상을 놓아야 하므로

식을 세우면 $4\frac{1}{2}-\left(1\frac{2}{5}+1\frac{3}{4}\right)$ 또는 $4\frac{1}{2}-1\frac{2}{5}-1\frac{3}{4}$이 된다.

$4\frac{1}{2}-1\frac{2}{5}-1\frac{3}{4}=4\frac{10}{20}-1\frac{8}{20}-1\frac{15}{20}=3\frac{2}{20}-1\frac{15}{20}=2\frac{22}{20}-1\frac{15}{20}=1\frac{7}{20}$

따라서 옷장과 책꽂이의 가로의 길이를 뺀 나머지가 $1\frac{7}{20}$m 남으므로

책상의 가로의 길이는 $1\frac{7}{20}$m 이하여야 한다.

정 답

$1\frac{7}{20}$m 이하

평가기준

단계	평가내용	비고
A	• 문제 상황 및 문제 속에 내포된 분모가 다른 세 분수의 혼합계산의 의미를 바르게 이해함. • 문제의 조건을 바르게 이해하고, 제시된 문제 상황에서 문제해결에 적절한 정보(새 책상을 놓기로 한 벽의 가로의 길이, 옷장의 가로의 길이, 책꽂이의 가로의 길이)를 활용함. • 벽, 옷장, 책꽂이의 가로의 길이인 세분수를 통분(2, 4, 5의 최소공배수인 20으로 통분)하는 과정과 대분수의 덧셈이나 뺄셈과정을 정확하게 나타냄. a) $4\frac{1}{2}-\left(1\frac{2}{5}+1\frac{3}{4}\right)=4\frac{10}{20}-\left(1\frac{8}{20}+1\frac{15}{20}\right)=4\frac{10}{20}-2\frac{23}{20}=3\frac{30}{20}-2\frac{23}{20}=1\frac{7}{20}$ b) $4\frac{1}{2}-1\frac{2}{5}-1\frac{3}{4}=4\frac{10}{20}-1\frac{8}{20}-1\frac{15}{20}=3\frac{2}{20}-1\frac{15}{20}=2\frac{22}{20}-1\frac{15}{20}=1\frac{7}{20}$ • 전략수행과정이나 문제해결과정에서 타당한 추론을 통해 문제를 해결함. • 답을 알아내는 모든 단계나 과정을 명확하고 논리적으로 설명함. • 문제해결과정에 사용된 수학적 용어 및 기호 등의 표현이 정확함.	매우 잘함
B	• 문제 상황 및 문제 속에 내포된 분모가 다른 세 분수의 혼합계산의 의미를 바르게 이해함. • 문제의 조건을 바르게 이해하고, 제시된 문제 상황에서 문제해결에 적절한 정보(새 책상을 놓기로 한 벽의 가로의 길이, 옷장의 가로의 길이, 책꽂이의 가로의 길이)를 활용함. • 벽, 옷장, 책꽂이의 가로의 길이인 세분수를 통분(2, 4, 5의 최소공배수인 20으로 통분)하는 과정과 대분수의 덧셈이나 뺄셈과정을 나타냄. a) 사소한 오차나 옮겨 쓰기 과정에 오류가 있음. b) 계산 과정은 있으나 답을 쓰지 않음. • 답을 알아내는 전체 과정을 논리적으로 설명하고 있으나 약간의 비약을 포함하고 있음. • 문제해결과정에 사용된 수학적 용어 및 기호 등의 표현에서 약간의 오류를 나타냄.	잘함
C	• 문제 상황 및 문제 속에 내포된 분모가 다른 세 분수의 혼합계산의 의미를 부분적으로 이해함. • 문제의 조건을 바르게 이해하지 못하고 제시된 문제 상황에서 문제해결에 적절한 정보(새 책상을 놓기로 한 벽의 가로의 길이, 옷장의 가로의 길이, 책꽂이의 가로의 길이) 중 일부만을 선택하여 활용함. • 벽, 옷장, 책꽂이의 가로의 길이인 세분수를 통분(2, 4, 5의 최소공배수인 20으로 통분)하는 과정과 대분수의 덧셈이나 뺄셈과정을 정확하게 나타내지 못함. • 답을 알아내는 과정 설명에 비약이 많거나, 문제해결과정 없이 정답만 기술함. • 문제해결과정에 사용된 수학적 용어 및 기호 등의 사용에 오류 및 부정확한 표현이 많이 포함됨.	보통
D	• 문제 상황 및 문제 속에 내포된 분모가 다른 세 분수의 혼합계산의 의미를 이해하지 못함. • 문제의 조건을 이해하지 못하여 문제해결과 관련 없이 제시된 숫자들을 무의미하게 활용함. • 문제해결과정에 대한 설명이 불완전하거나 명료하지 않아 이해하기 어려움. • 문제해결을 전혀 시도하지 못함. a) 백지 또는 오답 이외에 아무것도 쓰지 않음. b) 문제와 관련 없는 것만을 기술함.	노력 요함

구분		5-1-4-1			
학기	5-1	단원명	4. 분수의 곱셈	내용영역	수와 연산
교육과정 중영역		진분수끼리의 곱셈			
성취기준		진분수끼리의 곱셈 계산 원리를 이해하고 이를 계산할 수 있다.			
출제의도		문제 상황에서 나타난 진분수를 곱하여야 함을 알고, 바른 계산과정을 거쳐 답을 구하도록 한다.			

문 제

재영이네 반 친구들의 $\frac{5}{9}$는 체육을 좋아하고, 그중에서 $\frac{1}{3}$은 육상을 좋아합니다. 육상을 좋아하는 친구들의 $\frac{3}{5}$은 계주를 좋아합니다. 계주를 좋아하는 친구가 3명이라면, 재영이네 반 친구들은 모두 몇 명인지 풀이과정과 답을 쓰시오.

풀이과정

$\frac{5}{9}\times\frac{1}{3}\times\frac{3}{5}$의 과정을 거쳐 계주를 좋아하는 친구는 전체의 $\frac{1}{9}$이다.
전체의 $\frac{1}{9}$이 3명이므로 전체$\left(\frac{9}{9}\right)$는 27명이다.

정 답

27명

평가기준

단계	평가내용	비고
A	• 문제 상황 및 문제 속에 내포된 진분수끼리의 곱셈의 의미를 바르게 이해함. • 문제의 조건을 바르게 이해하고, 제시된 문제 상황에서 문제해결에 적절한 정보(체육, 육상, 계주를 좋아하는 학생의 비율, 계주를 좋아하는 학생의 수)를 활용함. • 전체에 대한 계주를 좋아하는 학생의 비율($\frac{5}{9}\times\frac{1}{3}\times\frac{3}{5}=\frac{1}{9}$)을 구하는 과정과 전체 학생 수(9×3 = 27명)를 구하는 과정을 정확하게 나타냄. • 전략수행과정이나 문제해결과정에서 타당한 추론을 통해 문제를 해결함. • 답을 알아내는 모든 단계나 과정을 명확하고 논리적으로 설명함. • 문제해결과정에 사용된 수학적 용어 및 기호 등의 표현이 정확함.	매우 잘함
B	• 문제 상황 및 문제 속에 내포된 진분수끼리의 곱셈의 의미를 바르게 이해함. • 문제의 조건을 바르게 이해하고, 제시된 문제 상황에서 문제해결에 적절한 정보(체육, 육상, 계주를 좋아하는 학생의 비율, 계주를 좋아하는 학생의 수)를 활용함. • 전체에 대한 계주를 좋아하는 학생의 비율($\frac{5}{9}\times\frac{1}{3}\times\frac{3}{5}=\frac{1}{9}$)을 구하는 과정과 전체 학생 수(9×3 = 27명)를 구하는 과정을 나타냄. a) 사소한 오차나 옮겨 쓰기 과정에 오류가 있음. b) 계산 과정은 있으나 답을 쓰지 않음. • 답을 알아내는 전체 과정을 논리적으로 설명하고 있으나 약간의 비약을 포함하고 있음. • 문제해결과정에 사용된 수학적 용어 및 기호 등의 표현에서 약간의 오류를 나타냄.	잘함
C	• 문제 상황 및 문제 속에 내포된 진분수끼리의 곱셈의 의미를 부분적으로 이해함. • 문제의 조건을 바르게 이해하지 못하고 제시된 문제 상황에서 문제해결에 적절한 정보(체육, 육상, 계주를 좋아하는 학생의 비율, 계주를 좋아하는 학생의 수) 중 일부만을 선택하여 활용함. • 전체에 대한 계주를 좋아하는 학생의 비율($\frac{5}{9}\times\frac{1}{3}\times\frac{3}{5}=\frac{1}{9}$)을 구하는 과정과 전체 학생 수(9×3 = 27명)를 구하는 과정을 정확하게 나타내지 못함. • 답을 알아내는 과정 설명에 비약이 많거나, 문제해결과정 없이 정답만 기술함. • 문제해결과정에 사용된 수학적 용어 및 기호 등의 사용에 오류 및 부정확한 표현이 많이 포함됨.	보통
D	• 문제 상황 및 문제 속에 내포된 진분수끼리의 곱셈의 의미를 이해하지 못함. • 문제의 조건을 이해하지 못하여 문제해결과 관련 없이 제시된 숫자들을 무의미하게 활용함. • 문제해결과정에 대한 설명이 불완전하거나 명료하지 않아 이해하기 어려움. • 문제해결을 전혀 시도하지 못함. a) 백지 또는 오답 이외에 아무것도 쓰지 않음. b) 문제와 관련 없는 것만을 기술함.	노력 요함

구분		5-1-4-2			
학기	5-1	단원명	4. 분수의 곱셈	내용영역	수와 연산
교육과정 중영역		세 분수의 곱셈			
성취기준		세 분수의 곱셈 방법을 알고 계산할 수 있다.			
출제의도		문제 상황에서 세 분수를 곱해야 한다는 것을 알고, 바른 계산과정을 거쳐 답을 구하도록 한다.			

문 제

미술선생님께서 아래 그림과 같이 한 변이 $1\frac{2}{5}$m인 정사각형 도화지를 주시면서, 네 명이서 $\frac{1}{4}$씩 똑같이 나누어 가지라고 하셨습니다. 한 명이 갖게 되는 정사각형의 넓이는 얼마인지 풀이과정과 답을 쓰시오.

풀이과정

1. 정사각형의 넓이는 (한 변의 길이) × (한 변의 길이)로 구할 수 있다.
   위 정사각형의 넓이는 $1\frac{2}{5}\times1\frac{2}{5}=\frac{7}{5}\times\frac{7}{5}=\frac{49}{25}=1\frac{24}{25}\text{m}^2$이다.
   $1\frac{24}{25}$을 네 명이서 나누어가지면 $1\frac{24}{25}\times\frac{1}{4}=\frac{49}{25}\times\frac{1}{4}=\frac{49}{100}\text{m}^2$이다.
2. $1\frac{2}{5}$m의 반은 $\frac{7}{5}\times\frac{1}{2}=\frac{7}{10}$m이다.
   $\frac{7}{10}\times\frac{7}{10}=\frac{49}{100}\text{m}^2$이다.

정 답

$\frac{49}{100}\text{m}^2$

평가기준

단계	평가내용	비고
A	• 문제 상황 및 문제 속에 내포된 세 분수의 곱셈의 의미를 바르게 이해함. • 문제의 조건을 바르게 이해하고, 제시된 문제 상황에서 문제해결에 적절한 정보(정사각형 한 변의 길이, 나누어 가지는 사람 수)를 활용함. • 정사각형의 넓이($1\frac{2}{5}\times1\frac{2}{5}=\frac{7}{5}\times\frac{7}{5}=\frac{49}{25}=1\frac{24}{25}\,m^2$)을 구하는 과정과 정사각형의 넓이를 $\frac{1}{4}$배하는 과정($1\frac{24}{25}\times\frac{1}{4}=\frac{49}{25}\times\frac{1}{4}=\frac{49}{100}\,m^2$)을 정확하게 나타냄. 또는 정사각형 한 변의 길이의 반($\frac{7}{5}\times\frac{1}{2}=\frac{7}{10}\,m$)을 구하는 과정과 잘라진 정사각형의 넓이($\frac{7}{10}\times\frac{7}{10}=\frac{49}{100}\,m^2$)를 구하는 과정을 정확하게 나타냄. • 전략수행과정이나 문제해결과정에서 타당한 추론을 통해 문제를 해결함. • 답을 알아내는 모든 단계나 과정을 명확하고 논리적으로 설명함. • 문제해결과정에 사용된 수학적 용어 및 기호 등의 표현이 정확함.	매우 잘함
B	• 문제 상황 및 문제 속에 내포된 세 분수의 곱셈의 의미를 바르게 이해함. • 문제의 조건을 바르게 이해하고, 제시된 문제 상황에서 문제해결에 적절한 정보(정사각형 한 변의 길이, 나누어 가지는 사람 수)를 활용함. • 정사각형의 넓이($1\frac{2}{5}\times1\frac{2}{5}=\frac{7}{5}\times\frac{7}{5}=\frac{49}{25}=1\frac{24}{25}\,m^2$)을 구하는 과정과 정사각형의 넓이를 $\frac{1}{4}$배하는 과정($1\frac{24}{25}\times\frac{1}{4}=\frac{49}{25}\times\frac{1}{4}=\frac{49}{100}\,m^2$)을 정확하게 나타냄. 또는 정사각형 한 변의 길이의 반($\frac{7}{5}\times\frac{1}{2}=\frac{7}{10}\,m$)을 구하는 과정과 잘라진 정사각형의 넓이($\frac{7}{10}\times\frac{7}{10}=\frac{49}{100}\,m^2$)를 구하는 과정을 나타냄. a) 사소한 오차나 옮겨 쓰기 과정에 오류가 있음. b) 계산 과정은 있으나 답을 쓰지 않음. • 답을 알아내는 전체 과정을 논리적으로 설명하고 있으나 약간의 비약을 포함하고 있음. • 문제해결과정에 사용된 수학적 용어 및 기호 등의 표현에서 약간의 오류를 나타냄.	잘함
C	• 문제 상황 및 문제 속에 내포된 세 분수의 곱셈의 의미를 부분적으로 이해함. • 문제의 조건을 바르게 이해하지 못하고 제시된 문제 상황에서 문제해결에 적절한 정보(정사각형 한 변의 길이, 나누어 가지는 사람 수) 중 일부만을 선택하여 활용함. • 정사각형의 넓이($1\frac{2}{5}\times1\frac{2}{5}=\frac{7}{5}\times\frac{7}{5}=\frac{49}{25}=1\frac{24}{25}\,m^2$)을 구하는 과정과 정사각형의 넓이를 $\frac{1}{4}$배하는 과정($1\frac{24}{25}\times\frac{1}{4}=\frac{49}{25}\times\frac{1}{4}=\frac{49}{100}\,m^2$)을 정확하게 나타내지 못함. 또는 정사각형 한 변의 길이의 반($\frac{7}{5}\times\frac{1}{2}=\frac{7}{10}\,m$)을 구하는 과정과 잘라진 정사각형의 넓이($\frac{7}{10}\times\frac{7}{10}=\frac{49}{100}\,m^2$)를 구하는 과정을 정확하게 나타내지 못함. • 답을 알아내는 과정 설명에 비약이 많거나, 문제해결과정 없이 정답만 기술함. • 문제해결과정에 사용된 수학적 용어 및 기호 등의 사용에 오류 및 부정확한 표현이 많이 포함됨.	보통
D	• 문제 상황 및 문제 속에 내포된 세 분수의 곱셈의 의미를 이해하지 못함. • 문제의 조건을 이해하지 못하여 문제해결과 관련 없이 제시된 숫자들을 무의미하게 활용함. • 문제해결과정에 대한 설명이 불완전하거나 명료하지 않아 이해하기 어려움. • 문제해결을 전혀 시도하지 못함. a) 백지 또는 오답 이외에 아무것도 쓰지 않음. b) 문제와 관련 없는 것만을 기술함.	노력 요함

구분		5-1-4-3			
학기	5-1	단원명	4. 분수의 곱셈	내용영역	수와 연산
교육과정 중영역		대분수끼리의 곱셈			
성취기준		대분수끼리의 곱셈의 계산을 형식화하여 여러 가지 방법으로 계산할 수 있다.			
출제의도		대분수끼리의 곱셈의 계산을 형식화하여 여러 가지 방법으로 계산할 수 있도록 한다.			

문 제

주머니 속에 아래의 분수가 적힌 세 장의 카드가 들어 있습니다. 민호와 유나는 주머니 속 카드를 보지 않고 2장을 뽑아 두 분수의 곱이 큰 사람이 이기는 게임을 하려고 합니다. 민호가 $2\frac{1}{6}$과 $2\frac{2}{5}$를 뽑았다면 유나는 어떤 카드 2장을 뽑아야 민호를 이길 수 있을지 풀이과정과 답을 쓰시오. (단, 뽑은 카드는 다시 주머니 속으로 넣습니다.)

$2\frac{1}{6}$　　$2\frac{2}{5}$　　$2\frac{2}{9}$

풀이과정

민호가 뽑은 두 분수의 곱은 $2\frac{1}{6}\times2\frac{2}{5}=\frac{13}{6}\times\frac{12}{5}=\frac{26}{5}=5\frac{1}{5}$이다.

민호의 뽑은 두 분수의 곱인 $5\frac{1}{5}$보다 커야 유나가 이기게 된다.

만약 유나가 $2\frac{1}{6}$과 $2\frac{2}{9}$를 뽑는다면 $2\frac{1}{6}\times2\frac{2}{9}=\frac{13}{6}\times\frac{20}{9}=\frac{130}{27}=4\frac{22}{27}$가 된다.

만약 유나가 $2\frac{2}{5}$와 $2\frac{2}{9}$를 뽑는다면 $2\frac{2}{5}\times2\frac{2}{9}=\frac{12}{5}\times\frac{20}{9}=\frac{16}{3}=5\frac{1}{3}$이 된다.

$4\frac{22}{27}<5\frac{1}{5}<5\frac{1}{3}$이 되므로 유나가 민호를 이기려면 $2\frac{2}{5}$와 $2\frac{2}{9}$를 뽑아야 한다.

정 답

$2\frac{2}{5}$와 $2\frac{2}{9}$

평가기준

단계	평가내용	비고
A	• 문제 상황 및 문제 속에 내포된 대분수끼리의 곱셈의 의미를 바르게 이해함. • 문제의 조건을 바르게 이해하고, 제시된 문제 상황에서 문제해결에 적절한 정보(주머니 속의 세 분수, 민호가 뽑은 두 분수)를 활용함. • 민호가 뽑은 분수들의 곱($2\frac{1}{6}\times2\frac{2}{5}=\frac{13}{6}\times\frac{12}{5}=\frac{26}{5}=5\frac{1}{5}$)을 구하는 과정과 유나가 뽑을 수 있는 경우($2\frac{1}{6}$과 $2\frac{2}{9}$를 뽑는 경우: $2\frac{1}{6}\times2\frac{2}{9}=\frac{13}{6}\times\frac{20}{9}=\frac{130}{27}=4\frac{22}{27}$, $2\frac{2}{5}$와 $2\frac{2}{9}$를 뽑는 경우: $2\frac{2}{5}\times2\frac{2}{9}=\frac{12}{5}\times\frac{20}{9}=\frac{16}{3}=5\frac{1}{3}$)를 구하는 과정, 그 중에서 유나가 이기는 경우($5\frac{1}{5}<5\frac{1}{3}$)를 구하는 과정을 정확하게 나타냄. • 전략수행과정이나 문제해결과정에서 타당한 추론을 통해 문제를 해결함. • 답을 알아내는 모든 단계나 과정을 명확하고 논리적으로 설명함. • 문제해결과정에 사용된 수학적 용어 및 기호 등의 표현이 정확함.	매우 잘함
B	• 문제 상황 및 문제 속에 내포된 대분수끼리의 곱셈의 의미를 바르게 이해함. • 문제의 조건을 바르게 이해하고, 제시된 문제 상황에서 문제해결에 적절한 정보(주머니 속의 세 분수, 민호가 뽑은 두 분수)를 활용함. • 민호가 뽑은 분수들의 곱($2\frac{1}{6}\times2\frac{2}{5}=\frac{13}{6}\times\frac{12}{5}=\frac{26}{5}=5\frac{1}{5}$)을 구하는 과정과 유나가 뽑을 수 있는 경우($2\frac{1}{6}$과 $2\frac{2}{9}$를 뽑는 경우: $2\frac{1}{6}\times2\frac{2}{9}=\frac{13}{6}\times\frac{20}{9}=\frac{130}{27}=4\frac{22}{27}$, $2\frac{2}{5}$와 $2\frac{2}{9}$를 뽑는 경우: $2\frac{2}{5}\times2\frac{2}{9}=\frac{12}{5}\times\frac{20}{9}=\frac{16}{3}=5\frac{1}{3}$), 그 중에서 유나가 이기는 경우($5\frac{1}{5}<5\frac{1}{3}$)를 구하는 과정을 나타냄. a) 사소한 오차나 옮겨 쓰기 과정에 오류가 있음. b) 계산 과정은 있으나 답을 쓰지 않음. • 답을 알아내는 전체 과정을 논리적으로 설명하고 있으나 약간의 비약을 포함하고 있음. • 문제해결과정에 사용된 수학적 용어 및 기호 등의 표현에서 약간의 오류를 나타냄.	잘함
C	• 문제 상황 및 문제 속에 내포된 대분수끼리의 곱셈의 의미를 부분적으로 이해함. • 문제의 조건을 바르게 이해하지 못하고 제시된 문제 상황에서 문제해결에 적절한 정보(주머니 속의 세 분수, 민호가 뽑은 두 분수) 중 일부만을 선택하여 활용함. • 민호가 뽑은 분수들의 곱($2\frac{1}{6}\times2\frac{2}{5}=\frac{13}{6}\times\frac{12}{5}=\frac{26}{5}=5\frac{1}{5}$)을 구하는 과정과 유나가 뽑을 수 있는 경우($2\frac{1}{6}$과 $2\frac{2}{9}$를 뽑는 경우: $2\frac{1}{6}\times2\frac{2}{9}=\frac{13}{6}\times\frac{20}{9}=\frac{130}{27}=4\frac{22}{27}$, $2\frac{2}{5}$와 $2\frac{2}{9}$를 뽑는 경우: $2\frac{2}{5}\times2\frac{2}{9}=\frac{12}{5}\times\frac{20}{9}=\frac{16}{3}=5\frac{1}{3}$)를 구하는 과정, 그 중에서 유나가 이기는 경우($5\frac{1}{5}<5\frac{1}{3}$)를 구하는 과정을 정확하게 나타내지 못함. • 답을 알아내는 과정 설명에 비약이 많거나, 문제해결과정 없이 정답만 기술함. • 문제해결과정에 사용된 수학적 용어 및 기호 등의 사용에 오류 및 부정확한 표현이 많이 포함됨.	보통
D	• 문제 상황 및 문제 속에 내포된 대분수끼리의 곱셈의 의미를 이해하지 못함. • 문제의 조건을 이해하지 못하여 문제해결과 관련 없이 제시된 숫자들을 무의미하게 활용함. • 문제해결과정에 대한 설명이 불완전하거나 명료하지 않아 이해하기 어려움. • 문제해결을 전혀 시도하지 못함. a) 백지 또는 오답 이외에 아무것도 쓰지 않음. b) 문제와 관련 없는 것만을 기술함.	노력 요함

구분		5-1-4-4			
학기	5-1	단원명	4. 분수의 곱셈	내용영역	수와 연산
교육과정 중영역		자연수와 대분수의 곱셈			
성취기준		자연수와 대분수의 곱셈 방법을 알고 계산할 수 있다.			
출제의도		문제 상황에서 자연수와 대분수를 곱해야 한다는 것을 알고, 바른 계산과정을 거쳐 답을 구하도록 한다.			

문 제

철진이는 교실에 있는 화이트 보드의 넓이가 얼마인지 알아보기 위해 화이트 보드의 가로와 세로의 길이를 재려고 하였으나 줄자를 구할 수 없었습니다. 그래서 분필을 이용하여 길이를 재기로 하였습니다. 칠판의 가로는 분필 $12\frac{1}{2}$개 만큼의 길이였고, 세로는 분필 $8\frac{4}{5}$개 만큼의 길이였습니다. 분필의 길이가 7cm라면 칠판의 넓이는 몇 cm^2입니까?

풀이과정

칠판의 가로의 길이는 $7\times12\frac{1}{2}$이고, 세로의 길이는 $7\times8\frac{4}{5}$이므로

칠판의 넓이는 $7\times12\frac{1}{2}\times7\times8\frac{4}{5}=7\times\frac{25}{2}\times7\times\frac{44}{5}=49\times5\times22=5390cm^2$이다.

정 답

$5390cm^2$

평가기준

단계	평가내용	비고
A	• 문제 상황 및 문제 속에 내포된 자연수와 대분수의 곱셈의 의미를 바르게 이해함. • 문제의 조건을 바르게 이해하고, 제시된 문제 상황에서 문제해결에 적절한 정보(분필의 길이, 분필을 단위길이로 한 칠판의 가로와 세로의 길이)를 활용함. • 칠판의 가로와 세로의 길이($7\times12\frac{1}{2}$, $7\times8\frac{4}{5}$)을 구하는 과정과 칠판의 넓이($7\times12\frac{1}{2}\times7\times8\frac{4}{5}=7\times\frac{25}{2}\times7\times\frac{44}{5}=49\times5\times22=5390\text{cm}^2$)를 구하는 과정을 정확하게 나타냄. • 전략수행과정이나 문제해결과정에서 타당한 추론을 통해 문제를 해결함. • 답을 알아내는 모든 단계나 과정을 명확하고 논리적으로 설명함. • 문제해결과정에 사용된 수학적 용어 및 기호 등의 표현이 정확함.	매우 잘함
B	• 문제 상황 및 문제 속에 내포된 자연수와 대분수의 곱셈의 의미를 바르게 이해함. • 문제의 조건을 바르게 이해하고, 제시된 문제 상황에서 문제해결에 적절한 정보(분필의 길이, 분필을 단위길이로 한 칠판의 가로와 세로의 길이)를 활용함. • 칠판의 가로와 세로의 길이($7\times12\frac{1}{2}$, $7\times8\frac{4}{5}$)을 구하는 과정과 칠판의 넓이($7\times12\frac{1}{2}\times7\times8\frac{4}{5}=7\times\frac{25}{2}\times7\times\frac{44}{5}=49\times5\times22=5390\text{cm}^2$)를 구하는 과정을 나타냄. a) 사소한 오차나 옮겨 쓰기 과정에 오류가 있음. b) 계산 과정은 있으나 답을 쓰지 않음. • 답을 알아내는 전체 과정을 논리적으로 설명하고 있으나 약간의 비약을 포함하고 있음. • 문제해결과정에 사용된 수학적 용어 및 기호 등의 표현에서 약간의 오류를 나타냄.	잘함
C	• 문제 상황 및 문제 속에 내포된 자연수와 대분수의 곱셈의 의미를 부분적으로 이해함. • 문제의 조건을 바르게 이해하지 못하고 제시된 문제 상황에서 문제해결에 적절한 정보(분필의 길이, 분필을 단위길이로 한 칠판의 가로와 세로의 길이) 중 일부만을 선택하여 활용함. • 칠판의 가로와 세로의 길이($7\times12\frac{1}{2}$, $7\times8\frac{4}{5}$)을 구하는 과정과 칠판의 넓이($7\times12\frac{1}{2}\times7\times8\frac{4}{5}=7\times\frac{25}{2}\times7\times\frac{44}{5}=49\times5\times22=5390\text{cm}^2$)를 구하는 과정을 정확하게 나타내지 못함. • 답을 알아내는 과정 설명에 비약이 많거나, 문제해결과정 없이 정답만 기술함. • 문제해결과정에 사용된 수학적 용어 및 기호 등의 사용에 오류 및 부정확한 표현이 많이 포함됨.	보통
D	• 문제 상황 및 문제 속에 내포된 자연수와 대분수의 곱셈의 의미를 이해하지 못함. • 문제의 조건을 이해하지 못하여 문제해결과 관련 없이 제시된 숫자들을 무의미하게 활용함. • 문제해결과정에 대한 설명이 불완전하거나 명료하지 않아 이해하기 어려움. • 문제해결을 전혀 시도하지 못함. a) 백지 또는 오답 이외에 아무것도 쓰지 않음. b) 문제와 관련 없는 것만을 기술함.	노력 요함

구분		5-1-5-1			
학기	5-1	단원명	5. 도형의 합동	내용영역	도형
교육과정 중영역		합동인 삼각형 그리기			
성취기준		합동인 삼각형을 그리는 방법을 설명할 수 있다.			
출제의도		합동인 삼각형을 그리기 위해 필요한 조건들을 이해하고 있는지 알아본다.			

문 제

동욱이는 학급 친구들과 함께 운동회 때 사용할 같은 크기의 삼각형 깃발을 만들기로 하였습니다. 아래의 2가지 정보를 가지고 있는 동욱이가 깃발을 만들 수 있다면, 자와 컴퍼스를 사용하여 삼각형 깃발을 그리시오. 깃발을 만들 수 없다면 동욱이에게 더 필요한 정보가 무엇인지 쓰시오.

삼각형 깃발의 한 변	10cm
삼각형 깃발의 한 각	90°

풀이과정

동욱이는 깃발을 만들 수 없다.
왜냐하면 삼각형을 만들기 위해서는 세 변의 길이를 모두 알거나,
두 변의 길이와 그 사이에 있는 각의 크기를 알아야 하거나,
한 변과 그 양 끝 각의 크기를 알아야 하는데
동욱이는 한 변과 한 각에 대한 정보만 있기 때문이다.

정 답

동욱이는 깃발을 만들 수 없다.
동욱이가 깃발을 만들기 위해서는 나머지 두 변의 길이와 90°를 끼인 각으로 하는 두 변의 길이 또는 10cm인 변의 양 끝 각의 크기를 더 알아야 한다.

평가기준

단계	평가내용	비고
A	• 문제 상황 및 문제 속에 내포된 합동인 삼각형 그리는 조건을 바르게 이해함. • 문제의 조건을 바르게 이해하고, 제시된 문제 상황에서 문제해결에 적절한 정보(삼각형 깃발의 한 변의 길이와 한 각의 크기)를 활용함. • 동욱이가 깃발을 만들 수 있는지의 여부와 깃발을 만들기 위해 더 필요한 정보(나머지 두 변의 길이, 90°를 끼인 각으로 하는 두 변의 길이, 10cm인 변의 양 끝 각의 크기 중 하나를 기술)를 정확하게 나타냄. • 전략수행과정이나 문제해결과정에서 타당한 추론을 통해 문제를 해결함. • 답을 알아내는 모든 단계나 과정을 명확하고 논리적으로 설명함. • 문제해결과정에 사용된 수학적 용어 및 기호 등의 표현이 정확함.	매우 잘함
B	• 문제 상황 및 문제 속에 내포된 합동인 삼각형 그리는 조건을 바르게 이해함. • 문제의 조건을 바르게 이해하고, 제시된 문제 상황에서 문제해결에 적절한 정보(삼각형 깃발의 한 변의 길이와 한 각의 크기)를 활용함. • 동욱이가 깃발을 만들 수 있는지의 여부와 깃발을 만들기 위해 더 필요한 정보(나머지 두 변의 길이, 90°를 끼인 각으로 하는 두 변의 길이, 10cm인 변의 양 끝 각의 크기 중 하나를 기술)를 나타냄. a) 정확하지 못한 표현을 함. b) 불필요한 정보를 함께 제시함. • 답을 알아내는 전체 과정을 논리적으로 설명하고 있으나 약간의 비약을 포함하고 있음. • 문제해결과정에 사용된 수학적 용어 및 기호 등의 표현에서 약간의 오류를 나타냄.	잘함
C	• 문제 상황 및 문제 속에 내포된 합동인 삼각형 그리는 조건을 부분적으로 이해함. • 문제의 조건을 바르게 이해하지 못하고 제시된 문제 상황에서 문제해결에 적절한 정보(삼각형 깃발의 한 변의 길이와 한 각의 크기) 중 일부만을 선택하여 활용함. • 동욱이가 깃발을 만들 수 있는지의 여부와 깃발을 만들기 위해 더 필요한 정보(나머지 두 변의 길이, 90°를 끼인 각으로 하는 두 변의 길이, 10cm인 변의 양 끝 각의 크기 중 하나를 기술)를 정확하게 나타내지 못함. • 답을 알아내는 과정 설명에 비약이 많거나, 문제해결과정 없이 정답만 기술함. • 문제해결과정에 사용된 수학적 용어 및 기호 등의 사용에 오류 및 부정확한 표현이 많이 포함됨.	보통
D	• 문제 상황 및 문제 속에 내포된 합동인 삼각형 그리는 조건을 이해하지 못함. • 문제의 조건을 이해하지 못하여 문제해결과 관련 없이 제시된 조건들을 무의미하게 활용함. • 문제해결과정에 대한 설명이 불완전하거나 명료하지 않아 이해하기 어려움. • 문제해결을 전혀 시도하지 못함. a) 백지 또는 오답 이외에 아무것도 쓰지 않음. b) 문제와 관련 없는 것만을 기술함.	노력 요함

구분		5-1-5-2			
학기	5-1	단원명	5. 도형의 합동	내용영역	도형
교육과정 중영역		합동인 삼각형 그리기			
성취기준		합동인 삼각형을 그리는 방법을 설명할 수 있다.			
출제의도		합동인 삼각형을 그리기 위해 필요한 조건들을 이해하고 있는지 알아본다.			

문 제

아래의 이스라엘 국기 가운데에 있는 별과 같은 모양을 색종이를 이용하여 만들려고 합니다. 한 변이 6cm인 정삼각형 두 개를 색종이에 그려 오린 후 국기의 별 모양처럼 붙여 보시오.

정 답

평가기준

단계	평가내용	비고
A	• 문제 상황 및 문제 속에 내포된 합동인 삼각형 그리는 방법을 바르게 이해함. • 문제의 조건을 바르게 이해하고, 제시된 문제 상황에서 문제해결에 적절한 정보(별 모양, 삼각형 한 변의 길이)를 활용함. • 색종이에 자와 컴퍼스를 이용하여 한 변의 길이가 6cm인 삼각형을 2개 그린 후 잘라서 이스라엘 국기 가운데에 있는 별과 같은 모양을 정확하게 나타냄.	매우 잘함
B	• 문제 상황 및 문제 속에 내포된 합동인 삼각형 그리는 방법을 바르게 이해함. • 문제의 조건을 바르게 이해하고, 제시된 문제 상황에서 문제해결에 적절한 정보(별 모양, 삼각형 한 변의 길이)를 활용함. • 색종이에 자와 컴퍼스를 이용하여 한 변의 길이가 6cm인 삼각형을 2개 그린 후 잘라서 이스라엘 국기 가운데에 있는 별과 같은 모양을 나타냄. a) 변의 길이가 정확하지 못함. b) 모양이 약간 부정확함.	잘함
C	• 문제 상황 및 문제 속에 내포된 합동인 삼각형 그리는 방법을 부분적으로 이해함. • 문제의 조건을 바르게 이해하지 못하고 제시된 문제 상황에서 문제해결에 적절한 정보(별 모양, 삼각형 한 변의 길이) 중 일부만을 선택하여 활용함. • 색종이에 자와 컴퍼스를 이용하여 한 변의 길이가 6cm인 삼각형을 2개 그린 후 잘라서 이스라엘 국기 가운데에 있는 별과 같은 모양을 정확하게 나타내지 못함. • 삼각형의 한 변의 길이가 6cm가 아님.	보통
D	• 문제 상황 및 문제 속에 내포된 합동인 삼각형 그리는 방법을 이해하지 못함. • 문제의 조건을 이해하지 못하여 문제해결과 관련 없는 도형을 표현함. • 문제해결과정에 대한 설명이 불완전하거나 명료하지 않아 이해하기 어려움. • 문제해결을 전혀 시도하지 못함. a) 백지 또는 오답 이외에 아무것도 그리지 않음. b) 문제와 관련 없는 것만을 기술함.	노력 요함

구분		5-1-5-3			
학기	5-1	단원명	5. 도형의 합동	내용영역	도형
교육과정 중영역		합동인 삼각형 찾기			
성취기준		합동인 삼각형을 찾을 수 있다.			
출제의도		합동인 삼각형을 찾기 위한 조건들을 이해하고 있는지 알아본다.			

문 제

민희네 집 화장실에는 아래 그림과 같은 정사각형 모양의 타일이 규칙적으로 배열되어 있습니다. 민희는 이 정사각형 모양의 타일에서 크고 작은 삼각형 4가지 찾았습니다. 민희가 찾은 삼각형은 삼각형 ㄱㅁㅈ, 삼각형 ㄱㅁㅇ, 삼각형 ㄱㄴㅍ, 삼각형 ㄱㄴㄹ입니다. 각각의 삼각형과 합동인 삼각형이 자신을 포함하여 몇 개인지 풀이과정과 답을 쓰시오.

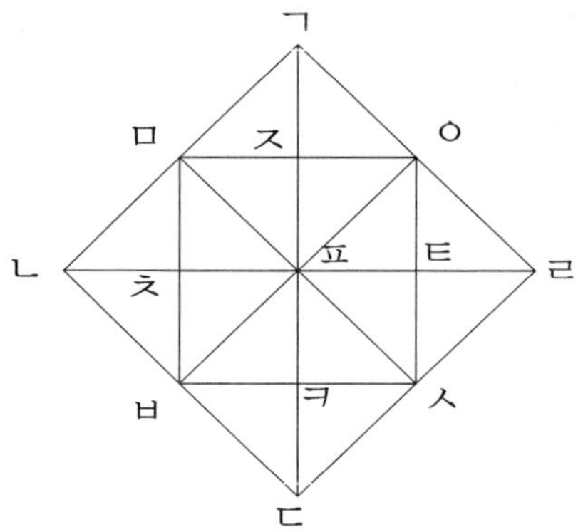

정 답

① 삼각형 ㄱㅁㅈ과 합동인 삼각형: 16개
② 삼각형 ㄱㅁㅇ과 합동인 삼각형: 16개
③ 삼각형 ㄱㄴㅍ과 합동인 삼각형: 8개
④ 삼각형 ㄱㄴㄹ과 합동인 삼각형: 4개

평가기준

단계	평가내용	비고
A	• 문제 상황 및 문제 속에 내포된 합동인 삼각형을 찾기 위한 조건을 바르게 이해함. • 문제의 조건을 바르게 이해하고, 제시된 문제 상황에서 문제해결에 적절한 정보(타일에서 찾을 수 있는 삼각형의 종류)를 활용함. • 민희가 찾은 삼각형과 합동인 삼각형의 개수(삼각형 ㄱㅁㅈ과 합동인 삼각형: 16개, 삼각형 ㄱㅁㅇ과 합동인 삼각형: 16개, 삼각형 ㄱㄴㅍ과 합동인 삼각형: 8개, 삼각형 ㄱㄴㄹ과 합동인 삼각형: 4개)를 정확하게 나타냄. • 전략수행과정이나 문제해결과정에서 타당한 추론을 통해 문제를 해결함. • 답을 알아내는 모든 단계나 과정을 명확하고 논리적으로 설명함. • 문제해결과정에 사용된 수학적 용어 및 기호 등의 표현이 정확함.	매우 잘함
B	• 문제 상황 및 문제 속에 내포된 합동인 삼각형을 찾기 위한 조건을 바르게 이해함. • 문제의 조건을 바르게 이해하고, 제시된 문제 상황에서 문제해결에 적절한 정보(타일에서 찾을 수 있는 삼각형의 종류)를 활용함. • 민희가 찾은 삼각형과 합동인 삼각형의 개수(삼각형 ㄱㅁㅈ과 합동인 삼각형: 16개, 삼각형 ㄱㅁㅇ과 합동인 삼각형: 16개, 삼각형 ㄱㄴㅍ과 합동인 삼각형: 8개, 삼각형 ㄱㄴㄹ과 합동인 삼각형: 4개)를 나타냄. a) 정확하지 못한 표현을 함. b) 불필요한 정보를 함께 제시함. c) 4가지의 삼각형 중 3개만 정확한 개수를 찾아냄. • 답을 알아내는 전체 과정을 논리적으로 설명하고 있으나 약간의 비약을 포함하고 있음. • 문제해결과정에 사용된 수학적 용어 및 기호 등의 표현에서 약간의 오류를 나타냄.	잘함
C	• 문제 상황 및 문제 속에 내포된 합동인 삼각형을 찾기 위한 조건을 부분적으로 이해함. • 문제의 조건을 바르게 이해하지 못하고 제시된 문제 상황에서 문제해결에 적절한 정보(타일에서 찾을 수 있는 삼각형의 종류) 중 일부만을 선택하여 활용함. • 민희가 찾은 삼각형과 합동인 삼각형의 개수(삼각형 ㄱㅁㅈ과 합동인 삼각형: 16개, 삼각형 ㄱㅁㅇ과 합동인 삼각형: 16개, 삼각형 ㄱㄴㅍ과 합동인 삼각형: 8개, 삼각형 ㄱㄴㄹ과 합동인 삼각형: 4개)를 정확하게 나타내지 못함. a) 4가지의 삼각형 중 2개만 정확한 개수를 찾아냄. • 답을 알아내는 과정 설명에 비약이 많거나, 문제해결과정 없이 정답만 기술함. • 문제해결과정에 사용된 수학적 용어 및 기호 등의 사용에 오류 및 부정확한 표현이 많이 포함됨.	보통
D	• 문제 상황 및 문제 속에 내포된 합동인 삼각형을 찾기 위한 조건을 이해하지 못함. • 문제의 조건을 이해하지 못하여 문제해결과 관련 없이 제시된 숫자들을 무의미하게 활용함. • 문제해결과정에 대한 설명이 불완전하거나 명료하지 않아 이해하기 어려움. • 문제해결을 전혀 시도하지 못함. a) 백지 또는 오답 이외에 아무것도 쓰지 않음. b) 문제와 관련 없는 것만을 기술함. c) 4가지의 삼각형 중 1개만 정확한 개수를 찾아냄.	노력 요함

구분		5-1-6-1			
학기	5-1	단원명	6. 직육면체와 정육면체	내용영역	도형
교육과정 중영역		직육면체와 정육면체 알아보기			
성취기준		직육면체의 특징을 알 수 있다.			
출제의도		모서리에 대해 이해하고, 주어진 정보를 가지고 직육면체의 전체 모서리를 찾아낼 수 있는지 알아본다.			

문 제

미술선생님은 길이가 각각 2m, 3m, 4m, 5m인 철사를 가지고 있습니다. 세현이와 예슬이는 아래와 같이 철사를 모서리로 하는 직육면체 모양의 청사초롱 틀을 만들려고 합니다. 세현이와 예슬이가 남는 철사의 길이를 가장 짧게 하려면 미술선생님께 각각 몇 m의 철사를 받아가면 좋을지 풀이과정과 답을 쓰시오.

	밑면의 가로(cm)	밑면의 세로(cm)	높이(cm)
세현	20	20	30
예슬	15	15	50

풀이과정

• 세현이의 청사초롱 모서리 길이의 합
  = 양 밑면 모서리 길이의 합 + 높이에 해당하는 모서리 길이의 합
  = 20×4×2 + 30×4
  = 160 + 120
  = 280cm
 이므로, 세현이는 3m인 철사를 받아가야 한다.

• 예슬이의 청사초롱 모서리 길이의 합
  = 양 밑면 모서리 길이의 합 + 높이에 해당하는 모서리 길이의 합
  = 15×4×2 + 50×4
  = 120 + 200
  = 320cm
 이므로, 예슬이는 4m인 철사를 받아가야 한다.

정 답

세현이는 3m, 예슬이는 4m인 철사를 받는다.

평가기준

단계	평가내용	비고
A	• 문제 상황 및 문제 속에 내포된 직육면체 전체 모서리의 길이를 바르게 이해함. • 문제의 조건을 바르게 이해하고, 제시된 문제 상황에서 문제해결에 적절한 정보(철사의 종류별 길이, 세현이와 예슬이 만들고자 하는 직육면체의 밑면의 가로, 밑면의 세로, 높이의 길이)를 활용함. • 세현이가 만들고자 하는 청사초롱 전체 모서리의 길이((20×4)+(20×4)+(30×4)=280cm)를 구하는 과정, 예슬이가 만들고자 하는 청사초롱 전체 모서리의 길이((15×4)+(15×4)+(50×4)=320cm)를 구하는 과정과 남는 철사의 길이를 최소로 하기 위해 선택해야 하는 철사(세현이는 3m, 예슬이는 4m)를 정확하게 나타냄. • 전략수행과정이나 문제해결과정에서 타당한 추론을 통해 문제를 해결함. • 답을 알아내는 모든 단계나 과정을 명확하고 논리적으로 설명함. • 문제해결과정에 사용된 수학적 용어 및 기호 등의 표현이 정확함.	매우 잘함
B	• 문제 상황 및 문제 속에 내포된 직육면체 전체 모서리의 길이를 바르게 이해함. • 문제의 조건을 바르게 이해하고, 제시된 문제 상황에서 문제해결에 적절한 정보(철사의 종류별 길이, 세현이와 예슬이 만들고자 하는 직육면체의 밑면의 가로, 밑면의 세로, 높이의 길이)를 활용함. • 세현이가 만들고자 하는 청사초롱 전체 모서리의 길이((20×4)+(20×4)+(30×4)=280cm)를 구하는 과정, 예슬이가 만들고자 하는 청사초롱 전체 모서리의 길이((15×4)+(15×4)+(50×4)=320cm)를 구하는 과정과 남는 철사의 길이를 최소로 하기 위해 선택해야 하는 철사(세현이는 3m, 예슬이는 4m)를 나타냄. a) 사소한 오차나 옮겨 쓰기 과정에 오류가 있음. b) 계산 과정은 있으나 답을 쓰지 않음. • 답을 알아내는 전체 과정을 논리적으로 설명하고 있으나 약간의 비약을 포함하고 있음. • 문제해결과정에 사용된 수학적 용어 및 기호 등의 표현에서 약간의 오류를 나타냄.	잘함
C	• 문제 상황 및 문제 속에 내포된 직육면체 전체 모서리의 길이를 부분적으로 이해함. • 문제의 조건을 바르게 이해하지 못하고 제시된 문제 상황에서 문제해결에 적절한 정보(철사의 종류별 길이, 세현이와 예슬이 만들고자 하는 직육면체의 밑면의 가로, 밑면의 세로, 높이의 길이) 중 일부만을 선택하여 활용함. • 세현이가 만들고자 하는 청사초롱 전체 모서리의 길이((20×4)+(20×4)+(30×4)=280cm)를 구하는 과정, 예슬이가 만들고자 하는 청사초롱 전체 모서리의 길이((15×4)+(15×4)+(50×4)=320cm)를 구하는 과정과 남는 철사의 길이를 최소로 하기 위해 선택해야 하는 철사(세현이는 3m, 예슬이는 4m)를 정확하게 나타내지 못함. a) 세현이와 예슬이 중 한명만 정확한 답을 기술함 b) 세현이와 예슬이가 필요한 전체 모서리의 길이를 답으로 쓴 경우 • 답을 알아내는 과정 설명에 비약이 많거나, 문제해결과정 없이 정답만 기술함. • 문제해결과정에 사용된 수학적 용어 및 기호 등의 사용에 오류 및 부정확한 표현이 많이 포함됨.	보통
D	• 문제 상황 및 문제 속에 내포된 직육면체 전체 모서리의 길이를 이해하지 못함. • 문제의 조건을 이해하지 못하여 문제해결과 관련 없이 제시된 숫자들을 무의미하게 활용함. • 문제해결과정에 대한 설명이 불완전하거나 명료하지 않아 이해하기 어려움. • 문제해결을 전혀 시도하지 못함. a) 백지 또는 오답 이외에 아무것도 쓰지 않음. b) 문제와 관련 없는 것만을 기술함.	노력 요함

구분		5-1-6-2			
학기	5-1	단원명	6. 직육면체와 정육면체	내용영역	도형
교육과정 중영역		정육면체 알아보기			
성취기준		정육면체의 특징을 알 수 있다.			
출제의도		정육면체 모서리의 특징에 대해 이해하고 있는지 알아본다.			

문 제

민정이는 어버이날에 부모님께 드릴 선물을 정육면체 상자 2개에 각각 나누어 담고 아래 그림과 같이 끈으로 돌려 묶은 후 리본을 만들어 예쁘게 장식하였습니다. 리본을 만드는데 사용된 끈의 길이가 각각 30cm라면 부모님 선물을 준비하는데 사용한 끈의 길이는 모두 몇 m 몇 cm입니까? (단, 정육면체 한 모서리의 길이는 20cm이다.)

풀이과정

한 상자에 사용된 끈의 길이를 구해보면
밑면에 사용된 끈의 길이는 (20+20)×2=80cm
옆면에 사용된 끈의 길이는 20×4=80cm
매듭과 리본에 사용된 끈의 길이 30cm이므로
80+80+30=190cm이다.
상자가 두 개이므로 190×2=380cm=3m 80cm이다.

정 답

3m 80cm

평가기준

단계	평가내용	비고
A	• 문제 상황 및 문제 속에 내포된 정육면체 모서리의 특징을 바르게 이해함. • 문제의 조건을 바르게 이해하고, 제시된 문제 상황에서 문제해결에 적절한 정보(정육면체의 개수, 정육면체 한 모서리의 길이, 리본을 만드는데 사용한 끈의 길이)를 활용함. • 민정이가 돌려묶을 때 사용한 끈의 길이(20×8=160cm), 리본을 만들 때 사용한 끈의 길이를 더한 길이(160+30=190cm), 상자 두 개를 포장하는 사용한 끈의 길이의 합(190×2=380cm)을 구하는 과정을 정확하게 나타냄. • 전략수행과정이나 문제해결과정에서 타당한 추론을 통해 문제를 해결함. • 답을 알아내는 모든 단계나 과정을 명확하고 논리적으로 설명함. • 문제해결과정에 사용된 수학적 용어 및 기호 등의 표현이 정확함.	매우 잘함
B	• 문제 상황 및 문제 속에 내포된 정육면체 모서리의 특징을 바르게 이해함. • 문제의 조건을 바르게 이해하고, 제시된 문제 상황에서 문제해결에 적절한 정보(정육면체의 개수, 정육면체 한 모서리의 길이, 리본을 만드는데 사용한 끈의 길이)를 활용함. • 민정이가 돌려묶을 때 사용한 끈의 길이(20×8=160cm), 리본을 만들 때 사용한 끈의 길이를 더한 길이(160+30=190cm), 상자 두 개를 포장하는 사용한 끈의 길이의 합(190×2=380cm)을 구하는 과정을 나타냄. a) 사소한 오차나 옮겨 쓰기 과정에 오류가 있음. b) 계산 과정은 있으나 답을 쓰지 않음. • 답을 알아내는 전체 과정을 논리적으로 설명하고 있으나 약간의 비약을 포함하고 있음. • 문제해결과정에 사용된 수학적 용어 및 기호 등의 표현에서 약간의 오류를 나타냄.	잘함
C	• 문제 상황 및 문제 속에 내포된 정육면체 모서리의 특징을 부분적으로 이해함. • 문제의 조건을 바르게 이해하지 못하고 제시된 문제 상황에서 문제해결에 적절한 정보(정육면체의 개수, 정육면체 한 모서리의 길이, 리본을 만드는데 사용한 끈의 길이) 중 일부만을 선택하여 활용함. • 민정이가 돌려묶을 때 사용한 끈의 길이(20×8=160cm), 리본을 만들 때 사용한 끈의 길이를 더한 길이(160+30=190cm), 상자 두 개를 포장하는 사용한 끈의 길이의 합(190×2=380cm)을 구하는 과정을 정확하게 나타내지 못함. • 답을 알아내는 과정 설명에 비약이 많거나, 문제해결과정 없이 정답만 기술함. • 문제해결과정에 사용된 수학적 용어 및 기호 등의 사용에 오류 및 부정확한 표현이 많이 포함됨.	보통
D	• 문제 상황 및 문제 속에 내포된 정육면체 모서리의 특징을 이해하지 못함. • 문제의 조건을 이해하지 못하여 문제해결과 관련 없이 제시된 숫자들을 무의미하게 활용함. • 문제해결과정에 대한 설명이 불완전하거나 명료하지 않아 이해하기 어려움. • 문제해결을 전혀 시도하지 못함. a) 백지 또는 오답 이외에 아무것도 쓰지 않음. b) 문제와 관련 없는 것만을 기술함.	노력 요함

<table>
<tr><td colspan="2">구분</td><td colspan="4">5-1-6-3</td></tr>
<tr><td>학기</td><td>5-1</td><td>단원명</td><td>6. 직육면체와 정육면체</td><td>내용영역</td><td>도형</td></tr>
<tr><td colspan="2">교육과정 중영역</td><td colspan="4">직육면체의 전개도</td></tr>
<tr><td colspan="2">성취기준</td><td colspan="4">직육면체의 전개도를 이해하고 찾을 수 있다.</td></tr>
<tr><td colspan="2">출제의도</td><td colspan="4">직육면체의 전개도에 대해 이해하고, 주어진 전개도로 직육면체를 완성할 수 있는지 알아본다.</td></tr>
</table>

문 제

경민이는 다음 정육면체의 전개도를 조립하여 주사위를 만들려고 합니다. 그런데 아래의 전개도로는 정육면체를 만들 수 없었습니다. 그 이유를 쓰고 한 면의 위치만 바꿔 올바른 정육면체의 전개도를 그리시오.

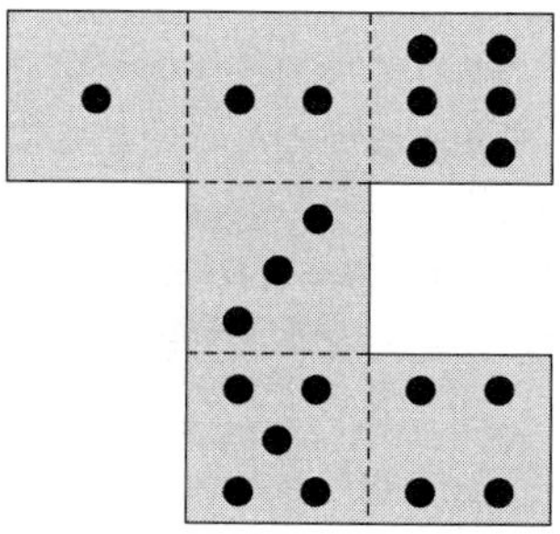

풀이과정

눈이 4개인 면과 눈이 6개인 면이 겹쳐지기 때문이다.

정 답

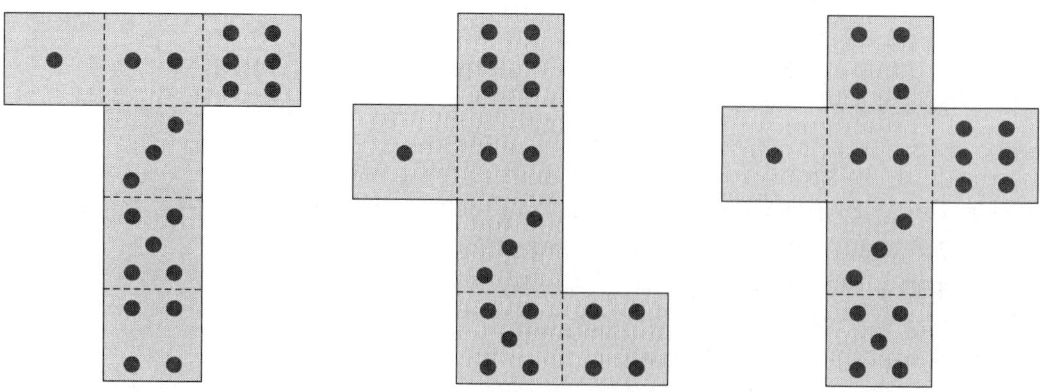

평가기준

단계	평가내용	비고
A	• 문제 상황 및 문제 속에 내포된 직육면체 전개도를 바르게 이해함. • 문제의 조건을 바르게 이해하고, 제시된 문제 상황에서 문제해결에 적절한 정보(경민이가 가지고 있는 잘못된 전개도)를 활용함. • 경민이가 가지고 있는 전개도가 정육면체가 될 수 없는 이유(눈이 4인 면과 눈이 6인 면이 겹치기 때문)와 한 면의 위치만 바꾸어 정육면체의 전개도를 정확하게 나타냄. • 전략수행과정이나 문제해결과정에서 타당한 추론을 통해 문제를 해결함. • 답을 알아내는 모든 단계나 과정을 명확하고 논리적으로 설명함. • 문제해결과정에 사용된 수학적 용어 및 기호 등의 표현이 정확함.	매우 잘함
B	• 문제 상황 및 문제 속에 내포된 직육면체 전개도를 바르게 이해함. • 문제의 조건을 바르게 이해하고, 제시된 문제 상황에서 문제해결에 적절한 정보(경민이가 가지고 있는 잘못된 전개도)를 활용함. • 경민이가 가지고 있는 전개도가 정육면체가 될 수 없는 이유(눈이 4인 면과 눈이 6인 면이 겹치기 때문)와 한 면의 위치만 바꾸어 정육면체의 전개도를 나타냄. a) 이유를 정확하게 표현하지 못함. b) 정육면체의 전개도에서 눈의 수를 표시하지 않음. • 답을 알아내는 전체 과정을 논리적으로 설명하고 있으나 약간의 비약을 포함하고 있음. • 문제해결과정에 사용된 수학적 용어 및 기호 등의 표현에서 약간의 오류를 나타냄.	잘함
C	• 문제 상황 및 문제 속에 내포된 직육면체 전개도를 부분적으로 이해함. • 문제의 조건을 바르게 이해하지 못하고 제시된 문제 상황에서 문제해결에 적절한 정보(경민이가 가지고 있는 잘못된 전개도) 중 일부만을 선택하여 활용함. • 경민이가 가지고 있는 전개도가 정육면체가 될 수 없는 이유(눈이 4인 면과 눈이 6인 면이 겹치기 때문)를 정확하게 제시하지 못하거나 한 면의 위치만 바꾸어 정육면체의 전개도를 정확하게 나타내지 못함. • 답을 알아내는 과정 설명에 비약이 많거나, 문제해결과정 없이 정답만 기술함. • 문제해결과정에 사용된 수학적 용어 및 기호 등의 사용에 오류 및 부정확한 표현이 많이 포함됨.	보통
D	• 문제 상황 및 문제 속에 내포된 직육면체 전개도를 이해하지 못함. • 문제의 조건을 이해하지 못하여 문제해결과 관련 없이 제시된 조건들을 무의미하게 활용함. • 문제해결과정에 대한 설명이 불완전하거나 명료하지 않아 이해하기 어려움. • 문제해결을 전혀 시도하지 못함. a) 백지 또는 오답 이외에 아무것도 쓰지 않음. b) 문제와 관련 없는 것만을 기술함.	노력 요함

구분		5-1-7-1			
학기	5-1	단원명	7. 평면도형의 넓이	내용영역	측정
교육과정 중영역		삼각형의 넓이			
성취기준		삼각형의 넓이를 구할 수 있다.			
출제의도		삼각형의 넓이를 구하는 방법을 알고, 넓이를 구할 수 있는지 알아본다.			

문 제

찬희는 밑변의 길이가 30cm, 넓이가 300cm^{2}인 삼각형 모양의 도화지를 가지고 있습니다. 우유를 마시다 흘려 도화지가 젖는 바람에 아래 그림과 같이 밑변에 평행하게 삼각형 높이의 $\frac{1}{4}$을 잘라 냈습니다. 남은 사다리꼴 모양 도화지의 높이는 몇 cm인지 풀이과정과 답을 쓰시오.

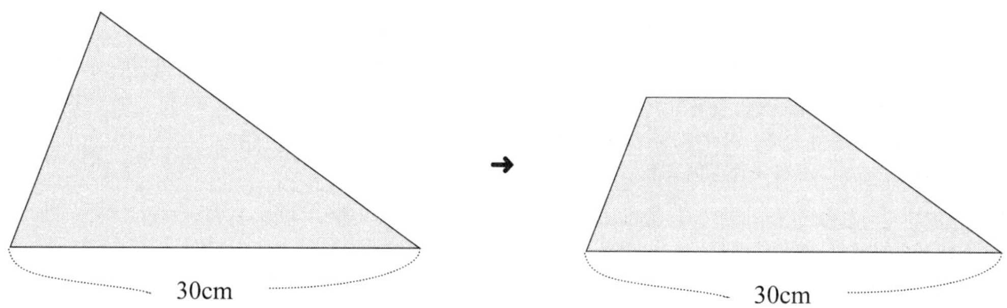

풀이과정

처음 삼각형의 높이 = 넓이 × 2 ÷ 밑변 = 300 × 2 ÷ 30 = 20cm

20cm의 $\frac{1}{4}$은 5cm이므로 남은 사다리꼴의 높이는 20 − 5=15cm이다.

정 답

15cm

평가기준

단계	평가내용	비고
A	• 문제 상황 및 문제 속에 내포된 삼각형의 넓이 구하는 방법을 바르게 이해함. • 문제의 조건을 바르게 이해하고, 제시된 문제 상황에서 문제해결에 적절한 정보(삼각형의 밑변의 길이, 삼각형의 넓이, 밑변에 평행하게 잘린 삼각형 높이)를 활용함. • 삼각형의 밑변의 길이와 넓이를 통해 높이를 정확하게 구하고($300cm^2 \times 2 \div 30cm = 20cm$), 잘린 높이가 원래 삼각형 높이의 $\frac{1}{4}$ 인 것을 통해($20cm \times \frac{1}{4} = 5cm$) 남은 도화지의 높이가 15cm인 것을 정확하게 나타냄. • 전략수행과정이나 문제해결과정에서 타당한 추론을 통해 문제를 해결함. • 답을 알아내는 모든 단계나 과정을 명확하고 논리적으로 설명함. • 문제해결과정에 사용된 수학적 용어 및 기호 등의 표현이 정확함.	매우 잘함
B	• 문제 상황 및 문제 속에 내포된 삼각형의 넓이 구하는 방법을 바르게 이해함. • 문제의 조건을 바르게 이해하고, 제시된 문제 상황에서 문제해결에 적절한 정보(삼각형의 밑변의 길이, 삼각형의 넓이, 밑변에 평행하게 잘린 삼각형 높이)를 활용함. • 삼각형의 밑변의 길이와 넓이를 통해 높이를 구하고($300cm^2 \times 2 \div 30cm = 20cm$), 잘린 높이가 원래 삼각형 높이의 $\frac{1}{4}$ 인 것을 통해($20cm \times \frac{1}{4} = 5cm$) 남은 도화지의 높이가 15cm인 것을 나타냄. a) 사소한 오차나 옮겨 쓰기 과정에 오류가 있음. b) 계산 과정은 있으나 답을 쓰지 않음. • 답을 알아내는 전체 과정을 논리적으로 설명하고 있으나 약간의 비약을 포함하고 있음. • 문제해결과정에 사용된 수학적 용어 및 기호 등의 표현에서 약간의 오류를 나타냄.	잘함
C	• 문제 상황 및 문제 속에 내포된 삼각형의 넓이 구하는 방법을 부분적으로 이해함. • 문제의 조건을 바르게 이해하지 못하고 제시된 문제 상황에서 문제해결에 적절한 정보(삼각형의 밑변의 길이, 삼각형의 넓이, 밑변에 평행하게 잘린 삼각형 높이) 중 일부만을 선택하여 활용함. • 삼각형의 밑변의 길이와 넓이를 통해 높이($300cm^2 \times 2 \div 30cm = 20cm$)구하지 못하거나 잘린 높이가 원래 삼각형 높이의 $\frac{1}{4}$ 인 것을 통해($20cm \times \frac{1}{4} = 5cm$) 남은 도화지의 높이(15cm)를 구하는 과정을 정확하게 나타내지 못함. • 답을 알아내는 과정 설명에 비약이 많거나, 문제해결과정 없이 정답만 기술함. • 문제해결과정에 사용된 수학적 용어 및 기호 등의 사용에 오류 및 부정확한 표현이 많이 포함됨.	보통
D	• 문제 상황 및 문제 속에 내포된 삼각형의 넓이 구하는 방법을 이해하지 못함. • 문제의 조건을 이해하지 못하여 문제해결과 관련 없이 제시된 숫자들을 무의미하게 활용함. • 문제해결과정에 대한 설명이 불완전하거나 명료하지 않아 이해하기 어려움. • 문제해결을 전혀 시도하지 못함. a) 백지 또는 오답 이외에 아무것도 쓰지 않음. b) 문제와 관련 없는 것만을 기술함.	노력 요함

구분		5-1-7-2			
학기	5-1	단원명	7. 평면도형의 넓이	내용영역	측정
교육과정 중영역		사다리꼴의 넓이			
성취기준		사다리꼴의 넓이를 구할 수 있다.			
출제의도		사다리꼴의 넓이를 구하는 방법을 알고, 넓이를 구할 수 있는지 알아본다.			

문 제

준수는 도화지에 아래와 같은 하트 모양을 그려 가운데를 접어서 카드를 만들려고 합니다. 카드를 펼쳤을 때 넓이를 150cm^{2}보다 크고 180cm^{2}보다 작게 하려면 ㉠변의 길이를 얼마로 해야 할지 풀이과정과 답을 쓰시오. (단, 접는 선을 따라 접으면 정확하게 포개어지며 ㉠의 길이는 자연수여야 한다.)

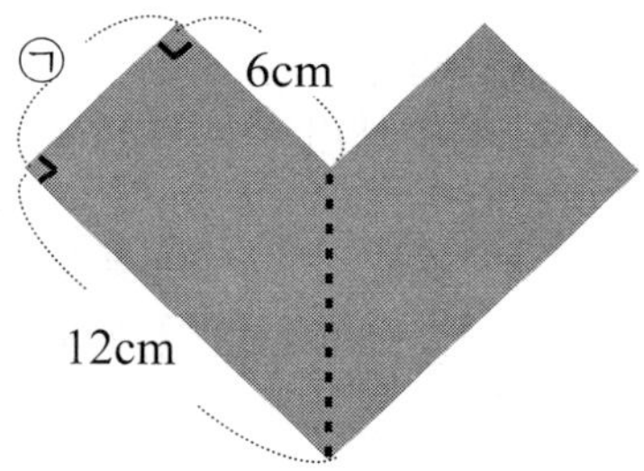

풀이과정

하트 모양을 반으로 접으면 사다리꼴이 되므로 합동인 사다리꼴의 2개의 넓이가 150cm^{2}보다 크고 180cm^{2}보다 작아야 한다.
따라서 펼쳤을 때 카드의 넓이는 (6+12)×㉠÷2×2=18×㉠이 된다.
그런데 18×8=144, 18×9=162 18×10=180이므로
150 < 18×㉠ < 180이 되려면 ㉠의 길이는 9cm여야 한다.

정 답

9cm

평가기준

단계	평가내용	비고
A	• 문제 상황 및 문제 속에 내포된 사다리꼴의 넓이 구하는 방법을 바르게 이해함. • 문제의 조건을 바르게 이해하고, 제시된 문제 상황에서 문제해결에 적절한 정보(사다리꼴의 윗변과 아랫변의 길이, 사다리꼴 넓이의 범위)를 활용함. • $150cm^2$ < 하트의 넓이 < $180cm^2$인 것을 통하여 $75cm^2$ < 한 사다리꼴의 넓이 < $90cm^2$ 이어야 함을 제시하고, $75cm^2 < (12+6) \times$높이$\div 2 < 90cm^2$를 통하여 변 ㉠의 길이가 9cm가 됨을 정확하게 나타냄. • 전략수행과정이나 문제해결과정에서 타당한 추론을 통해 문제를 해결함. • 답을 알아내는 모든 단계나 과정을 명확하고 논리적으로 설명함. • 문제해결과정에 사용된 수학적 용어 및 기호 등의 표현이 정확함.	매우 잘함
B	• 문제 상황 및 문제 속에 내포된 사다리꼴의 넓이 구하는 방법을 바르게 이해함. • 문제의 조건을 바르게 이해하고, 제시된 문제 상황에서 문제해결에 적절한 정보(사다리꼴의 윗변과 아랫변의 길이, 사다리꼴 넓이의 범위)를 활용함. • $150cm^2$ < 하트의 넓이 < $180cm^2$인 것을 통하여 $75cm^2$ < 한 사다리꼴의 넓이 < $90cm^2$이어야 함을 제시하고, $75cm^2 < (12+6) \times$높이$\div 2 < 90cm^2$를 통하여 변 ㉠의 길이가 9cm가 됨을 나타냄. a) 사소한 오차나 옮겨 쓰기 과정에 오류가 있음. b) 계산 과정은 있으나 답을 쓰지 않음. • 답을 알아내는 전체 과정을 논리적으로 설명하고 있으나 약간의 비약을 포함하고 있음. • 문제해결과정에 사용된 수학적 용어 및 기호 등의 표현에서 약간의 오류를 나타냄.	잘함
C	• 문제 상황 및 문제 속에 내포된 사다리꼴의 넓이 구하는 방법을 부분적으로 이해함. • 문제의 조건을 바르게 이해하지 못하고 제시된 문제 상황에서 문제해결에 적절한 정보(사다리꼴의 윗변과 아랫변의 길이, 사다리꼴 넓이의 범위) 중 일부만을 선택하여 활용함. • $150cm^2$ < 하트의 넓이 < $180cm^2$인 것을 통하여 $75cm^2$ < 한 사다리꼴의 넓이 < $90cm^2$이어야 함을 제시하지 못하거나 $75cm^2 < (12+6) \times$높이$\div 2 < 90cm^2$를 통하여 변 ㉠의 길이가 9cm가 됨을 나타내지 못함. • 답을 알아내는 과정 설명에 비약이 많거나, 문제해결과정 없이 정답만 기술함. • 문제해결과정에 사용된 수학적 용어 및 기호 등의 사용에 오류 및 부정확한 표현이 많이 포함됨.	보통
D	• 문제 상황 및 문제 속에 내포된 사다리꼴의 넓이 구하는 방법을 이해하지 못함. • 문제의 조건을 이해하지 못하여 문제해결과 관련 없이 제시된 숫자들을 무의미하게 활용함. • 문제해결과정에 대한 설명이 불완전하거나 명료하지 않아 이해하기 어려움. • 문제해결을 전혀 시도하지 못함. a) 백지 또는 오답 이외에 아무것도 쓰지 않음. b) 문제와 관련 없는 것만을 기술함.	노력 요함

구분		5-1-7-3			
학기	5-1	단원명	7. 평면도형의 넓이	내용영역	측정
교육과정 중영역		마름모의 넓이			
성취기준		마름모의 넓이를 구할 수 있다.			
출제의도		마름모의 넓이 구하는 방법을 이해하고, 넓이를 통해 각 변의 길이를 구할 수 있는지 알아본다.			

문 제

예림이는 한 대각선의 길이가 4m, 넓이가 $8m^2$인 마름모 모양의 카펫을 사서 방에 깔려고 합니다. 예림이 가족의 방 가로와 세로의 길이가 아래와 같을 때, 바닥에 카펫이 접히지 않게 펼쳐놓을 수 있는 방은 어디인지 풀이과정과 답을 쓰시오.

방	가로(m)	세로(m)
부모님 방	6	3
언니의 방	5	4
예림이의 방	2	4

풀이과정

카펫의 다른 한 대각선의 길이는
8 × 2 ÷ 4 = 4m이다.
따라서 카펫의 대각선의 길이는 모두 4m이다.

부모님 방은 세로의 길이가 짧아서 카펫을 깔 수가 없다.
언니의 방에는 카펫을 깔 수 있다.
예림이의 방은 가로의 길이가 짧아서 카펫을 깔 수가 없다.

정 답

언니의 방

평가기준

단계	평가내용	비고
A	• 문제 상황 및 문제 속에 내포된 마름모의 넓이 구하는 방법을 바르게 이해함. • 문제의 조건을 바르게 이해하고, 제시된 문제 상황에서 문제해결에 적절한 정보(마름모 모양 카펫의 한 대각선의 길이와 넓이, 각 방의 가로와 세로의 길이)를 활용함. • 마름모의 한 대각선의 길이와 넓이를 통해 다른 한 대각선의 길이를 정확하게 구하고($8m^2 \times 2 \div 4m = 4m$), 카펫의 대각선 길이와 각 방의 가로와 세로의 길이를 비교하여 어느 방에 카펫이 접히지 않게 펼쳐놓을 수 있는지를 나타냄. • 전략수행과정이나 문제해결과정에서 타당한 추론을 통해 문제를 해결함. • 답을 알아내는 모든 단계나 과정을 명확하고 논리적으로 설명함. • 문제해결과정에 사용된 수학적 용어 및 기호 등의 표현이 정확함.	매우 잘함
B	• 문제 상황 및 문제 속에 내포된 마름모의 넓이 구하는 방법을 바르게 이해함. • 문제의 조건을 바르게 이해하고, 제시된 문제 상황에서 문제해결에 적절한 정보(마름모 모양 카펫의 한 대각선의 길이와 넓이, 각 방의 가로와 세로의 길이)를 활용함. • 마름모의 한 대각선의 길이와 넓이를 통해 다른 한 대각선의 길이를 구하고($8m^2 \times 2 \div 4m = 4m$), 카펫의 대각선 길이와 각 방의 가로와 세로의 길이를 비교하여 어느 방에 카펫이 접히지 않게 펼쳐놓을 수 있는지를 나타냄. a) 사소한 오차나 옮겨 쓰기 과정에 오류가 있음. b) 계산 과정은 있으나 답을 쓰지 않음. • 답을 알아내는 전체 과정을 논리적으로 설명하고 있으나 약간의 비약을 포함하고 있음. • 문제해결과정에 사용된 수학적 용어 및 기호 등의 표현에서 약간의 오류를 나타냄.	잘함
C	• 문제 상황 및 문제 속에 내포된 마름모의 넓이 구하는 방법을 부분적으로 이해함. • 문제의 조건을 바르게 이해하지 못하고 제시된 문제 상황에서 문제해결에 적절한 정보(마름모 모양 카펫의 한 대각선의 길이와 넓이, 각 방의 가로와 세로의 길이) 중 일부만을 선택하여 활용함. • 마름모의 한 대각선의 길이와 넓이를 통해 다른 한 대각선의 길이($8m^2 \times 2 \div 4m = 4m$)를 구하지 못하거나 카펫의 대각선 길이와 각 방의 가로와 세로의 길이를 비교하여 어느 방에 카펫이 접히지 않게 펼쳐놓을 수 있는지를 나타내지 못함. • 답을 알아내는 과정 설명에 비약이 많거나, 문제해결과정 없이 정답만 기술함. • 문제해결과정에 사용된 수학적 용어 및 기호 등의 사용에 오류 및 부정확한 표현이 많이 포함됨.	보통
D	• 문제 상황 및 문제 속에 내포된 마름모의 넓이 구하는 방법을 이해하지 못함. • 문제의 조건을 이해하지 못하여 문제해결과 관련 없이 제시된 숫자들을 무의미하게 활용함. • 문제해결과정에 대한 설명이 불완전하거나 명료하지 않아 이해하기 어려움. • 문제해결을 전혀 시도하지 못함. a) 백지 또는 오답 이외에 아무것도 쓰지 않음. b) 문제와 관련 없는 것만을 기술함.	노력 요함

구분		5-1-8-1			
학기	5-1	단원명	8. 여러 가지 단위	내용영역	측정
교육과정 중영역		넓이의 단위 m^2와 a 알아보기			
성취기준		넓이의 단위 m^2와 a 단위 관계를 이해할 수 있다.			
출제의도		넓이의 단위인 m^2와 a 단위 관계를 알고 구할 수 있는지 알아본다.			

문 제

정민이네 가족은 평행사변형 모양의 농장에서 딸기를 재배하고 있습니다. 다음 달에 정민이네 농장을 통과하는 도로가 아래 그림과 같이 길이 1200m, 폭이 30m인 평행사변형 모양으로 건설될 계획입니다. 도로가 건설된 후에 정민이네 농장의 넓이는 몇 a가 되는지 풀이과정과 답을 쓰시오.

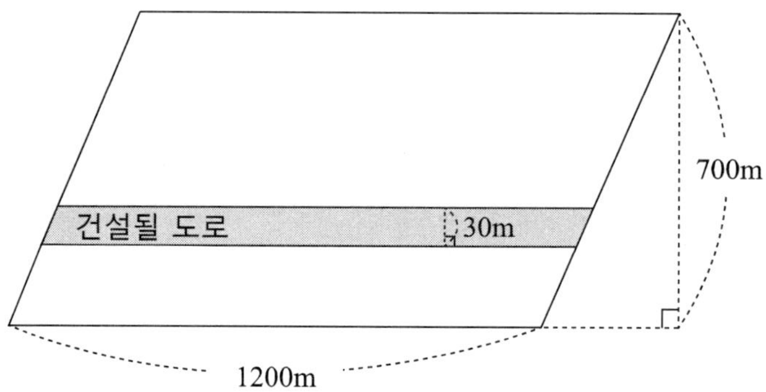

풀이과정

원래 농장의 넓이 − 도로의 넓이 = 도로가 건설된 후 농장의 넓이

700m×1200m − 30m×1200m = 840000m^2 − 36000m^2

= 804000m^2

= 8040a

정 답

8040a

평가기준

단계	평가내용	비고
A	• 문제 상황 및 문제 속에 내포된 m^2와 a의 관계를 바르게 이해함. • 문제의 조건을 바르게 이해하고, 제시된 문제 상황에서 문제해결에 적절한 정보(평행사변형 모양의 농장의 밑변의 길이와 높이, 건설될 도로의 밑변의 길이와 높이)를 활용함. • 현재 평행사변형 모양 농장의 넓이(1200m×700m=840000m^2 또는 8400a)와 건설될 도로의 넓이(1200m×30m=36000m^2 또는 360a), 도로가 건설된 후의 농장의 넓이(8040a)를 정확하게 나타냄. • 전략수행과정이나 문제해결과정에서 타당한 추론을 통해 문제를 해결함. • 답을 알아내는 모든 단계나 과정을 명확하고 논리적으로 설명함. • 문제해결과정에 사용된 수학적 용어 및 기호 등의 표현이 정확함.	매우 잘함
B	• 문제 상황 및 문제 속에 내포된 m^2와 a의 관계를 바르게 이해함. • 문제의 조건을 바르게 이해하고, 제시된 문제 상황에서 문제해결에 적절한 정보(평행사변형 모양의 농장의 밑변의 길이와 높이, 건설될 도로의 밑변의 길이와 높이)를 활용함. • 현재 평행사변형 모양 농장의 넓이(1200m×700m=840000m^2 또는 8400a)와 건설될 도로의 넓이(1200m×30m=36000m^2 또는 360a), 도로가 건설된 후의 농장의 넓이(8040a)를 나타냄. a) 사소한 오차나 옮겨 쓰기 과정에 오류가 있음. b) 계산 과정은 있으나 답을 쓰지 않음. • 답을 알아내는 전체 과정을 논리적으로 설명하고 있으나 약간의 비약을 포함하고 있음. • 문제해결과정에 사용된 수학적 용어 및 기호 등의 표현에서 약간의 오류를 나타냄.	잘함
C	• 문제 상황 및 문제 속에 내포된 m^2와 a의 관계를 부분적으로 이해함. • 문제의 조건을 바르게 이해하지 못하고 제시된 문제 상황에서 문제해결에 적절한 정보(평행사변형 모양의 농장의 밑변의 길이와 높이, 건설될 도로의 밑변의 길이와 높이) 중 일부만을 선택하여 활용함. • 현재 평행사변형 모양 농장의 넓이(1200m×700m=840000m^2 또는 8400a)와 건설될 도로의 넓이(1200m×30m=36000m^2 또는 360a), 도로가 건설된 후의 농장의 넓이(8040a)를 구하는 과정을 정확하게 나타내지 못함. • 답을 알아내는 과정 설명에 비약이 많거나, 문제해결과정 없이 정답만 기술함. • 문제해결과정에 사용된 수학적 용어 및 기호 등의 사용에 오류 및 부정확한 표현이 많이 포함됨.	보통
D	• 문제 상황 및 문제 속에 내포된 m^2와 a의 관계를 이해하지 못함. • 문제의 조건을 이해하지 못하여 문제해결과 관련 없이 제시된 숫자들을 무의미하게 활용함. • 문제해결과정에 대한 설명이 불완전하거나 명료하지 않아 이해하기 어려움. • 문제해결을 전혀 시도하지 못함. a) 백지 또는 오답 이외에 아무것도 쓰지 않음. b) 문제와 관련 없는 것만을 기술함.	노력 요함

구분		5-1-8-2			
학기	5-1	단원명	8. 여러 가지 단위	내용영역	측정
교육과정 중영역		무게의 단위 t 알아보기			
성취기준		무게의 단위 t을 이해할 수 있다.			
출제의도		무게의 단위 t을 이해하고 구할 수 있는지 알아본다.			

문 제

지훈이의 아버지는 1.2t까지 실을 수 있는 트럭에 한 상자 무게가 4kg, 가격은 22,000원인 귤을 싣고 판매하십니다. 트럭에 귤 상자를 최대한 실어 모두 판매하셨다면 이 날의 아버지께서 판매하신 금액은 모두 얼마인지 풀이과정과 답을 쓰시오.

풀이과정

1.2t은 1200kg이다.

(1200kg ÷ 4kg) × 22,000원 = 300 × 22,000

= 6,600,000원

정 답

6,600,000원

평가기준

단계	평가내용	비고
A	• 문제 상황 및 문제 속에 내포된 t 단위를 바르게 이해함. • 문제의 조건을 바르게 이해하고, 제시된 문제 상황에서 문제해결에 적절한 정보(트럭이 실을 수 있는 무게, 귤 한 상자의 무게와 가격)를 활용함. • 트럭이 최대한 실을 수 있는 귤 상자의 수(1200kg÷4kg=300개), 귤을 모두 판매하였을 때 총 판매금액(300개×22,000원=6,600,000원)을 정확하게 나타냄. • 전략수행과정이나 문제해결과정에서 타당한 추론을 통해 문제를 해결함. • 답을 알아내는 모든 단계나 과정을 명확하고 논리적으로 설명함. • 문제해결과정에 사용된 수학적 용어 및 기호 등의 표현이 정확함.	매우 잘함
B	• 문제 상황 및 문제 속에 내포된 t 단위를 바르게 이해함. • 문제의 조건을 바르게 이해하고, 제시된 문제 상황에서 문제해결에 적절한 정보(트럭이 실을 수 있는 무게, 귤 한 상자의 무게와 가격)를 활용함. • 트럭이 최대한 실을 수 있는 귤 상자의 수(1200kg÷4kg=300개), 귤을 모두 판매하였을 때 총 판매금액(300개×22,000원=6,600,000원)을 나타냄. a) 사소한 오차나 옮겨 쓰기 과정에 오류가 있음. b) 계산 과정은 있으나 답을 쓰지 않음. • 답을 알아내는 전체 과정을 논리적으로 설명하고 있으나 약간의 비약을 포함하고 있음. • 문제해결과정에 사용된 수학적 용어 및 기호 등의 표현에서 약간의 오류를 나타냄.	잘함
C	• 문제 상황 및 문제 속에 내포된 t 단위를 부분적으로 이해함. • 문제의 조건을 바르게 이해하지 못하고 제시된 문제 상황에서 문제해결에 적절한 정보(트럭이 실을 수 있는 무게, 귤 한 상자의 무게와 가격) 중 일부만을 선택하여 활용함. • 트럭이 최대한 실을 수 있는 귤 상자의 수(1200kg÷4kg=300개)를 구하지 못하거나 귤을 모두 판매하였을 때 총 판매금액(300개×22,000원=6,600,000원)을 구하는 과정을 정확하게 나타내지 못함. • 답을 알아내는 과정 설명에 비약이 많거나, 문제해결과정 없이 정답만 기술함. • 문제해결과정에 사용된 수학적 용어 및 기호 등의 사용에 오류 및 부정확한 표현이 많이 포함됨.	보통
D	• 문제 상황 및 문제 속에 내포된 t 단위를 이해하지 못함. • 문제의 조건을 이해하지 못하여 문제해결과 관련 없이 제시된 숫자들을 무의미하게 활용함. • 문제해결과정에 대한 설명이 불완전하거나 명료하지 않아 이해하기 어려움. • 문제해결을 전혀 시도하지 못함. a) 백지 또는 오답 이외에 아무것도 쓰지 않음. b) 문제와 관련 없는 것만을 기술함.	노력 요함

구분		5-1-8-3			
학기	5-1	단원명	8. 여러 가지 단위	내용영역	측정
교육과정 중영역		넓이의 단위 사이의 관계 알아보기			
성취기준		넓이의 단위 사이의 관계를 이해할 수 있다.			
출제의도		넓이의 단위 사이의 관계를 알고 단위를 바꿀 수 있는지 알아본다.			

문 제

한 변의 길이가 1km 200m인 정사각형 모양의 땅에 영화 테마 파크를 건설하려고 합니다. 영화 테마 파크가 건설될 땅의 넓이를 4가지 이상의 단위로 나타내는 풀이과정과 답을 쓰시오.

1km 200m

1km 200m

풀이과정

$1200m \times 1200m = 1440000m^2$

$1440000m^2 = 14400000000cm^2$

$1440000m^2 = 14400a$

$1440000m^2 = 144ha$

$1.2km \times 1.2km = 1.44km^2$

정 답

$14400000000cm^2$, $1440000m^2$, 14400a, 144ha, $1.44km^2$

평가기준

단계	평가내용	비고
A	• 문제 상황 및 문제 속에 내포된 넓이 단위 사이의 관계를 바르게 이해함. • 문제의 조건을 바르게 이해하고, 제시된 문제 상황에서 문제해결에 적절한 정보(정사각형 한 변의 길이)를 활용함. • 정사각형 넓이(1200m×1200m=1440000m^2)를 정확하게 구하고, 4가지 이상의 단위를 이용하여 넓이(1440000m^2, 14400a, 144ha, 1.44km^2)를 정확하게 나타냄. • 전략수행과정이나 문제해결과정에서 타당한 추론을 통해 문제를 해결함. • 답을 알아내는 모든 단계나 과정을 명확하고 논리적으로 설명함. • 문제해결과정에 사용된 수학적 용어 및 기호 등의 표현이 정확함.	매우 잘함
B	• 문제 상황 및 문제 속에 내포된 넓이 단위 사이의 관계를 바르게 이해함. • 문제의 조건을 바르게 이해하고, 제시된 문제 상황에서 문제해결에 적절한 정보(정사각형 한 변의 길이)를 활용함. • 정사각형 넓이(1200m×1200m=1440000m^2)를 구하고, 4가지 이상의 단위를 이용하여 나타낸 넓이(1440000m^2, 14400a, 144ha, 1.44km^2) 중 3가지를 정확하게 나타냄. a) 사소한 오차나 옮겨 쓰기 과정에 오류가 있음. b) 계산 과정은 있으나 답을 쓰지 않음. • 답을 알아내는 전체 과정을 논리적으로 설명하고 있으나 약간의 비약을 포함하고 있음. • 문제해결과정에 사용된 수학적 용어 및 기호 등의 표현에서 약간의 오류를 나타냄.	잘함
C	• 문제 상황 및 문제 속에 내포된 넓이 단위 사이의 관계를 부분적으로 이해함. • 문제의 조건을 바르게 이해하지 못하고 제시된 문제 상황에서 문제해결에 적절한 정보(정사각형 한 변의 길이) 중 일부만을 선택하여 활용함. • 정사각형 넓이(1200m×1200m=1440000m^2)를 정확하게 구하지 못하거나 4가지 이상의 단위를 이용하여 나타낸 넓이(1440000m^2, 14400a, 144ha, 1.44km^2) 중 2가지를 정확하게 나타냄. • 답을 알아내는 과정 설명에 비약이 많거나, 문제해결과정 없이 정답만 기술함. • 문제해결과정에 사용된 수학적 용어 및 기호 등의 사용에 오류 및 부정확한 표현이 많이 포함됨.	보통
D	• 문제 상황 및 문제 속에 내포된 넓이 단위 사이의 관계를 이해하지 못함. • 문제의 조건을 이해하지 못하여 문제해결과 관련 없이 제시된 숫자들을 무의미하게 활용함. • 문제해결과정에 대한 설명이 불완전하거나 명료하지 않아 이해하기 어려움. • 문제해결을 전혀 시도하지 못함. a) 백지 또는 오답 이외에 아무것도 쓰지 않음. b) 문제와 관련 없는 것만을 기술함.	노력 요함

[단원명]

1. 분수와 소수
2. 분수의 나눗셈
3. 도형의 대칭
4. 소수의 곱셈
5. 소수의 나눗셈
6. 자료의 표현과 해석
7. 비와 비율
8. 문제해결방법 찾기

02

5학년 2학기

구분		5-2-1-1			
학기	5-2	단원명	1. 분수와 소수	내용영역	수와 연산
교육과정 중영역		분수와 소수의 크기 비교하기			
성취기준		주어진 숫자들로 가장 큰 대분수와 소수를 만들고 분수와 소수의 크기를 비교할 수 있다.			
출제의도		주어진 숫자들로 가장 큰 대분수와 소수를 만들고, 만들어진 분수와 소수의 크기를 비교하도록 한다.			

문 제

성진이와 한샘이는 각각 1부터 9까지의 숫자카드 세트를 가지고, 3장을 뽑아 다음과 같은 대분수와 소수를 만드는 게임을 하였습니다.

1 2 3 4 5 6 7 8 9

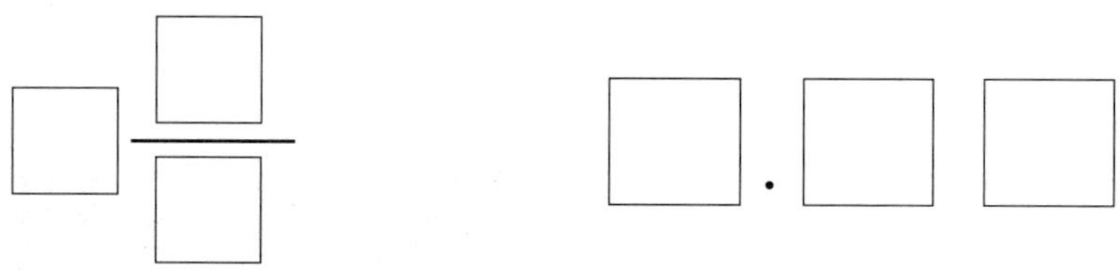

이 게임은 두 사람 중 더 큰 수를 만드는 사람이 이기는 게임으로 성진이는 대분수를 만들고, 한샘이는 소수 9.87을 만들어서 성진이가 이기게 되었습니다. 성진이가 만든 대분수는 무엇이었을지 풀이과정을 쓰고 답을 쓰시오.

풀이과정

성진이가 만든 대분수의 자연수는 9이어야 한다.
그리고 남은 숫자카드 1~8 중 2개의 카드로 0.87보다 큰 진분수를 만들어야 하므로 $\frac{7}{8}=0.875$이어야 한다.
따라서 성진이가 만든 대분수는 $9\frac{7}{8}$이다.

정 답

$9\frac{7}{8}$

평가기준

단계	평가내용	비고
A	• 문제 상황 및 문제 속에 내포된 대분수와 소수의 크기 비교하기를 바르게 이해함. • 제시된 표에서 문제해결에 적절한 정보(1부터 9까지의 숫자카드, 3장을 뽑아 대분수와 소수 만들어 큰 수가 이기는 게임, 한샘이가 만든 소수 9.87)를 선택하여 활용함. • 성진이가 만든 대분수의 자연수(9)를 구하고, 나머지 숫자카드로 만들 수 있는 분수 중 0.87보다 큰 진분수($\frac{7}{8}$)를 찾아내는 전략을 찾아 바르게 실행하고, 답($9\frac{7}{8}$)을 바르게 기술함. • 전략수행과정이나 문제해결과정에서 타당한 추론을 통해 문제를 해결함. • 답을 알아내는 모든 단계나 과정을 명확하고 논리적으로 충분히 설명함. • 문제해결과정에 사용된 수학적 용어 및 기호 등의 표현이 정확함.	매우 잘함
B	• 문제 상황 및 문제 속에 내포된 대분수와 소수의 크기 비교하기를 바르게 이해함. • 제시된 표에서 문제해결에 적절한 정보(1부터 9까지의 숫자카드, 3장을 뽑아 대분수와 소수 만들어 큰 수가 이기는 게임, 한샘이가 만든 소수 9.87)를 선택하여 활용함. • 성진이가 만든 대분수의 자연수(9)를 구하고 나머지 숫자카드로 만들 수 있는 분수 중 0.87보다 큰 진분수($\frac{7}{8}$)를 찾아내는 전략을 찾아 실행하고 있으나 답이 부정확함. a) 사소한 오차나 옮겨쓰기 과정에 오류가 있음. b) 답을 쓰지 않음. • 답을 알아내는 전체 과정을 논리적으로 설명하고 있으나 약간의 비약을 포함하고 있음. • 문제해결과정에 사용된 수학적 용어 및 기호 등의 표현에서 약간의 오류를 나타냄.	잘함
C	• 문제 상황 및 문제 속에 내포된 대분수와 소수의 크기 비교하기를 부분적으로 이해함. • 문제의 조건을 바르게 이해하지 못하여 문제해결에 적절한 정보(1부터 9까지의 숫자카드, 3장을 뽑아 대분수와 소수 만들어 큰 수가 이기는 게임, 한샘이가 만든 소수 9.87) 중 일부만을 바르게 선택하여 활용함. • 성진이가 만든 대분수의 자연수(9)를 구하지 못하거나 나머지 숫자카드로 만들 수 있는 분수 중 0.87보다 큰 진분수($\frac{7}{8}$)를 찾아내는 전략을 찾아 시도하고 있으나 타당하게 추론하지 못하거나 끝까지 실행하지 못하여 정답에 이르지 못함. a) 두 선수의 기록의 차이를 분수로 바꾸지 않고 0.07초로 답함. • 답을 알아내는 과정 설명에 비약이 많거나, 문제해결과정 없이 정답($9\frac{7}{8}$)만 기술함. • 문제해결과정에 사용된 수학적 용어 및 기호 등의 사용에 오류 및 부정확한 표현이 많이 포함됨.	보통
D	• 문제 상황 및 문제 속에 내포된 대분수와 소수의 크기 비교하기을 이해하지 못함. • 문제의 조건을 이해하지 못하여 문제해결과 관련없이 제시된 기록들을 활용함. • 문제해결과정에 대한 설명이 불완전하거나 명료하지 않아 이해하기 어려움. • 문제해결을 전혀 시도하지 못함. a) 백지 또는 오답 이외에 아무것도 쓰지 않음. b) 문제와 관련없는 것만을 기술함.	노력 요함

구분		5-2-1-2			
학기	5-2	단원명	1. 분수와 소수	내용영역	수와 연산
교육과정 중영역		소수를 분수로 나타내기			
성취기준		소수를 분수로 나타낼 수 있다.			
출제의도		주어진 문제 상황에 알맞은 소수를 찾고 그 소수를 분수로 나타낼 수 있다.			

문 제

TV 프로그램에서 선수들이 종합장애물 경기를 하였습니다. 경기결과, 선수들은 다음과 같은 기록을 나타내었습니다.

경기순서	선수명	기록(초)
1	김특	44.37
2	이동해	52.45
3	강신동	탈락
4	박성민	44.44
5	최은혁	35.06

김특 선수는 박성민 선수의 기록보다 몇 초를 단축하였는지 분수로 나타내시오.

풀이과정

김특 선수의 기록은 44.37초이고, 박성민 선수의 기록은 44.44초로
두 선수의 기록 차이는 $44.44-44.37=0.07$로 0.07초가 된다.
그런데 $0.07=\frac{7}{100}$이므로, 김특 선수는 박성민 선수보다 $\frac{7}{100}$초를 단축하였다고 볼 수 있다.

정 답

$\frac{7}{100}$초

평가기준

단계	평가내용	비고
A	• 문제 상황 및 문제 속에 내포된 소수를 분수로 바꾸어 나타내기를 바르게 이해함. • 제시된 표에서 문제해결에 적절한 정보(44.37초, 44.44초)를 선택하여 활용함. • 두 선수의 기록(43.37초, 44.44초)의 차이(0.07초)를 구하고, 그 차이를 분수로 바꾸어 나타내는 전략을 찾아 바르게 실행하고, 답($\frac{7}{100}$초)를 바르게 기술함. • 전략수행과정이나 문제해결과정에서 타당한 추론을 통해 문제를 해결함. • 답을 알아내는 모든 단계나 과정을 명확하고 논리적으로 충분히 설명함. • 문제해결과정에 사용된 수학적 용어 및 기호 등의 표현이 정확함.	매우 잘함
B	• 문제 상황 및 문제 속에 내포된 소수를 분수로 바꾸어 나타내기를 바르게 이해함. • 제시된 표에서 문제해결에 적절한 정보(44.37초, 44.44초)를 선택하여 활용함. • 타당한 추론을 통해 두 선수의 기록(43.37초, 44.44초)의 차이(0.07초)를 구하고, 그 차이를 분수로 바꾸어 나타내는 전략을 찾아 실행하고 있으나 답이 부정확함. a) 사소한 오차나 옮겨쓰기 과정에 오류가 있음. b) 답을 쓰지 않음. • 답을 알아내는 전체 과정을 논리적으로 설명하고 있으나 약간의 비약을 포함하고 있음. • 문제해결과정에 사용된 수학적 용어 및 기호 등의 표현에서 약간의 오류를 나타냄.	잘함
C	• 문제 상황 및 문제 속에 내포된 소수를 분수로 바꾸어 나타내기를 부분적으로 이해함. • 문제의 조건을 바르게 이해하지 못하여 문제해결에 적절한 정보(44.37초, 44.44초) 중 일부만을 바르게 선택하여 활용함. a) 조건으로 제시된 두 선수의 기록이 아닌 다른 선수의 기록의 차이를 구하여 분수로 나타냄. • 제시된 두 선수의 기록의 차이(0.07초)를 구하고, 그 차이를 분수로 바꾸어 나타내는 전략을 찾아 시도하고 있으나 타당하게 추론하지 못하거나 끝까지 실행하지 못하여 정답에 이르지 못함. a) 두 선수의 기록의 차이를 분수로 바꾸지 않고 0.07초로 답함. • 답을 알아내는 과정 설명에 비약이 많거나, 문제해결과정 없이 정답($\frac{7}{100}$초)만 기술함. • 문제해결과정에 사용된 수학적 용어 및 기호 등의 사용에 오류 및 부정확한 표현이 많이 포함됨.	보통
D	• 문제 상황 및 문제 속에 내포된 분수와 소수의 크기 비교 개념을 이해하지 못함. • 문제의 조건을 이해하지 못하여 문제해결과 관련없이 제시된 기록들을 활용함. • 문제해결과정에 대한 설명이 불완전하거나 명료하지 않아 이해하기 어려움. • 문제해결을 전혀 시도하지 못함. a) 백지 또는 오답 이외에 아무것도 쓰지 않음. b) 문제와 관련없는 것만을 기술함.	노력 요함

구분		5-2-1-3			
학기	5-2	단원명	1. 분수와 소수	내용영역	수와 연산
교육과정 중영역		분수와 소수의 크기 비교하기			
성취기준		분수와 소수의 크기를 비교할 수 있다			
출제의도		분수와 소수를 비교하는 방법을 알고, 주어진 상황에서 어떻게 분수와 소수를 비교하는 방법을 설명할 수 있는지 알아본다.			

문 제

다이어트 도전 프로그램에서 최종 2인으로 다음 두 사람이 남았습니다. 둘 중 누가 더 많은 몸무게를 감량했는지 알아보고자 합니다. 다음 내용을 참고하여 누가 우승자가 되었는지 풀이과정을 쓰고 답을 쓰시오.

〈최종 2인의 측정 몸무게〉

	첫회 측정 몸무게	마지막회 측정 몸무게
최민기	120.87kg	74.35kg
박수연	$96\frac{3}{4}$kg	$50\frac{1}{4}$kg

풀이과정

최민기 도전자는 $120.87-74.35=46.52$로 46.52kg을 감량하였고,
박수연 도전자는 $96\frac{3}{4}-50\frac{1}{4}=46\frac{2}{4}=46\frac{1}{2}$로 $46\frac{1}{2}$kg을 감량하였다.
그런데 $46\frac{1}{2}=46.5$이므로, $46.52 > 46\frac{1}{2}$가 되어
최민기 도전자가 박수연 도전자보다 더 많이 감량했음을 알 수 있다.
그러므로 우승자는 최민기 도전자이다.

정 답

최민기

평가기준

단계	평가내용	비고
A	• 문제 상황 및 문제 속에 내포되어 있는 분수와 소수의 크기를 비교하는 방법을 바르게 이해함. • 문제에서 비교하고자 하는 내용을 표를 보고 바르게 이해하며, 첫회와 마지막회 측정 몸무게를 근거로 하여 감량 몸무게를 산출하여 문제해결에 활용함. • 감량한 몸무게를 비교하기 위하여 분수를 소수로 고치거나, 소수를 분수로 고치는 소수와 분수를 비교하는 전략을 바르게 실행하고, 답을 바르게 기술함. a) 분수를 소수로 고치는 경우: 최민기씨는 46.52kg, 박수연씨는 $46\frac{2}{4}=46\frac{1}{2}$kg이므로 박수연씨의 감량 몸무게를 소수로 고치면 46.5kg이므로, 최민기씨가 0.02kg 더 감량하여 우승자가 되었다. b) 소수를 분수로 고치는 경우: 최민기씨는 46.52kg을 감량했으므로, 이를 분수로 나타내면 $46\frac{52}{100}$kg으로 나타낼 수 있고, 박수연씨는 $46\frac{2}{4}$kg을 감량하였는데, 최민기씨의 몸무게와 비교하기 위해 분모를 환산하면 $46\frac{50}{100}$kg이다. 둘의 몸무게를 비교하면 최민기씨가 $\frac{2}{100}$kg 더 감량하였으므로 최민기씨가 프로그램에서 우승하였다. • 전략수행과정이나 문제해결과정에서 타당한 추론을 통해 문제를 해결함. • 답을 알아내는 모든 단계나 과정을 명확하고 논리적으로 충분히 설명함. • 문제해결과정에 사용된 수학적 용어 및 기호 등의 표현이 정확함.	매우 잘함
B	• 문제 상황 및 문제 속에 내포된 소수를 분수로 바꾸어 나타내기를 바르게 이해함. • 제시된 표에서 문제해결에 적절한 정보(비교하고자 하는 감량 몸무게를 주어진 수치의 차를 구하여)를 선택하여 활용함. • 타당한 추론을 통해 최민기씨와 박수연씨가 감량한 몸무게의 차이를 구하고, 그 차이를 비교하는 전략을 분수를 소수로 바꾸거나 소수를 분수로 바꾸는 방법을 사용하여 실행하고 있으나 답이 부정확함. a) 사소한 오차나 옮겨쓰기 과정에 오류가 있음. b) 답을 쓰지 않음. • 답을 알아내는 전체 과정을 논리적으로 설명하고 있으나 약간의 비약을 포함하고 있음. • 문제해결과정에 사용된 수학적 용어 및 기호 등의 표현에서 약간의 오류를 나타냄.	잘함
C	• 문제 상황 및 문제 속에 내포되어 있는 분수와 소수의 크기를 비교하는 방법을 부분적으로 이해함. • 문제의 조건을 바르게 이해하지 못하여 문제해결에 적절한 정보(비교대상이 되는 감량 몸무게)를 제대로 구하지 못하고, 표에 제시된 수치 자체를 선택하여 활용함. a) 비교하길 원하는 감량 몸무게가 아닌, 첫회의 몸무게를 비교한다거나 마지막회 몸무게를 비교하는 방법으로 문제를 해결함. • 제시된 두 출연자의 몸무게 차이를 구하고, 그 차이를 분수로 바꾸어 나타내는 전략 혹은 소수로 나타내는 전략을 찾아 시도하고 있으나 타당하게 추론하지 못하거나 끝까지 실행하지 못하여 정답에 이르지 못함. • 답을 알아내는 과정 설명에 비약이 많거나, 문제해결과정 없이 정답만 기술함. • 문제해결과정에 사용된 수학적 용어 및 기호 등의 사용에 오류 및 부정확한 표현이 많이 포함됨.	보통
D	• 문제 상황 및 문제 속에 내포된 분수와 소수의 크기 비교 개념을 이해하지 못함. • 문제의 조건을 이해하지 못하여 문제해결과 관련 없이 제시된 기록들을 활용함. • 문제해결과정에 대한 설명이 불완전하거나 명료하지 않아 이해하기 어려움. • 문제해결을 전혀 시도하지 못함. a) 백지 또는 오답 이외에 아무것도 쓰지 않음. b) 문제와 관련없는 것만을 기술함.	노력 요함

구분		5-2-2-1			
학기	5-2	단원명	2. 분수의 나눗셈	내용영역	수와 연산
교육과정 중영역		(대분수) ÷ (자연수)의 계산			
성취기준		(대분수) ÷ (자연수)의 계산 원리를 알고 바르게 계산하여 문제 상황에 알맞은 답을 구할 수 있다.			
출제의도		(대분수) ÷ (자연수)의 계산에 대한 순서와 방법을 알고 바르게 계산하여 답을 구하도록 한다.			

문 제

주원이는 다음과 같은 모양의 정육면체 겨냥도를 가지고 있습니다. 이 정육면체의 모든 모서리 길이의 합이 $38\frac{2}{5}$cm라고 할 때, 정육면체 한 모서리의 길이는 몇 cm가 됩니까?

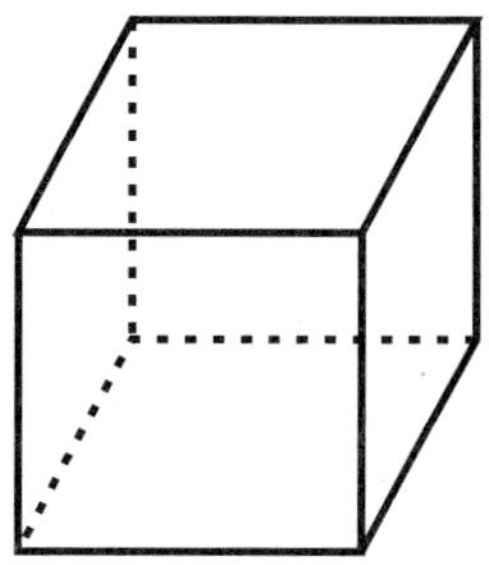

풀이과정

정육면체는 모서리의 수가 12개이며, 모든 모서리의 길이가 같다.
그러므로 이 정육면체 한 모서리의 길이는
$38\frac{2}{5} \div 12 = \frac{192}{5} \times \frac{1}{12} = \frac{16}{5} = 3\frac{1}{5} = 3.2$로 $3\frac{1}{5}$cm 또는 3.2cm가 된다.

정 답

$3\frac{1}{5}$cm 또는 3.2cm

평가기준

단계	평가내용	비고
A	• 문제 상황 및 문제 속에 내포된 (대분수) ÷ (자연수)의 계산을 바르게 이해함. • 정육면체의 한 모서리의 길이를 구하기 위하여 적절한 정보(모서리 길이의 합 $38\frac{2}{5}$ cm, 정육면체의 모서리의 수 12개)를 선택하여 활용함. • 정육면체의 모서리 길이의 합($38\frac{2}{5}$ cm)을 모서리의 개수(12개)로 나누는 전략($38\frac{2}{5} \div 12$)을 찾아 바르게 실행하고, 답($3\frac{1}{5}$ cm)을 바르게 기술함. • 전략수행과정이나 문제해결과정에서 타당한 추론을 통해 문제를 해결함. • 답을 알아내는 모든 단계나 과정을 명확하고 논리적으로 충분히 설명함. • 문제해결과정에 사용된 수학적 용어 및 기호 등의 표현이 정확함.	매우 잘함
B	• 문제 상황 및 문제 속에 내포된 (대분수) ÷ (자연수)의 계산을 바르게 이해함. • 정육면체의 한 모서리의 길이를 구하기 위하여 적절한 정보(모서리 길이의 합 $38\frac{2}{5}$ cm, 정육면체의 모서리의 수 12개)를 선택하여 활용함. • 타당한 추론을 통해 정육면체의 모서리 길이의 합을 모서리의 개수로 나누는 전략($38\frac{2}{5} \div 12$)을 찾아 실행하고 있으나 답이 부정확함. a) 사소한 오차나 옮겨쓰기 과정에 오류가 있음. b) 답을 쓰지 않음. • 답을 알아내는 전체 과정을 논리적으로 설명하고 있으나 약간의 비약을 포함하고 있음. • 문제해결과정에 사용된 수학적 용어 및 기호 등의 표현에서 약간의 오류를 나타냄.	잘함
C	• 문제 상황 및 문제 속에 내포된 (대분수) ÷ (자연수)의 계산을 부분적으로 이해함. • 문제의 조건을 바르게 이해하지 못하여 정육면체의 한 모서리의 길이를 구하기 위하여 적절한 정보(모서리 길이의 합 $38\frac{2}{5}$ cm, 정육면체의 모서리의 수 12개) 중 일부만을 바르게 선택하여 활용함. • 정육면체의 모서리 길이의 합을 모서리의 개수로 나누는 전략($38\frac{2}{5} \div 12$)을 찾아 시도하고 있으나 타당하게 추론하지 못하거나 끝까지 실행하지 못하여 정답에 이르지 못함. • 답을 알아내는 과정 설명에 비약이 많거나, 문제해결과정 없이 정답($3\frac{1}{5}$ cm)만 기술함. • 문제해결과정에 사용된 수학적 용어 및 기호 등의 사용에 오류 및 부정확한 표현이 많이 포함됨.	보통
D	• 문제 상황 및 문제 속에 내포된 (대분수) ÷ (자연수)의 계산을 이해하지 못함. • 문제의 조건을 이해하지 못하여 문제해결과 관련없이 제시된 숫자들을 활용함. • 문제해결과정에 대한 설명이 불완전하거나 명료하지 않아 이해하기 어려움. • 문제해결을 전혀 시도하지 못함. a) 백지 또는 오답 이외에 아무것도 쓰지 않음. b) 문제와 관련없는 것만을 기술함.	노력 요함

구분		5-2-2-2			
학기	5-2	단원명	2. 분수의 나눗셈	내용영역	수와 연산
교육과정 중영역		분수와 자연수의 혼합 계산			
성취기준		분수와 자연수의 혼합 계산의 원리를 알고 바르게 계산하여 문제 상황에 알맞은 답을 구할 수 있다.			
출제의도		분수와 자연수의 혼합 계산에 대한 순서와 방법을 알고 바르게 계산하여 답을 구하도록 한다.			

문 제

승준이와 경봉이는 각각 3부터 7까지의 숫자카드 세트를 가지고, 1장을 뽑아 아래의 ○ 자리에 숫자를 넣어 식을 만들고 풀었습니다.

3	4	5	6	7

$$2\frac{9}{10} \div \bigcirc \times 5$$

승준이는 이 식의 값이 가장 크게 되도록 하는 식을 세웠고, 경봉이는 이 식의 값이 가장 작게 되도록 하는 식을 세웠습니다. 승준이와 경봉이는 어떤 식을 만들어 풀었을지 각각의 식과 답을 구하시오.

풀이과정

주어진 식의 값이 가장 크게 되도록 하려면 가능한 작은 수로 나누도록 하여야 하므로,
○ 자리에 가장 작은 숫자카드인 3이 들어가야 한다.
그러므로 승준이가 세운 식은 $2\frac{9}{10} \div 3 \times 5$가 되고,
$2\frac{9}{10} \div 3 \times 5 = \frac{29}{10} \times \frac{1}{3} \times 5 = \frac{29}{6} = 4\frac{5}{6}$ 으로 답은 $4\frac{5}{6}$가 된다.
한편, 주어진 식의 값이 가장 작게 되도록 하려면 가능한 큰 수로 나누어야 하므로,
○ 자리에 가장 큰 숫자카드인 7이 들어가야 한다.
그러므로 경봉이가 세운 식은 $2\frac{9}{10} \div 7 \times 5$가 되고,
$2\frac{9}{10} \div 7 \times 5 = \frac{29}{10} \times \frac{1}{7} \times 5 = \frac{29}{14} = 2\frac{1}{14}$로 답은 $2\frac{1}{14}$이 된다.

정 답

- 승준이가 세운 식: $2\frac{9}{10} \div 3 \times 5$, 답: $4\frac{5}{6}$
- 경봉이가 세운 식: $2\frac{9}{10} \div 7 \times 5$, 답: $2\frac{1}{14}$

평가기준

<table>
<tr><th>단계</th><th>평가내용</th><th>비고</th></tr>
<tr><td>A</td><td>• 문제 상황 및 문제 속에 내포된 분수와 자연수의 혼합 계산을 바르게 이해함.
• 문제 상황에서 문제해결에 적절한 숫자카드(3, 7)를 선택하여 활용함.
• 식의 값이 가장 크게 되도록 하는 전략(가능한 작은 수로 나누기) 및 식의 값이 가장 작게 되도록 하는 전략(가능한 큰 수로 나누기)을 찾아 바르게 실행하고, 답(승준: $2\frac{9}{10}\div3\times5$, $4\frac{5}{6}$, 경봉: $2\frac{9}{10}\div7\times5$, $2\frac{1}{14}$)를 바르게 기술함.
• 전략수행과정이나 문제해결과정에서 타당한 추론을 통해 문제를 해결함.
• 답을 알아내는 모든 단계나 과정을 명확하고 논리적으로 충분히 설명함.
• 문제해결과정에 사용된 수학적 용어 및 기호 등의 표현이 정확함.</td><td>매우 잘함</td></tr>
<tr><td>B</td><td>• 문제 상황 및 문제 속에 내포된 분수와 자연수의 혼합 계산을 바르게 이해함.
• 문제 상황에서 문제해결에 적절한 숫자카드(3, 7)를 선택하여 활용함.
• 타당한 추론을 통해 식의 값이 가장 크게 되도록 하는 전략(가능한 작은 수로 나누기) 및 식의 값이 가장 작게 되도록 하는 전략(가능한 큰 수로 나기)을 찾아 실행하고 있으나 답이 부정확함.
a) 사소한 오차나 옮겨쓰기 과정에 오류가 있음.
b) 답을 쓰지 않음.
• 답을 알아내는 전체 과정을 논리적으로 설명하고 있으나 약간의 비약을 포함하고 있음.
• 문제해결과정에 사용된 수학적 용어 및 기호 등의 표현에서 약간의 오류를 나타냄.</td><td>잘함</td></tr>
<tr><td>C</td><td>• 문제 상황 및 문제 속에 내포된 분수와 자연수의 혼합 계산을 부분적으로 이해함.
• 문제의 조건을 바르게 이해하지 못하여 문제 상황에서 문제해결에 적절한 숫자카드(3, 7) 중 일부만을 바르게 선택하여 활용함.
• 식의 값이 가장 크게 되도록 하는 전략(가능한 작은 수로 나누기) 및 식의 값이 가장 작게 되도록 하는 전략(가능한 큰 수로 나누기)을 찾아 시도하고 있으나 타당하게 추론하지 못하거나 끝까지 실행하지 못하여 정답에 이르지 못함.
a) 식은 바르게 세웠으나 답을 바르게 구하지 못함.
b) 승준이와 경봉이의 경우 중 한 가지 경우만 바르게 구함.
• 답을 알아내는 과정 설명에 비약이 많거나, 문제해결과정 없이 정답(승준: $2\frac{9}{10}\div3\times5$, $4\frac{5}{6}$, 경봉: $2\frac{9}{10}\div7\times5$, $2\frac{1}{14}$)만 기술함.
• 문제해결과정에 사용된 수학적 용어 및 기호 등의 사용에 오류 및 부정확한 표현이 많이 포함됨.</td><td>보통</td></tr>
<tr><td>D</td><td>• 문제 상황 및 문제 속에 내포된 분수와 자연수의 혼합 계산을 이해하지 못함.
• 문제의 조건을 이해하지 못하여 문제해결과 관련없이 제시된 숫자카드를 활용함.
• 문제해결과정에 대한 설명이 불완전하거나 명료하지 않아 이해하기 어려움.
• 문제해결을 전혀 시도하지 못함.
a) 백지 또는 오답 이외에 아무것도 쓰지 않음.
b) 문제와 관련없는 것만을 기술함.</td><td>노력 요함</td></tr>
</table>

구분		5-2-2-3			
학기	5-2	단원명	2. 분수의 나눗셈	내용영역	수와 연산
교육과정 중영역		(대분수) ÷ (자연수) 계산하기			
성취기준		(대분수) ÷ (자연수)를 계산하는 과정을 알 수 있다.			
출제의도		분수의 나눗셈의 상황을 그림으로 표현하여 계산과정을 나타내고, 해를 구할 수 있다.			

문 제

은아는 다음과 같이 핫케이크를 만들다가 고민에 빠졌습니다. 어떻게 하면 고민을 해결할 수 있을지, 잘 읽어보고 해결 방법을 생각하여 봅시다.

은아의 고민

은아는 민아와 찬영이를 초대하여 파티를 하기로 하였습니다. 그래서 집에 있는 핫케이크 가루로 핫케이크를 만들었더니 총 3개가 나왔습니다. 그런데 은아 동생인 은영이가 3개 중 1개 핫케이크의 일부를 먹고, 원래 크기의 $\frac{6}{8}$이 남았습니다. (나머지 2개의 핫케이크는 먹지 않았습니다). 남은 핫케이크를 3명이 똑같이 나누어 먹으려면 한 명당 얼마만큼의 핫케이크를 먹어야 하는지 은아는 고민에 빠졌습니다.

은아의 고민을 해결하기 위해 어떠한 방법을 제시하면 좋을지 생각해보고, 해결방법을 <u>그림으로 표현</u>하여 한 명당 먹을 수 있는 핫케이크의 양을 구해봅시다.

풀이과정

은영이가 먹은 핫케이크를 빼고, 3명의 나누어 먹게 된 핫케이크의 양은 $2\frac{6}{8}$개다.

$2\frac{6}{8}$개의 핫케이크를 셋으로 똑같이 나누면, $2\frac{6}{8} \div 3 = \frac{22}{8} \times \frac{1}{3} = \frac{11}{12}$이 되어, 한 명당 $\frac{11}{12}$개 만큼 먹게 된다.

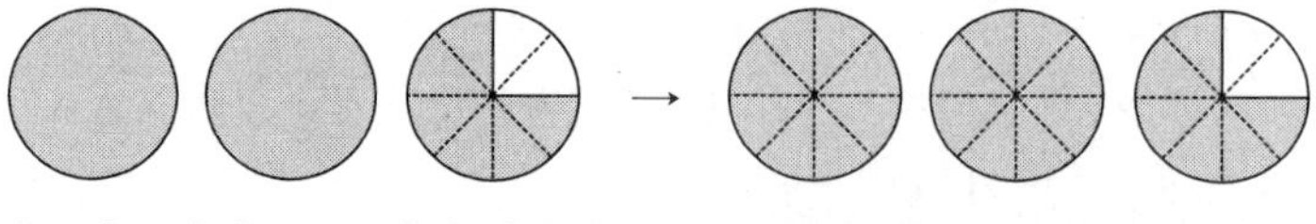

전체를 $\frac{1}{8}$조각으로 나누어보면 총 22조각이 나온다. 우선 1명당 최대로 가질 수 있는 $\frac{1}{8}$조각은 7조각이고, 다 나누고도 $\frac{1}{8}$조각이 하나 남는다. 이 $\frac{1}{8}$조각을 다시 3명이 나누어가지면, 한 명당 $\frac{1}{24}$조각을 더 가지게 된다. 그래서 $\frac{7}{8} + \frac{1}{24} = \frac{22}{24} = \frac{11}{12}$씩 먹으면 됩니다.

정 답

$\frac{11}{12}$

평가기준

단계	평가내용	비고
A	• 문제 상황 및 문제 속에 내포된 대분수와 자연수의 나눗셈을 바르게 이해함. • 문제 상황에서 문제해결에 적절한 정보($2\frac{6}{8}$)를 선택하여 활용함. • 원래 3개의 핫케이크 중 남은 핫케이크의 크기($2\frac{6}{8}$)를 바르게 구하고, 한 명당 먹을 수 있는 핫케이크 양을 그림으로 나타내고 분수로 표현하여 답을 바르게 기술함. (아래 예시 참고) 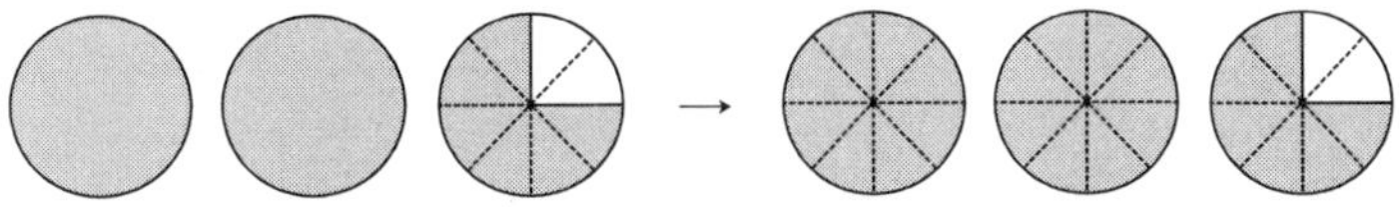 전체를 $\frac{1}{8}$조각으로 나누어보면 총 22조각이 나온다. 우선 1명당 최대로 가질 수 있는 $\frac{1}{8}$조각은 7조각이고, 다 나누고도 $\frac{1}{8}$조각이 하나 남는다. 이 $\frac{1}{8}$조각을 다시 3명이 나누어가지면, 한명 당 $\frac{1}{24}$조각을 더 가지게 된다. 그래서 $\frac{7}{8}+\frac{1}{24}=\frac{22}{24}=\frac{11}{12}$씩 먹으면 됩니다. • 전략수행과정이나 문제해결과정에서 타당한 추론을 통해 문제를 해결함. • 답을 알아내는 모든 단계나 과정을 명확하고 논리적으로 충분히 설명함. • 문제해결과정에 사용된 수학적 용어 및 기호, 그림 등의 표현이 정확함.	매우 잘함
B	• 문제 상황 및 문제 속에 내포된 대분수 나누기 자연수 계산을 바르게 이해함. • 문제 상황에서 문제해결에 적절한 정보($2\frac{6}{8}$)와 연산을 선택하여 활용함. • 타당한 추론을 통해 대분수에서 자연수를 나누는 과정을 그림으로 나타내고, 이를 설명하려고 하나 답이 부정확하거나, 그림이 부정확함. a) 사소한 오차나 옮겨 쓰기 과정에 오류가 있음. b) 답을 쓰지 않음. c) 답을 글이나 기호로 풀이하는 과정은 정확하나, 이를 그림으로 표현하는 과정이 부정확함. • 답을 알아내는 전체 과정을 논리적으로 설명하고 있으나 약간의 비약을 포함하고 있음. • 문제해결과정에 사용된 수학적 용어 및 기호, 그림 등의 표현에서 약간의 오류를 나타냄.	잘함
C	• 문제 상황 및 문제 속에 내포된 대분수 나누기 자연수 계산을 부분적으로 이해함. • 문제의 조건을 바르게 이해하지 못하여 문제 상황에서 문제해결에 필요한 대분수에 대한 정보를 일부만 활용하여 사용함. • 대분수 나누기 자연수 나눗셈을 하는 전략을 그림과 식으로 표현하는 방법으로 시도하고 있으나 타당하게 추론하지 못하거나 끝까지 실행하지 못하여 정답에 이르지 못함. a) 식은 바르게 세웠으나 답을 바르게 구하지 못함. b) 답은 구하였으나, 그림을 그리지 않고, 설명도 부족. • 답을 알아내는 과정 설명에 비약이 많거나, 문제해결과정 없이 정답($\frac{11}{12}$)만 기술함. • 문제해결과정에 사용된 수학적 용어 및 기호 등의 사용에 오류 및 부정확한 표현이 많이 포함됨.	보통
D	• 문제 상황 및 문제 속에 내포된 대분수와 자연수의 나눗셈을 이해하지 못함. • 문제의 조건을 이해하지 못하여 문제해결과 관련 없이 제시된 숫자들을 활용함. • 문제해결과정에 대한 설명이 불완전하거나 명료하지 않아 이해하기 어려움. • 문제해결을 전혀 시도하지 못함. a) 백지 또는 오답 이외에 아무것도 쓰지 않음. b) 문제와 관련 없는 것만을 기술함.	노력 요함

구분		5-2-3-1			
학기	5-2	단원명	3. 도형의 대칭	내용영역	도형
교육과정 중영역		선대칭의 위치에 있는 도형			
성취기준		선대칭의 위치에 있는 도형의 개념 및 선대칭의 위치에 있는 도형을 그리는 방법을 알고, 이를 활용하여 문제를 바르게 해결할 수 있다.			
출제의도		선대칭의 위치에 있는 도형의 개념 및 선대칭의 위치에 있는 도형을 그리는 방법을 활용하여 문제 상황에 알맞은 답을 구하도록 한다.			

문 제

다음 그림과 같이 정육면체의 전개도의 한 면에 글자가 주어져 있습니다. 주어진 글자를 선분 ㈎를 대칭축으로 하여 선대칭의 위치에 있는 도형을 그리고, 그려진 도형을 다시 선분 ㈏를 대칭축으로 하여 선대칭의 위치에 있는 도형을 그립니다. 이러한 활동을 반복하여 선분 ㈐, 선분 ㈑, 선분 ㈒를 대칭축으로 하여 선대칭의 위치에 있는 도형을 그릴 때, 빗금친 면에 그려지게 되는 글자는 어떤 모양이 되는지 구하시오.

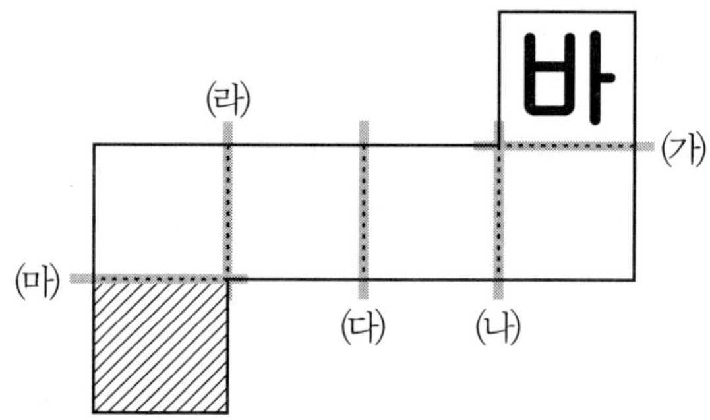

풀이과정

선분 ㈎를 대칭축으로 하여 선대칭의 위칭에 있는 도형을 그리면 와 같은 모양이 되고, 이 도형을 선분 ㈏를 대칭축으로 하여 선대칭의 위치에 있는 도형을 그리면 와 같은 모양이 되며, 이것을 선분 ㈐ 대칭축으로 하여 선대칭의 위치에 있는 도형을 그리면 와 같은 모양이 된다. 이 도형을 다시 선분 ㈑를 대칭축으로 하여 선대칭의 위치에 있는 도형을 그리게 되면 와 같은 모양이 되며, 마지막으로 이 도형을 선분 ㈒를 대칭축으로 하여 선대칭의 위치에 있는 도형을 그리게 되면 와 같은 모양이 된다.

정 답

평가기준

단계	평가내용	비고
A	• 문제 상황 및 문제 속에 내포된 선대칭의 위치에 있는 도형의 개념 및 선대칭 위치에 있는 도형 그리는 방법을 바르게 이해함. • 빗금친 면에 그려지는 글자의 모양을 구하기 위하여 선분 (가), (나), (다), (라), (마)를 대칭축으로 올바르게 활용하여 선대칭 위치에 있는 도형을 그림. • 빗금친 면에 그려지는 글자의 모양을 구하기 위하여 주어진 선분 각각을 대칭축으로 하는 선대칭의 위치에 있는 도형을 차례로 그리는 전략을 찾아 바르게 실행하고, 답(ㅓㅂ)을 바르게 기술함. • 전략수행과정이나 문제해결과정에서 타당한 추론을 통해 문제를 해결함. • 답을 알아내는 모든 단계나 과정을 명확하고 논리적으로 충분히 설명함. • 문제해결과정에 사용된 수학적 용어 및 기호 등의 표현이 정확함.	매우 잘함
B	• 문제 상황 및 문제 속에 내포된 선대칭의 위치에 있는 도형의 개념 및 선대칭 위치에 있는 도형 그리는 방법을 바르게 이해함. • 빗금친 면에 그려지는 글자의 모양을 구하기 위하여 선분 (가), (나), (다), (라), (마)를 대칭축으로 선택하여 활용함. • 타당한 추론을 통해 빗금친 면에 그려지는 글자의 모양을 구하기 위하여 주어진 선분 각각을 대칭축으로 하는 선대칭의 위치에 있는 도형을 차례로 그리는 전략을 찾아 실행하고 있으나 답이 부정확함. a) 사소한 오류나 옮겨 쓰기 과정에 오류가 있음. b) 답을 쓰지 않음. • 답을 알아내는 전체 과정을 논리적으로 설명하고 있으나 약간의 비약을 포함하고 있음. • 문제해결과정에 사용된 수학적 용어 및 기호 등의 표현에서 약간의 오류를 나타냄.	잘함
C	• 문제 상황 및 문제 속에 내포된 선대칭의 위치에 있는 도형의 개념 및 선대칭 위치에 있는 도형 그리는 방법을 부분적으로 이해함. • 문제의 조건을 바르게 이해하지 못하여 선분 (가), (나), (다), (라), (마) 중 일부만을 대칭축으로 선택하여 활용함. • 빗금친 면에 그려지는 글자의 모양을 구하기 위하여 주어진 선분 각각을 대칭축으로 하는 선대칭의 위치에 있는 도형을 차례로 그리는 전략을 찾아 시도하고 있으나 타당하게 추론하지 못하거나 타당하게 추론하지 못하거나 끝까지 실행하지 못하여 정답에 이르지 못함. • 답을 알아내는 과정 설명에 비약이 많거나, 문제해결과정 없이 정답(ㅓㅂ)만 기술함. • 문제해결과정에 사용된 수학적 용어 및 기호 등의 사용에 오류 및 부정확한 표현이 많이 포함됨.	보통
D	• 문제 상황 및 문제 속에 내포된 선대칭의 위치에 있는 도형의 개념 및 선대칭 위치에 있는 도형 그리는 방법을 이해하지 못함. • 문제의 조건을 이해하지 못하여 문제해결과 관련 없이 제시된 글자 및 선분 (가), (나), (다), (라), (마)를 활용함. • 문제해결과정에 대한 설명이 불완전하거나 명료하지 않아 이해하기 어려움. • 문제해결을 전혀 시도하지 못함. a) 백지 또는 오답 이외에 아무것도 쓰지 않음. b) 문제와 관련 없는 것만을 기술함.	노력 요함

구분		5-2-3-2			
학기	5-2	단원명	3. 도형의 대칭	내용영역	도형
교육과정 중영역		점대칭도형			
성취기준		점대칭도형의 개념을 알고, 이를 활용하여 문제를 바르게 해결할 수 있다.			
출제의도		점대칭도형의 개념을 적용하여, 주어진 도형의 점대칭 여부를 판단하여 문제 상황에 알맞은 답을 구하도록 한다.			

문 제

수학시간에 '점대칭도형'에 대해서 배우고 있는데, 다음 두 도형이 제시되었습니다.

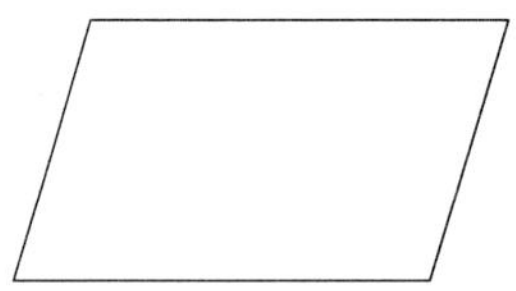

그림 A

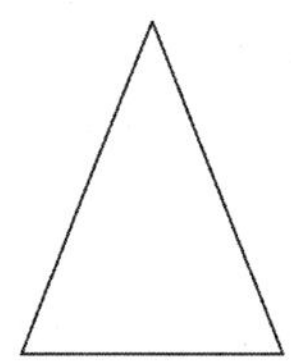

그림 B

위의 두 도형이 각각 점대칭도형인지 아닌지 설명해보세요.

풀이과정

그림 A는 중앙의 점을 기준으로 해서 180도 돌려보면, 원래의 그림과 같이 완벽하게 겹쳐질 수 있어서 점대칭도형이다. 하지만, 그림 B는 어떤 점을 기준으로 해도 180도 돌려보면 원래의 그림과 같은 모양이 되지 않기 때문에 점대칭도형이 될 수 없다.

(참고)

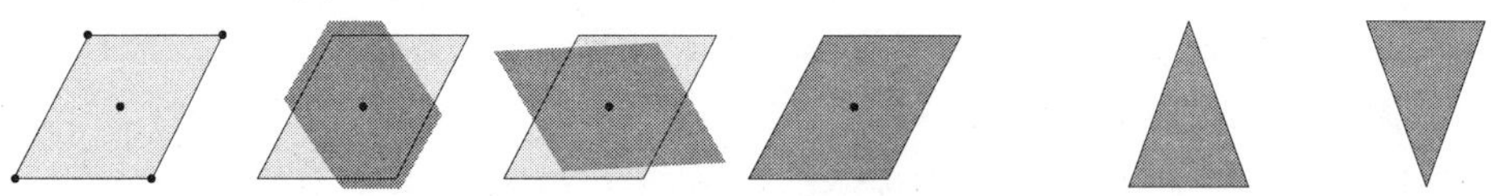

그러므로 그림 A는 점대칭도형이지만, 그림 B는 점대칭도형이 아니다.

정 답

그림 A는 점대칭도형이고, 그림 B는 점대칭도형이 아니다.

평가기준

단계	평가내용	비고
A	• 문제 상황 및 문제 속에 내포된 점대칭 도형의 개념을 바르게 이해함. • 두 도형이 점대칭도형인지 여부를 설명하기 위해, 한 점을 기준으로 180도 돌려보았을 때 그 도형이 원래의 도형과 완벽하게 겹쳐질 수 있는지 여부를 생각하여 점대칭도형의 여부를 설명함. • 점대칭도형 여부를 알기 위해, 한 점을 기준으로 도형을 돌려보거나, 그려보는 등의 전략을 바르게 실행하고, 답(그림 A는 점대칭도형이고, 그림 B는 점대칭도형이 아니다)을 바르게 기술함. • 전략수행과정이나 문제해결과정에서 타당한 추론을 통해 문제를 해결함. • 답을 알아내는 모든 단계나 과정을 명확하고 논리적으로 충분히 설명함. • 문제해결과정에 사용된 수학적 용어 및 기호 등의 표현이 정확함.	매우 잘함
B	• 문제 상황 및 문제 속에 내포된 선대칭의 위치에 있는 점대칭도형의 개념을 바르게 이해함. • 두 도형이 점대칭도형인지 여부를 설명하기 위해, 한 점을 기준으로 도형을 돌려보는 방법을 선택하여 활용함. • 타당한 추론을 통해 점대칭도형 여부를 알기 위해, 한 점을 기준으로 도형을 돌려보거나, 그려보는 등의 전략을 찾아 실행하고 있으나 답이 부정확함. a) 사소한 오류나 옮겨 쓰기 과정에 오류가 있음. b) 답을 쓰지 않음. • 답을 알아내는 전체 과정을 논리적으로 설명하고 있으나 약간의 비약을 포함하고 있음. • 문제해결과정에 사용된 수학적 용어 및 기호 등의 표현에서 약간의 오류를 나타냄.	잘함
C	• 문제 상황 및 문제 속에 내포된 점대칭도형의 개념을 부분적으로 이해함. • 문제의 조건을 바르게 이해하지 못하여 점대칭도형의 여부를 설명하는 방법을 선대칭도형과 혼동하거나, 한 점을 기준으로 도형을 180도 돌리지 않는 등 알고 있는 지식을 선택적으로 활용함. • 점대칭도형 여부를 알기 위해, 한 점을 기준으로 도형을 돌려보거나, 그려보는 등의 전략을 찾아 시도하고 있으나 타당하게 추론하지 못하거나 끝까지 실행하지 못하여 정답에 이르지 못함. • 답을 알아내는 과정 설명에 비약이 많거나, 문제해결과정 없이 정답(그림 A는 점대칭도형이고, 그림 B는 점대칭도형이 아니다)만 기술함. • 문제해결과정에 사용된 수학적 용어 및 기호 등의 사용에 오류 및 부정확한 표현이 많이 포함됨.	보통
D	• 문제 상황 및 문제 속에 내포된 점대칭 도형의 개념을 이해하지 못함. • 문제의 조건을 이해하지 못하여 문제해결과 관련 없이 제시된 도형과 관련 없는 개념을 활용함. • 문제해결과정에 대한 설명이 불완전하거나 명료하지 않아 이해하기 어려움. • 문제해결을 전혀 시도하지 못함. a) 백지 또는 오답 이외에 아무것도 쓰지 않음. b) 문제와 관련 없는 것만을 기술함.	노력 요함

구분		5-2-3-3			
학기	5-2	단원명	3. 도형의 대칭	내용영역	도형
교육과정 중영역		점대칭도형의 위치			
성취기준		점대칭의 위치를 알고, 이를 활용하여 문제를 바르게 해결할 수 있다.			
출제의도		점대칭의 위치를 이해하고 대응점을 활용하여 문제 상황에 알맞은 답을 구하도록 한다.			

문 제

수지와 민호는 함께 발레 공연을 하기로 하였습니다. 서로가 점대칭의 위치가 되도록, 움직이려고 할 때, 수지의 움직임에 따라 민호는 어떻게 움직여야 할까요?

〈무대〉

1	2	3	4	5	6	7
8	9	10	11	12	13	14
15	16	17	18	19	20	21
22	23	24	25 (중앙)	26	27	28
29	30	31	32	33	34	35
36	37	38	39	40	41	42
43	44	45	46	47	48	49

위와 같이 무대에 각 구역별로 번호를 붙여두고, 25번 중앙점을 기준으로 점대칭의 위치에 서기로 하였습니다.

수지는 차례대로 1번 → 16번 → 37번 → 45번 위치로 움직였습니다. 점대칭의 위치에 있으려면 민호는 어떻게 움직여야 할까요?

풀이과정

25번(중앙)을 기준으로 하여 점대칭도형의 위치에 있는 지점을 찾으면 된다. 1번 위치의 점대칭 위치는 49번이고, 16번 위치의 점대칭 위치는 34번이다. 37번의 점대칭 위치는 13번이고, 45번의 점대칭 위치는 5번이다.

그러므로 민호는 49번 → 34번 → 13번 → 5번 순서로 움직이면 된다.

정 답

민호는 49번 → 34번 → 13번 → 5번 순서로 움직이면 된다.

평가기준

단계	평가내용	비고
A	• 문제 상황 및 문제 속에 내포된 점대칭도형의 위치 개념을 바르게 이해함. • 점대칭의 위치로 움직이기 위해 가운데 중앙(25번)을 기준으로 하여 각 지점에서 같은 거리에 있고, 180도 돌렸을 때 같은 위치에 있게 되는 점대칭의 위치에 있는 위치를 찾음. • 수지의 움직임에 따른 민호의 움직임을 찾기 위해 중앙(25번)을 기준점으로 하여 1번, 16번, 37번, 45번에 점대칭의 위치로 대응하는 점을 찾는 전략을 찾아 바르게 실행하고, 답(49번 → 34번 → 13번 → 5번)을 바르게 기술함. • 전략수행과정이나 문제해결과정에서 타당한 추론을 통해 문제를 해결함. • 답을 알아내는 모든 단계나 과정을 명확하고 논리적으로 충분히 설명함. • 문제해결과정에 사용된 수학적 용어 및 기호 등의 표현이 정확함.	매우 잘함
B	• 문제 상황 및 문제 속에 내포된 점대칭도형의 위치 개념을 바르게 이해함. • 점대칭의 위치로 움직이기 위해 가운데 중앙(25번)을 기준으로 활용하여 이 점에 대응하는 점대칭의 위치를 찾음. • 타당한 추론을 통해 수지의 움직임에 따른 민호의 움직임을 찾기 위해 중앙(25번)을 기준점으로 하여 1번, 16번, 37번, 45번에 점대칭의 위치로 대응하는 점을 찾는 전략을 찾아 실행하고 있으나 답이 부정확함. a) 사소한 오류나 옮겨 쓰기 과정에 오류가 있음. b) 답을 쓰지 않음. • 답을 알아내는 전체 과정을 논리적으로 설명하고 있으나 약간의 비약을 포함하고 있음. • 문제해결과정에 사용된 수학적 용어 및 기호 등의 표현에서 약간의 오류를 나타냄.	잘함
C	• 문제 상황 및 문제 속에 내포된 점대칭도형의 위치 개념을 부분적으로 이해함. • 문제의 조건을 바르게 이해하지 못하여 점대칭의 위치로 움직이기 위해 가운데 중앙(25번)을 기준으로 활용하였으나, 점대칭 위치를 찾는데 제대로 활용하지 못하거나, 중앙(25번)을 기준으로 활용하지 못하는 등 주어진 조건 중 일부만을 선택하여 활용함. • 수지의 움직임에 따른 민호의 움직임을 찾기 위해 중앙(25번)을 기준점으로 하여 1번, 16번, 37번, 45번에 점대칭의 위치로 대응하는 점을 찾는 전략을 찾아 시도하고 있으나 타당하게 추론하지 못하거나 끝까지 실행하지 못하여 정답에 이르지 못함. • 답을 알아내는 과정 설명에 비약이 많거나, 문제해결과정 없이 정답(49번 → 34번 → 13번 → 5번)만 기술함. • 문제해결과정에 사용된 수학적 용어 및 기호 등의 사용에 오류 및 부정확한 표현이 많이 포함됨.	보통
D	• 문제 상황 및 문제 속에 내포된 점대칭도형의 위치 개념을 이해하지 못함. • 문제의 조건을 이해하지 못하여 문제해결과 관련 없이 제시된 조건 및 그림을 활용함. • 문제해결과정에 대한 설명이 불완전하거나 명료하지 않아 이해하기 어려움. • 문제해결을 전혀 시도하지 못함. a) 백지 또는 오답 이외에 아무것도 쓰지 않음. b) 문제와 관련 없는 것만을 기술함.	노력 요함

구분		5-2-4-1			
학기	5-2	단원명	4. 소수의 곱셈	내용영역	수와 연산
교육과정 중영역		(자연수) × (소수)			
성취기준		(자연수) × (소수)의 계산 원리와 방법을 알고, 이를 활용하여 문제를 바르게 해결할 수 있다.			
출제의도		(자연수) × (소수)의 계산 원리와 방법 문제 상황에 활용하여 알맞은 답을 구하도록 한다.			

문 제

정수네 집 근처의 ☆☆대형마트에서는 구매가격의 0.02만큼을 포인트로 적립하여 줍니다. 정수는 어머니와 ☆☆대형마트에서 물건을 사고 어제는 23750원, 오늘은 15000원을 계산하였습니다. 정수가 어제와 오늘 적립한 포인트는 모두 몇 점인지 구하시오.

풀이과정

정수가 어제 적립한 포인트는 23750×0.02 = 475로 점이고,
오늘 적립한 포인트는 15000×0.02 = 300으로 300점이므로,
어제와 오늘 적립한 포인트는 475+300 = 775으로 모두 775점이다.
(또는 23750×0.02+15000×0.02 = 475+300 = 775)

정 답

775점

평가기준

단계	평가내용	비고
A	• 문제 상황 및 문제 속에 내포된 (자연수) × (소수)의 계산 원리와 방법을 바르게 이해함. • 문제의 조건을 바르게 이해하고, 어제와 오늘 적립한 포인트의 총합을 구하기 위해 적립비율 0.02 및 어제와 오늘 구매가격 23750원, 15000원의 정보를 올바르게 활용함. • 어제와 오늘 적립한 포인트의 총합을 구하기 위하여 구매가격에 적립비율을 곱하여 적립한 포인트를 계산하는 전략을 찾아 바르게 실행하고, 어제와 오늘의 적립 포인트를 합하여 답(775점)을 바르게 기술함. • 전략수행과정이나 문제해결과정에서 타당한 추론을 통해 문제를 해결함. • 답을 알아내는 모든 단계나 과정을 명확하고 논리적으로 충분히 설명함. • 문제해결과정에 사용된 수학적 용어 및 기호 등의 표현이 정확함.	매우 잘함
B	• 문제 상황 및 문제 속에 내포된 (자연수) × (소수)의 계산 원리와 방법을 바르게 이해함. • 문제의 조건을 바르게 이해하고, 어제와 오늘 적립한 포인트의 총합을 구하기 위해 적립비율 0.02 및 어제와 오늘 구매가격 23750원, 15000원의 정보를 올바르게 활용함. • 타당한 추론을 통해 어제와 오늘 적립한 포인트의 총합을 구하기 위하여 구매가격에 적립비율을 곱하여 적립한 포인트를 계산하는 전략을 찾아 실행하고 있으나 답이 부정확함. a) 사소한 오차나 옮겨쓰기 과정에 오류가 있음. b) 답을 쓰지 않음. • 답을 알아내는 전체 과정을 논리적으로 설명하고 있으나 약간의 비약을 포함하고 있음. • 문제해결과정에 사용된 수학적 용어 및 기호 등의 표현에서 약간의 오류를 나타냄.	잘함
C	• 문제 상황 및 문제 속에 내포된 (자연수) × (소수)의 계산 원리와 방법을 부분적으로 이해함. • 문제의 조건을 바르게 이해하지 못하여 적립비율 0.02 및 어제와 오늘 구매가격 23750원, 15000원의 정보들 중 일부만을 선택하여 활용함. • 어제와 오늘 적립한 포인트의 총합을 구하기 위하여 구매가격에 적립비율을 곱하여 적립한 포인트를 계산하는 전략을 찾아 시도하고 있으나 타당하게 추론하지 못하거나 끝까지 실행하지 못하여 정답에 이르지 못함. a) 어제와 오늘 적립한 포인트의 총합(775점)을 구하지 않고, 어제 적립한 포인트(475점)와 오늘 적립한 포인트(300점)만 각각 씀. b) 어제와 오늘 적립한 포인트 중 한 가지만 올바르게 구함. • 답을 알아내는 과정 설명에 비약이 많거나, 문제해결과정 없이 정답(775점)만 기술함. • 문제해결과정에 사용된 수학적 용어 및 기호 등의 사용에 오류 및 부정확한 표현이 많이 포함됨.	보통
D	• 문제 상황 및 문제 속에 내포된 선대칭의 위치에 있는 (자연수) × (소수)의 계산 원리와 방법을 이해하지 못함. • 문제의 조건을 이해하지 못하여 문제해결과 관련 없이 적립비율 0.02 및 어제와 오늘 구매가격 23750원, 15000원의 정보들을 활용함. • 문제해결과정에 대한 설명이 불완전하거나 명료하지 않아 이해하기 어려움. • 문제해결을 전혀 시도하지 못함. a) 백지 또는 오답 이외에 아무것도 쓰지 않음. b) 문제와 관련 없는 것만을 기술함.	노력 요함

구분		5-2-4-2			
학기	5-2	단원명	4. 소수의 곱셈	내용영역	수와 연산
교육과정 중영역		곱의 소수점 위치			
성취기준		소수에 곱하는 0의 개수와 곱의 소수점 위치의 관계를 알고, 이를 활용하여 문제를 바르게 해결할 수 있다.			
출제의도		소수에 곱하는 0의 개수와 곱의 소수점 위치의 관계를 문제 상황에 활용하여 알맞은 답을 구하도록 한다.			

문 제

A4규격의 종이를 1초에 62.37cm^{2}씩 100초 동안 파쇄할 수 있는 문서파쇄기가 있습니다. 이 문서파쇄기가 한 번에 파쇄할 수 있는 종이의 넓이는 최대 몇 cm^{2}인지 구하시오.

풀이과정

이 문서파쇄기는 1초에 62.37cm^{2}씩 100초 동안 파쇄할 수 있으므로,
62.37cm^2×100=6237cm^{2}가 된다.
따라서 한 번에 6237cm^{2}를 파쇄할 수 있다.

정 답

6237cm^2

평가기준

단계	평가내용	비고
A	• 문제 상황 및 문제 속에 내포된 소수에 곱하는 0의 개수와 곱의 소수점 위치의 관계를 바르게 이해함. • 문제의 조건을 바르게 이해하고, 100초 동안 파쇄할 수 있는 종이의 넓이를 구하기 위해 1초에 파쇄되는 종이의 넓이(62.37cm^2) 및 파쇄시간(100초) 등의 정보를 올바르게 활용함. • 1초에 파쇄되는 종이의 넓이(62.37cm^2)에 파쇄시간을(100초) 곱하는 전략을 찾아 바르게 실행하고, 소수에 곱하는 0의 개수와 곱의 소수점 위치의 관계를 적용하여 답(6237cm^2)을 바르게 기술함. • 전략수행과정이나 문제해결과정에서 타당한 추론을 통해 문제를 해결함. • 답을 알아내는 모든 단계나 과정을 명확하고 논리적으로 충분히 설명함. • 문제해결과정에 사용된 수학적 용어 및 기호 등의 표현이 정확함.	매우 잘함
B	• 문제 상황 및 문제 속에 내포된 소수에 곱하는 0의 개수와 곱의 소수점 위치의 관계를 바르게 이해함. • 문제의 조건을 바르게 이해하고, 100초 동안 파쇄할 수 있는 종이의 넓이를 구하기 위해 1초에 파쇄되는 종이의 넓이(62.37cm^2) 및 파쇄시간(100초) 등의 정보를 올바르게 활용함. • 타당한 추론을 통해 1초에 파쇄되는 종이의 넓이(62.37cm^2)에 파쇄시간을(100초) 곱하는 전략을 찾고, 소수에 곱하는 0의 개수와 곱의 소수점 위치의 관계를 적용하고 있으나 답이 부정확함. a) 사소한 오차나 옮겨쓰기 과정에 오류가 있음. b) 답을 쓰지 않음. • 답을 알아내는 전체 과정을 논리적으로 설명하고 있으나 약간의 비약을 포함하고 있음. • 문제해결과정에 사용된 수학적 용어 및 기호 등의 표현에서 약간의 오류를 나타냄.	잘함
C	• 문제 상황 및 문제 속에 내포된 소수에 곱하는 0의 개수와 곱의 소수점 위치의 관계를 부분적으로 이해함. • 문제의 조건을 바르게 이해하지 못하여 100초 동안 파쇄할 수 있는 종이의 넓이를 구하기 위해 1초에 파쇄되는 종이의 넓이(62.37cm^2) 및 파쇄시간(100초) 등의 정보들 중 일부만을 선택하여 활용함. • 1초에 파쇄되는 종이의 넓이(62.37cm^2)에 파쇄시간을(100초) 곱하는 전략을 찾고, 소수에 곱하는 0의 개수와 곱의 소수점 위치의 관계를 적용하려고 시도하고 있으나 타당하게 추론하지 못하거나 끝까지 실행하지 못하여 정답에 이르지 못함. a) 답의 숫자부분만 맞고 소수점 위치가 정확하지 않음.(예: 623.7cm^2 혹은 62370cm^2 등) b) 62.37cm^2×100의 식만 세우고 답을 구하지 않음. • 답을 알아내는 과정 설명에 비약이 많거나, 문제해결과정 없이 정답(62.37cm^2)만 기술함. • 문제해결과정에 사용된 수학적 용어 및 기호 등의 사용에 오류 및 부정확한 표현이 많이 포함됨.	보통
D	• 문제 상황 및 문제 속에 내포된 선대칭의 위치에 있는 소수에 곱하는 0의 개수와 곱의 소수점 위치의 관계를 이해하지 못함. • 문제의 조건을 이해하지 못하여 문제해결과 관련 없이 1초에 파쇄되는 종이의 넓이(62.37cm^2) 및 파쇄시간(100초) 등의 정보들을 활용함. • 문제해결과정에 대한 설명이 불완전하거나 명료하지 않아 이해하기 어려움. • 문제해결을 전혀 시도하지 못함. a) 백지 또는 오답 이외에 아무것도 쓰지 않음. b) 문제와 관련 없는 것만을 기술함.	노력 요함

구분		5-2-4-3			
학기	5-2	단원명	4. 소수의 곱셈	내용영역	수와 연산
교육과정 중영역		(소수) × (소수)			
성취기준		(소수) × (소수)의 계산 원리와 방법을 알고, 이를 활용하여 문제를 바르게 해결할 수 있다.			
출제의도		(소수) × (소수)의 계산 원리와 방법 문제 상황에 활용하여 알맞은 답을 구하도록 한다.			

문 제

경식이는 컴퓨터로 파일을 다운로드 받고 있습니다. 컴퓨터에서 다운로드 속도가 1초당 7.5Mb가 나왔습니다. 모든 파일을 받는데, 20.5초가 걸렸다면, 받은 파일의 크기는 몇 Mb인지 구하시오. (매 초당 다운로드 속도는 일정하였습니다.)

풀이과정

1초당 7.5Mb가 나오므로, 전체 파일의 크기를 계산하려면 7.5Mb에 20.5을 곱해야 한다.
7.05 × 20.5 = 153.75이므로,
경식이가 다운로드 받은 파일의 크기는 153.75Mb이다.

정 답

153.75Mb

평가기준

단계	평가내용	비고
A	• 문제 상황 및 문제 속에 내포된 (소수) × (소수)의 계산 원리와 방법을 바르게 이해함. • 문제의 조건을 바르게 이해하고, 받은 파일의 크기를 계산하기 위해 1초당 7.5Mb의 속도와 받는데 걸리는 시간(20.5초) 등의 정보를 올바르게 활용함. • 1초당 7.5Mb의 속도에 다운로드 받는데 걸린 시간(20.5초)을 곱하는 전략을 찾아 바르게 실행하고, 소수곱의 소수점 위치의 관계를 적용하여 답(153.75Mb)을 바르게 기술함. • 전략수행과정이나 문제해결과정에서 타당한 추론을 통해 문제를 해결함. • 답을 알아내는 모든 단계나 과정을 명확하고 논리적으로 충분히 설명함. • 문제해결과정에 사용된 수학적 용어 및 기호 등의 표현이 정확함.	매우 잘함
B	• 문제 상황 및 문제 속에 내포된 (소수) × (소수)의 계산 원리와 방법을 바르게 이해함. • 문제의 조건을 바르게 이해하고, 받은 파일의 크기를 계산하기 위해 1초당 7.5Mb의 속도와 받는데 걸리는 시간(20.5초) 등의 정보를 올바르게 활용함. • 타당한 추론을 통해 1초당 7.5Mb의 속도에 다운로드 받는데 걸린 시간(20.5초)을 곱하는 전략을 찾아 바르게 실행하고, 소수곱의 소수점 위치의 관계를 적용하고 있으나 답이 부정확함. a) 사소한 오차나 옮겨 쓰기 과정에 오류가 있음. b) 답을 쓰지 않음. • 답을 알아내는 전체 과정을 논리적으로 설명하고 있으나 약간의 비약을 포함하고 있음. • 문제해결과정에 사용된 수학적 용어 및 기호 등의 표현에서 약간의 오류를 나타냄.	잘함
C	• 문제 상황 및 문제 속에 내포된 (소수) × (소수)의 계산 원리와 방법을 부분적으로 이해함. • 문제의 조건을 바르게 이해하지 못하여 받은 파일의 크기를 계산하기 위해 1초당 7.5Mb의 속도와 받는데 걸리는 시간(20.5초) 등의 정보들 중 일부만을 선택하여 활용함. • 1초당 7.5Mb의 속도에 다운로드 받는데 걸린 시간(20.5초)을 곱하는 전략을 찾아 바르게 실행하고, 소수곱의 소수점 위치의 관계를 적용하려고 시도하고 있으나 타당하게 추론하지 못하거나 끝까지 실행하지 못하여 정답에 이르지 못함. a) 답의 숫자부분만 맞고 소수점 위치가 정확하지 않음(예: 1537.5Mb 혹은 15.375Mb 등). b) 7.5×20.5의 식만 세우고 답을 구하지 않음. • 답을 알아내는 과정 설명에 비약이 많거나, 문제해결과정 없이 정답(153.75Mb)만 기술함. • 문제해결과정에 사용된 수학적 용어 및 기호 등의 사용에 오류 및 부정확한 표현이 많이 포함됨.	보통
D	• 문제 상황 및 문제 속에 내포된 (소수) × (소수)의 계산 원리와 방법을 이해하지 못함. • 문제의 조건을 이해하지 못하여 문제해결과 관련 없이 1초당 7.5Mb의 속도와 받는데 걸리는 시간(20.5초) 등의 정보들을 활용함. • 문제해결과정에 대한 설명이 불완전하거나 명료하지 않아 이해하기 어려움. • 문제해결을 전혀 시도하지 못함. a) 백지 또는 오답 이외에 아무것도 쓰지 않음. b) 문제와 관련 없는 것만을 기술함.	노력 요함

구분		5-2-5-1			
학기	5-2	단원명	5. 소수의 나눗셈	내용영역	수와 연산
교육과정 중영역		(소수) ÷ (자연수)			
성취기준		(소수) ÷ (자연수)의 계산 원리와 방법을 알고, 이를 활용하여 문제를 바르게 해결할 수 있다.			
출제의도		(소수) ÷ (자연수)의 계산 원리와 방법 문제, 상황에 활용하여 알맞은 답을 구하도록 한다.			

문 제

☆☆제과점에서는 어느 날 14.4kg의 밀가루를 모두 사용하여 똑같은 케이크 12개를 만들었습니다. 이날 ☆☆제과점에서 케이크 하나를 만드는데 사용된 밀가루는 몇 kg인지 구하시오.

풀이과정

14.4kg의 밀가루로 12개의 똑같은 케이크를 만들었으므로,
케이크 1개를 만드는데 사용된 밀가루의 양은
$14.4 \div 12 = 1.2$가 되어 1.2kg이 된다.

정 답

1.2kg

평가기준

단계	평가내용	비고
A	• 문제 상황 및 문제 속에 내포된 (소수) ÷ (자연수)의 계산 원리와 방법을 바르게 이해함. • 문제의 조건을 바르게 이해하고, 케이크 하나를 만드는데 사용된 밀가루의 양을 구하기 위해 하루에 사용한 밀가루의 양(14.4kg)과 만들어진 케이크의 개수(12개)의 정보를 올바르게 활용함. • 케이크 하나를 만드는데 사용된 밀가루의 양을 구하기 위하여 하루에 사용한 밀가루의 양(14.4kg)을 만들어진 케이크의 개수(12개)로 나누어 계산하는 전략을 찾아 바르게 실행하여 답(1.2kg)을 바르게 기술함. • 전략수행과정이나 문제해결과정에서 타당한 추론을 통해 문제를 해결함. • 답을 알아내는 모든 단계나 과정을 명확하고 논리적으로 충분히 설명함. • 문제해결과정에 사용된 수학적 용어 및 기호 등의 표현이 정확함.	매우 잘함
B	• 문제 상황 및 문제 속에 내포된 (소수) ÷ (자연수)의 계산 원리와 방법을 바르게 이해함. • 문제의 조건을 바르게 이해하고, 케이크 하나를 만드는데 사용된 밀가루의 양을 구하기 위해 하루에 사용한 밀가루의 양(14.4kg)과 만들어진 케이크의 개수(12개)의 정보를 올바르게 활용함. • 타당한 추론을 통해 케이크 하나를 만드는데 사용된 밀가루의 양을 구하기 위하여 하루에 사용한 밀가루의 양(14.4kg)을 만들어진 케이크의 개수(12개)로 나누어 계산하는 전략을 찾아 실행하고 있으나 답이 부정확함. a) 사소한 오차나 옮겨쓰기 과정에 오류가 있음. b) 답을 쓰지 않음. • 답을 알아내는 전체 과정을 논리적으로 설명하고 있으나 약간의 비약을 포함하고 있음. • 문제해결과정에 사용된 수학적 용어 및 기호 등의 표현에서 약간의 오류를 나타냄.	잘함
C	• 문제 상황 및 문제 속에 내포된 (소수) ÷ (자연수)의 계산 원리와 방법을 부분적으로 이해함. • 문제의 조건을 바르게 이해하지 못하여 하루에 사용한 밀가루의 양(14.4kg)과 만들어진 케이크의 개수(12개) 등의 정보들 중 일부만을 선택하거나 바르게 활용하지 못함. • 케이크 하나를 만드는데 사용된 밀가루의 양을 구하기 위하여 하루에 사용한 밀가루의 양(14.4kg)을 만들어진 케이크의 개수(12개)로 나누어 계산하는 전략을 찾아 시도하고 있으나 타당하게 추론하지 못하거나 끝까지 실행하지 못하여 정답에 이르지 못함. a) 답의 숫자부분만 맞고 소수점 위치가 정확하지 않음(예: 0.12kg 혹은 12kg 등). b) 14.4÷12의 식만 세우고 답을 구하지 않음. • 답을 알아내는 과정 설명에 비약이 많거나, 문제해결과정 없이 정답(1.2kg)만 기술함. • 문제해결과정에 사용된 수학적 용어 및 기호 등의 사용에 오류 및 부정확한 표현이 많이 포함됨.	보통
D	• 문제 상황 및 문제 속에 내포된 선대칭의 위치에 있는 (소수) ÷ (자연수)의 계산 원리와 방법을 이해하지 못함. • 문제의 조건을 이해하지 못하여 문제해결과 관련 없이 사용한 밀가루의 양(14.4kg)과 만들어진 케이크의 개수(12개) 등의 정보들을 활용함. • 문제해결과정에 대한 설명이 불완전하거나 명료하지 않아 이해하기 어려움. • 문제해결을 전혀 시도하지 못함. a) 백지 또는 오답 이외에 아무것도 쓰지 않음. b) 문제와 관련 없는 것만을 기술함.	노력 요함

구분		5-2-5-2			
학기	5-2	단원명	5. 소수의 나눗셈	내용영역	수와 연산
교육과정 중영역		(소수) ÷ (자연수)			
성취기준		(소수) ÷ (자연수)의 계산 원리와 방법을 알고, 이를 활용하여 문제를 바르게 해결할 수 있다.			
출제의도		(소수) ÷ (자연수)의 계산 원리와 방법 문제 상황에 활용하여 알맞은 답을 구하도록 한다.			

문 제

길이가 2.4km인 직선 도로에 나무를 심으려고 합니다. 한 쪽에 41그루씩의 나무를 똑같은 간격으로 도로 양쪽에 심으려고 합니다. 도로의 시작부분과 끝부분에 모두 나무를 심는다고 할 때, 나무와 나무 사이의 거리는 몇 km가 되어야 하는지 구하시오.

풀이과정

도로의 시작부분과 끝부분 모두에 나무를 심는다고 했으므로,
도로에서 나무와 나무 사이의 간격은 40개가 된다.
그런데 도로의 길이가 2.4km라고 했으므로,
나무와 나무 사이의 거리는 2.4÷40=0.06으로 0.06km가 된다.

정 답

0.06km

평가기준

단계	평가내용	비고
A	• 문제 상황 및 문제 속에 내포된 (소수)÷(자연수)의 계산 원리와 방법을 바르게 이해함. • 문제의 조건을 바르게 이해하고, 나무와 나무 사이의 거리를 구하기 위해 직선 도로의 길이(2.4km)와 도로 한쪽에 심는 나무의 수(41그루), 시작과 끝부분 모두에 심음 등의 정보를 올바르게 활용함. • 나무와 나무 사이의 거리를 구하기 위하여 도로의 길이(2.4km)를 나무와 나무 사이의 간격(시작과 끝에 모두 심는다고 했으므로 41－1=40개)로 나누어 계산하는 전략을 찾아 바르게 실행하여 답(0.06km)을 바르게 기술함. • 전략수행과정이나 문제해결과정에서 타당한 추론을 통해 문제를 해결함. • 답을 알아내는 모든 단계나 과정을 명확하고 논리적으로 충분히 설명함. • 문제해결과정에 사용된 수학적 용어 및 기호 등의 표현이 정확함.	매우 잘함
B	• 문제 상황 및 문제 속에 내포된 (소수)÷(자연수)의 계산 원리와 방법을 바르게 이해함. • 문제의 조건을 바르게 이해하고, 나무와 나무 사이의 거리를 구하기 위해 직선 도로의 길이(2.4km)와 도로 한쪽에 심는 나무의 수(41그루), 시작과 끝부분 모두에 심음 등의 정보를 활용함. • 타당한 추론을 통해 나무와 나무 사이의 거리를 구하기 위하여 도로의 길이(2.4km)를 나무와 나무 사이의 간격(시작과 끝에 모두 심는다고 했으므로 41－1=40개)로 나누어 계산하는 전략을 찾아 실행하고 있으나 답이 부정확함. a) 사소한 오차나 옮겨쓰기 과정에 오류가 있음. b) 답을 쓰지 않음. • 답을 알아내는 전체 과정을 논리적으로 설명하고 있으나 약간의 비약을 포함하고 있음. • 문제해결과정에 사용된 수학적 용어 및 기호 등의 표현에서 약간의 오류를 나타냄.	잘함
C	• 문제 상황 및 문제 속에 내포된 (소수)÷(자연수)의 계산 원리와 방법을 부분적으로 이해함. • 문제의 조건을 바르게 이해하지 못하여 나무와 나무 사이의 거리를 구하기 위해 직선 도로의 길이(2.4km)와 도로 한쪽에 심는 나무의 수(41그루), 시작과 끝부분 모두에 심음 등의 정보들 중 일부만을 선택하거나 바르게 활용하지 못함. • 나무와 나무 사이의 거리를 구하기 위하여 도로의 길이(2.4km)를 나무와 나무 사이의 간격으로 나누어 계산하는 전략을 찾아 시도하고 있으나 타당하게 추론하지 못하거나 끝까지 실행하지 못하여 정답에 이르지 못함. a) 답의 숫자부분만 맞고 소수점 위치가 정확하지 않음(예: 0.6km 혹은 0.006km 등). b) 2.4÷40의 식만 세우고 답을 구하지 않음. c) 나무와 나무 사이의 간격을 40이 아닌 41로 해석하여 2.4÷41=0.058536…으로 식을 세우고 계산함. • 답을 알아내는 과정 설명에 비약이 많거나, 문제해결과정 없이 정답(0.06km)만 기술함. • 문제해결과정에 사용된 수학적 용어 및 기호 등의 사용에 오류 및 부정확한 표현이 많이 포함됨.	보통
D	• 문제 상황 및 문제 속에 내포된 (소수)÷(자연수)의 계산 원리와 방법을 이해하지 못함. • 문제의 조건을 이해하지 못하여 문제해결과 관련 없이 나무와 나무 사이의 거리를 구하기 위해 직선 도로의 길이(2.4km)와 도로 한쪽에 심는 나무의 수(41그루), 시작과 끝부분 모두에 심음 등의 정보들을 활용함. • 문제해결과정에 대한 설명이 불완전하거나 명료하지 않아 이해하기 어려움. • 문제해결을 전혀 시도하지 못함. a) 백지 또는 오답 이외에 아무것도 쓰지 않음. b) 문제와 관련 없는 것만을 기술함.	노력 요함

구분		5-2-5-3			
학기	5-2	단원명	5. 소수의 나눗셈	내용영역	수와 연산
교육과정 중영역		(자연수) ÷ (자연수) 계산하기			
성취기준		자연수끼리의 나눗셈에서 몫이 소수로 나오는 계산을 할 수 있다.			
출제의도		주어진 상황에 알맞게 자연수끼리의 나눗셈을 하여 결과를 소수점으로 나타낼 수 있다.			

문 제

민지는 수퍼마켓에 가서 마가렛트를 사려고 하는데, 크기와 양이 다른 규격으로 3종류가 있었습니다. 민지는 세 크기의 마가렛트 중에 1g당 가장 저렴한 것을 사려고 합니다.

	과자의 양	가격
마가렛트 A	456g	4990원
마가렛트 B	342g	2910원
마가렛트 C	228g	2800원

민지가 어떤 과자를 구입해야 하는지 구해보고, 왜 그렇게 생각했는지 풀이과정과 답을 쓰시오.
(1g당 가격은 반올림하여 소수 둘째자리까지 구하시오.)

풀이과정

어떤 과자를 구입할지 알아보기 위해서는 같은 단위로 계산해서 알아보아야 함.
1g당 가격이 얼마나 되는지로 살펴보면,
마가렛트 A의 1g당 가격은 4990÷456 = 10.94(원)이고,
마가렛트 B의 1g당 가격은 2910 ÷ 342=8.51(원)이며,
마가렛트 C의 1g당 가격은 2800÷228 = 12.28(원)이다.
마가렛트 B가 양에 비해 가격이 가장 저렴하므로, 민지는 마가렛트 B를 구입해야 한다.

정 답

민지는 양에 비해 가격이 가장 저렴한 마가렛트 B를 살 것이다.

평가기준

단계	평가내용	비고
A	• 문제 상황 및 문제 속에 내포된 (자연수) ÷ (자연수)의 계산 원리와 방법을 바르게 이해함. • 문제의 조건을 바르게 이해하고, 가장 저렴한 마가렛트를 구하기 위해 각 마가렛트의 과자의 양(456g, 342g, 228g)과 가격(4990원, 2910원, 2800원) 등의 정보를 올바르게 활용함. • 가장 저렴한 마가렛트를 구하기 위해 같은 양의 마가렛트에서 가격이 어떻게 되는지 계산하는 전략(예를 들어, 1g당 마가렛트 A는 10.94원, 마가렛트 B는 8.51원, 마가렛트 C는 12.28원)을 찾아 바르게 실행하여 답(마가렛트 B)을 바르게 기술함. • 전략수행과정이나 문제해결과정에서 타당한 추론을 통해 문제를 해결함. • 답을 알아내는 모든 단계나 과정을 명확하고 논리적으로 충분히 설명함. • 문제해결과정에 사용된 수학적 용어 및 기호 등의 표현이 정확함.	매우 잘함
B	• 문제 상황 및 문제 속에 내포된 (자연수) ÷ (자연수)의 계산 원리와 방법을 바르게 이해함. • 문제의 조건을 바르게 이해하고, 가장 저렴한 마가렛트를 구하기 위해 각 마가렛트의 과자의 양(456g, 342g, 228g)과 가격(4990원, 2910원, 2800원) 등의 정보를 활용함. • 타당한 추론을 통해 가장 저렴한 마가렛트를 구하기 위해 같은 양의 마가렛트에서 가격이 어떻게 되는지 계산하는 전략(예를 들어, 1g당 마가렛트 A는 10.94원, 마가렛트 B는 8.51원, 마가렛트 C는 12.28원)을 찾아 실행하고 있으나 답이 부정확함. a) 사소한 오차나 옮겨 쓰기 과정에 오류가 있음. b) 답을 쓰지 않음. • 답을 알아내는 전체 과정을 논리적으로 설명하고 있으나 약간의 비약을 포함하고 있음. • 문제해결과정에 사용된 수학적 용어 및 기호 등의 표현에서 약간의 오류를 나타냄.	잘함
C	• 문제 상황 및 문제 속에 내포된 (자연수) ÷ (자연수)의 계산 원리와 방법을 부분적으로 이해함. • 문제의 조건을 바르게 이해하고, 가장 저렴한 마가렛트를 구하기 위해 각 마가렛트의 과자의 양(456g, 342g, 228g)과 가격(4990원, 2910원, 2800원) 등의 정보들 중 일부만을 선택하거나 바르게 활용하지 못함. • 가장 저렴한 마가렛트를 구하기 위해 같은 양의 마가렛트에서 가격이 어떻게 되는지 계산하는 전략(예를 들어, 1g당 마가렛트 A는 10.94원, 마가렛트 B는 8.51원, 마가렛트 C는 12.28원)을 찾아 시도하고 있으나 타당하게 추론하지 못하거나 끝까지 실행하지 못하여 정답에 이르지 못함. a) 답의 숫자부분만 맞고 소수점 위치가 정확하지 않음. b) 식만 세우고 답을 구하지 않음. c) 비교하는 g수가 과자별로 제각각 다름. • 답을 알아내는 과정 설명에 비약이 많거나, 문제해결과정 없이 정답(마가렛트 B)만 기술함. • 문제해결과정에 사용된 수학적 용어 및 기호 등의 사용에 오류 및 부정확한 표현이 많이 포함됨.	보통
D	• 문제 상황 및 문제 속에 내포된 (자연수) ÷ (자연수)의 계산 원리와 방법을 이해하지 못함. • 문제의 조건을 이해하지 못하여 가장 저렴한 마가렛트를 구하기 위해 각 마가렛트의 과자의 양(456g, 342g, 228g)과 가격(4990원, 2910원, 2800원) 등의 정보들을 활용함. • 문제해결과정에 대한 설명이 불완전하거나 명료하지 않아 이해하기 어려움. • 문제해결을 전혀 시도하지 못함. a) 백지 또는 오답 이외에 아무것도 쓰지 않음. b) 문제와 관련 없는 것만을 기술함.	노력 요함

구분		5-2-6-1			
학기	5-2	단원명	6. 자료의 표현과 해석	내용영역	확률과 통계
교육과정 중영역		줄기와 잎 그림			
성취기준		줄기와 잎 그림의 표현 및 해석 방법을 알고, 이를 활용하여 문제를 바르게 해결할 수 있다.			
출제의도		줄기와 잎 그림의 표현 및 해석 방법을 문제 상황에 활용하여 알맞은 답을 구하도록 한다.			

문 제

다음은 진선이네 모둠의 학생들이 1분 동안 윗몸일으키기를 한 횟수를 나타낸 줄기와 잎 그림이며, 줄기와 잎 그림의 □는 진선이의 윗몸일으키기 횟수의 일의 자리 수를 나타내고 있습니다. 진선이보다 윗몸일으키기를 더 많이 한 학생이 3명이라고 할 때, 진선이의 윗몸일으키기 횟수의 일의 자리 수가 될 수 있는 수를 모두 찾아 쓰시오.

〈윗몸일으키기 횟수〉

(1 | 2는 12회)

줄기	잎
1	4 5
2	3 7 9
3	6 0 2 3 □
4	8 2

풀이과정

진선이의 윗몸일으키기 횟수는 30~39회 중 하나인데,
진선이보다 윗몸일으키기를 많이 한 학생이 3명이라고 했으므로,
진선이의 윗몸일으키기 횟수는 36회보다는 적고, 33회보다는 많거나 같아야 한다.
그러므로 진선이의 윗몸일으키기 횟수로 가능한 수는 33, 34, 35이며,
□ 안에 들어갈 수 있는 수는 3, 4, 5이다.

정 답

3, 4, 5

평가기준

단계	평가내용	비고
A	• 문제 상황 및 문제 속에 내포된 줄기와 잎 그림의 표현 및 해석 방법을 바르게 이해함. • 문제의 조건을 바르게 이해하고, 윗몸일으키기 횟수를 나타낸 줄기와 잎 그림에 나타난 정보들을 올바르게 활용함. • 진선이의 윗몸일으키기 횟수의 일의 자리 수를 구하기 위하여 진선이보다 윗몸일으키기를 더 많이 한 학생이 3명임을 단서로 33회 이상 36회 미만이 되어야 함을 찾아 답(3, 4, 5)을 바르게 기술함. • 전략수행과정이나 문제해결과정에서 타당한 추론을 통해 문제를 해결함. • 답을 알아내는 모든 단계나 과정을 명확하고 논리적으로 충분히 설명함. • 문제해결과정에 사용된 수학적 용어 및 기호 등의 표현이 정확함.	매우 잘함
B	• 문제 상황 및 문제 속에 내포된 줄기와 잎 그림의 표현 및 해석 방법을 바르게 이해함. • 문제의 조건을 바르게 이해하고, 윗몸일으키기 횟수를 나타낸 줄기와 잎 그림에 나타난 정보들을 올바르게 활용함. • 타당한 추론을 통해 진선이의 윗몸일으키기 횟수의 일의 자리 수를 구하기 위하여 진선이보다 윗몸일으키기를 더 많이 한 학생이 3명임을 단서로 33회 이상 36회 미만이 되어야 함을 찾았으나 답이 부정확함. a) 사소한 오차나 옮겨쓰기 과정에 오류가 있음. b) 답을 쓰지 않음. • 답을 알아내는 전체 과정을 논리적으로 설명하고 있으나 약간의 비약을 포함하고 있음. • 문제해결과정에 사용된 수학적 용어 및 기호 등의 표현에서 약간의 오류를 나타냄.	잘함
C	• 문제 상황 및 문제 속에 내포된 줄기와 잎 그림의 표현 및 해석 방법을 부분적으로 이해함. • 문제의 조건을 바르게 이해하지 못하여 윗몸일으키기 횟수를 나타낸 줄기와 잎 그림에 나타난 정보들 중 일부만을 선택하거나 바르게 활용하지 못함. • 진선이보다 윗몸일으키기를 더 많이 한 학생이 3명임을 단서로 진선이의 윗몸일으키기 횟수의 일의 자리 수를 구하려고 시도하고 있으나 진선이의 윗몸일으키기 횟수가 33회 이상 36회 미만이 되어야 함을 찾지 못하거나 타당하게 추론하지 못하거나 끝까지 실행하지 못하여 정답에 이르지 못함. a) 정답의 3, 4, 5 일부만 맞게 씀(예: 3, 4, 5, 6 혹은 3, 4 또는 4, 5 등). b) 진선이보다 윗몸일으키기를 더 많이 한 학생이 3명임을 잘못 해석하여 7, 8, 9로 씀. • 답을 알아내는 과정 설명에 비약이 많거나, 문제해결과정 없이 정답(3, 4, 5)만 기술함. • 문제해결과정에 사용된 수학적 용어 및 기호 등의 사용에 오류 및 부정확한 표현이 많이 포함됨.	보통
D	• 문제 상황 및 문제 속에 내포된 줄기와 잎 그림의 표현 및 해석 방법을 이해하지 못함. • 문제의 조건을 이해하지 못하여 문제해결과 관련 없이 윗몸일으키기 횟수를 나타낸 줄기와 잎 그림에 나타난 정보들을 활용함. • 문제해결과정에 대한 설명이 불완전하거나 명료하지 않아 이해하기 어려움. • 문제해결을 전혀 시도하지 못함. a) 백지 또는 오답 이외에 아무것도 쓰지 않음. b) 문제와 관련 없는 것만을 기술함.	노력 요함

구분		5-2-6-2			
학기	5-2	단원명	6. 자료의 표현과 해석	내용영역	확률과 통계
교육과정 중영역		평균의 원리			
성취기준		주어진 자료를 바탕으로 평균을 구할 수 있다.			
출제의도		주어진 상황에 알맞게 평균을 구하고, 평균을 토대로 원자료의 총합을 계산할 수 있다.			

문 제

유경이가 10월 달에 본 단원평가 점수는 다음과 같습니다.

과목	국어	수학	사회	과학	영어
점수(점)	85	90	80	60	73

유경이는 다음달 11월 시험에서 과학 점수를 올려 전과목 평균이 80점 이상을 목표로 세웠습니다. 다른 과목은 10월 성적을 유지한다고 할 때, 11월 시험에서 과학은 몇 점 이상 받아야 할까요?

풀이과정

유경이의 10월 평가 점수를 모두 더하면 388점이고, 이를 과목 수대로 나누면 5를 나누어서 평균이 77.6점이 된다. 80점이 되기 위해서는 총점이 400점이 필요하므로, 총 12점을 더 올려야 한다. 그러므로 유경이는 다음달 시험에서 과학 점수가 12점 이상 올라 72점 이상이 되어야 평균이 80점이 된다.

정 답

유경이는 과학에서 72점 이상을 받아야 한다.

평가기준

단계	평가내용	비고
A	• 문제 상황 및 문제 속에 내포된 평균의 개념을 바르게 이해함. • 제시된 표에서 문제해결에 적절한 정보를 선택하여 활용함. (유경이의 단원평가 점수를 모두 활용, 평균 구하는 개념을 활용) • 다음의 2가지 전략 중 한 가지를 바르게 기술함. a) 유경이의 10월 단원평가 점수를 합하면(85+90+80+60+73 = 388) 총 388점으로 나오는데, 평균이 80점이 되려면 총 400점이 필요하고, 필요한 점수가 12점 이상이 되므로 과학 점수가 72점 이상이 된다는 것을 기술하는 전략(총점 이용) b) 유경이의 10월 단원평가 점수를 합해서 5로 나누면 평균이 77.6이고, 80점 이상이 되려면 2.4점 이상을 올리면 되므로 2.4와 과목 수인 5를 곱하여 12를 구하여 72점 이상으로 기술하는 전략(평균 이용) • 전략수행과정이나 문제해결과정에서 타당한 추론을 통해 문제를 해결함. • 답을 알아내는 모든 단계나 과정을 명확하고 논리적으로 충분히 설명함. • 문제해결과정에 사용된 수학적 용어 및 기호 등의 표현이 정확함.	매우 잘함
B	• 문제 상황 및 문제 속에 내포된 평균의 개념을 바르게 이해함. • 제시된 표에서 문제해결에 적절한 정보를 선택하여 활용함. (유경이의 단원평가 점수를 모두 활용, 평균 구하는 개념을 활용) • 타당한 추론을 통해 A단계에서 제시된 전략을 찾아 실행하고 있으나 답이 부정확함. a) 사소한 오차나 옮겨 쓰기 과정에 오류가 있음. b) 답을 쓰지 않음. • 답을 알아내는 전체 과정을 논리적으로 설명하고 있으나 약간의 비약을 포함하고 있음. • 문제해결과정에 사용된 수학적 용어 및 기호 등의 표현에서 약간의 오류를 나타냄.	잘함
C	• 문제 상황 및 문제 속에 내포된 평균의 개념을 부분적으로 이해함. • 문제의 조건을 바르게 이해하지 못하여 문제해결에 적절한 정보 중 일부만을 바르게 선택하여 활용함. a) 문제에서 10월 성적은 유지한다고 가정하였으나 이러한 조건을 바르게 이해하지 못함. b) 과학 성적을 구하지 않고 다른 과목의 향상 점수를 구하였음. • A단계에서 제시한 전략을 찾아 시도하고 있으나 타당하게 추론하지 못하거나 끝까지 실행하지 못하여 정답에 이르지 못함. a) 유경이의 10월 단원평가 점수를 모두 합산하여야 하는데, 일부 모둠원의 점수만 합산하였음. b) 총점을 구했으나, 다음달에 몇 점을 올려야 하고, 과학 점수가 몇 점 이상이 되어야 하는지 바르게 구하지 못함. • 답을 알아내는 과정(설명)에 비약이 많거나, 문제해결과정 없이 정답(72점 이상)만 기술함. • 문제해결과정에 사용된 수학적 용어 및 기호 등의 사용에 오류 및 부정확한 표현이 많이 포함됨.	보통
D	• 문제 상황 및 문제 속에 내포된 평균의 개념을 이해하지 못함. • 문제의 조건을 이해하지 못하여 문제해결과 관련 없이 제시된 기록들을 활용함. • 문제해결과정에 대한 설명이 불완전하거나 명료하지 않아 이해하기 어려움. • 문제해결을 전혀 시도하지 못함. a) 백지 또는 오답 이외에 아무것도 쓰지 않음. b) 문제와 관련 없는 것만을 기술함.	노력 요함

구분		5-2-6-3			
학기	5-2	단원명	6. 자료의 표현과 해석	내용영역	확률과 통계
교육과정 중영역		줄기와 잎 그림의 표현과 해석			
성취기준		줄기와 잎 그림을 사용하여 주어진 정보를 이해할 수 있다.			
출제의도		주어진 상황에 알맞게 줄기와 잎 그림을 나타내고, 정보를 찾아낼 수 있다.			

문 제

다음은 1반과 2반의 윗몸일으키기 횟수를 나타낸 표입니다.

1반

13	25	14	22	21
19	11	47	33	19
17	15	11	29	42
27	24	28	31	28
12	22	16	20	38

2반

36	34	33	39	21
26	37	47	44	19
23	29	18	38	42
27	24	28	31	43
35	22	32	20	38

1반의 영우와 2반의 지우는 윗몸일으키기를 29회 하였습니다. 각 반에서 영우와 지우의 윗몸일으키기 성적은 많이 한 순서로 몇 번째인지 아래 줄기와 잎 그림을 완성하여 설명해보시오.

잎(1반)	줄기	잎(2반)
	1	
	2	
	3	
	4	

풀이과정

잎(1반)	줄기	잎(2반)
3 4 9 1 9 7 5 1 2 6	1	9 8
5 2 1 9 7 4 8 8 2 0	2	1 6 3 9 7 4 8 2 0
3 1 8	3	6 4 3 9 7 8 1 5 2 8
7 2	4	7 4 2 3

줄기와 잎 그림의 분포도를 보면, 1반에서 영우는 6번째로 윗몸일으키기를 잘했고,
2반에서 지우는 15번째로 윗몸일으키기를 잘했다.

정 답

1반에서 영우는 6번째로 잘했고, 2반에서 지우는 15번째로 잘했다.

평가기준

단계	평가내용	비고
A	• 문제 상황 및 문제 속에 내포된 자료에서 표에 나타난 수치 정보, 줄기와 잎 그림 그리는 방법을 바르게 이해함. • 제시된 표에서 문제해결에 적절한 정보를 선택하여 줄기와 잎 그림으로 나타내고, 문제해결에 이를 활용함. • 두 반의 윗몸일으키기 횟수를 나타낸 표를 보고, 하나의 줄기와 잎 그림에 두 반의 수치를 바르게 나타내며, 각각의 반에서 영우와 지우의 윗몸일으키기 횟수가 많이 한 순서로 몇 번째인지 답(1반에서 영우는 6번째, 2반에서 지우는 15번째로 잘했다)을 바르게 기술함. • 전략수행과정이나 문제해결과정에서 타당한 추론을 통해 문제를 해결함. • 답을 알아내는 모든 단계나 과정을 명확하고 논리적으로 충분히 설명함. • 문제해결과정에 사용된 수학적 용어 및 기호 등의 표현이 정확함.	매우 잘함
B	• 문제 상황 및 문제 속에 내포된 자료에서 표에 나타난 수치 정보, 줄기와 잎 그림 그리는 방법을 바르게 이해함. • 제시된 표에서 문제해결에 적절한 정보를 선택하여 줄기와 잎 그림으로 나타내고, 문제해결에 이를 활용함. • 타당한 추론을 통해 두 반의 윗몸일으키기 횟수를 나타낸 표를 보고, 하나의 줄기와 잎 그림에 두 반의 수치를 바르게 나타내며, 각각의 반에서 영우와 지우의 윗몸일으키기 횟수가 많이 한 순서로 몇 번째인지 답을 찾는 전략을 실행하고 있으나 답이 부정확함. a) 사소한 오차나 옮겨 쓰기 과정에 오류가 있음. b) 답을 쓰지 않음. • 답을 알아내는 전체 과정을 논리적으로 설명하고 있으나 약간의 비약을 포함하고 있음. • 문제해결과정에 사용된 수학적 용어 및 기호 등의 표현에서 약간의 오류를 나타냄.	잘함
C	• 문제 상황 및 문제 속에 내포된 자료에서 표에 나타난 수치 정보, 줄기와 잎 그림 그리는 방법을 부분적으로 이해함. • 제시된 표에서 문제해결에 적절한 정보를 바르게 이해하지 못하여 줄기와 잎 그림으로 나타내는 데 어려움이 있으며(부정확), 문제해결에 이를 부분적으로만 바르게 활용함. a) 두 반의 줄기와 잎 그림에서 빠진 수치가 있거나, 줄기에 따른 잎 그림에 오류가 보임. (2, 3반 모두 25개의 수치가 기술되어야 함) • 두 반의 윗몸일으키기 횟수를 나타낸 표를 보고, 하나의 줄기와 잎 그림에 두 반의 수치를 바르게 나타내며, 각각의 반에서 영우와 지우의 윗몸일으키기 횟수가 많이 한 순서로 몇 번째인지 답을 찾는 전략을 시도하고 있으나 타당하게 추론하지 못하거나 끝까지 실행하지 못하여 정답에 이르지 못함. a) 줄기와 잎 그림은 제대로 그렸으나, 영우와 지우가 각 반에서 얼만큼 잘했는지 구하지 않음. b) 영우와 지우가 각 반에서 어느 정도 했는지 비교해야 하는데, 1반과 2반이 어느 정도 잘했는지 비교함. • 답을 알아내는 과정 설명에 비약이 많거나, 문제해결과정 없이 정답(1반에서 영우는 6번째, 2반에서 지우는 15번째로 잘했다)만 기술함. • 문제해결과정에 사용된 수학적 용어 및 기호 등의 사용에 오류 및 부정확한 표현이 많이 포함됨.	보통
D	• 문제 상황 및 문제 속에 내포된 자료에서 표에 나타난 수치 정보, 줄기와 잎 그림 그리는 방법을 이해하지 못함. • 제시된 표에서 문제해결에 적절한 정보를 바르게 이해하지 못하여 줄기와 잎 그림으로 나타내지 못하며, 문제해결과 관련 없이 제시된 자료들을 활용함. • 문제해결과정에 대한 설명이 불완전하거나 명료하지 않아 이해하기 어려움. • 문제해결을 전혀 시도하지 못함. a) 백지 또는 오답 이외에 아무것도 쓰지 않음. b) 문제와 관련 없는 것만을 기술함.	노력 요함

구분		5-2-7-1			
학기	5-2	단원명	7. 비와 비율	내용영역	규칙성과 문제해결
교육과정 중영역		비율			
성취기준		비교하는 양, 기준량, 비율의 의미를 알고, 이를 활용하여 문제를 바르게 해결할 수 있다.			
출제의도		비교하는 양, 기준량, 비율의 의미를 문제 상황에 활용하여 알맞은 답을 구하도록 한다.			

문 제

'자동차 연비'란 자동차가 연료 1L로 달릴 수 있는 거리를 말하며, 일반적으로 km/L라는 단위로 표시합니다. ★★자동차 회사의 ○○○자동차는 사용 연료의 형태에 따라 휘발유와 경유, 하이브리드의 세 가지 타입으로 생산됩니다. 세 가지 연료의 형태에 따라 ○○○자동차가 달릴 수 있는 거리가 다음과 같을 때, A, B, C 타입 중 연비가 가장 높은 타입은 무엇인지 구하시오.

〈연료 형태에 따른 ○○○자동차의 주행거리〉

연료 형태	연료의 양(L)	달릴 수 있는 거리(km)
A	10 L	152 km
B	8 L	132 km
C	20 L	356 km

풀이과정

세 가지 연료에 따른 ○○○자동차의 연비를 각각 구하면,
A타입의 경우, 10L로 152km를 달릴 수 있으므로,
연비는 $\frac{152\text{km}}{10\text{L}}=15.2\text{km/L}$가 되어 1L로 15.2km를 갈 수 있음을 알 수 있다.
B타입은 8L로 132km를 달릴 수 있으므로,
연비는 $\frac{132\text{km}}{8\text{L}}=16.5\text{km/L}$가 되며 1L로 16.5km를 갈 수 있음을 나타낸다.
C타입의 경우, 20L로 356km를 달릴 수 있으므로,
연비는 $\frac{356\text{km}}{20\text{L}}=17.8\text{km/L}$가 되고, 1L로 17.8km를 갈 수 있다.
따라서 세 가지 타입 중에서 연비가 가장 높은 것은 C타입이라 할 수 있다.

정 답

C타입

평가기준

단계	평가내용	비고
A	• 문제 상황 및 문제 속에 내포된 비교하는 양, 기준량, 비율의 의미를 바르게 이해함. • 문제의 조건을 바르게 이해하고, 제시된 표에 나타난 연료 형태별 연료의 양과 달릴 수 있는 거리의 정보들을 올바르게 활용함. • 비율= $\frac{\text{비교하는 양}}{\text{기준량}}$ 을 적용하여 $\frac{\text{달릴 수 있는 거리(km)}}{\text{연료의 양(L)}}$ 로 각각의 연료 형태에 따른 자동차의 연비를 구하여(A: 15.2km/L, B: 16.5km/L, C: 17.8km/L) 비교하는 전략을 찾아 바르게 실행하고, 정답(C타입)을 기술함. • 전략수행과정이나 문제해결과정에서 타당한 추론을 통해 문제를 해결함. • 답을 알아내는 모든 단계나 과정을 명확하고 논리적으로 충분히 설명함. • 문제해결과정에 사용된 수학적 용어 및 기호 등의 표현이 정확함.	매우 잘함
B	• 문제 상황 및 문제 속에 내포된 비교하는 양, 기준량, 비율의 의미를 바르게 이해함. • 문제의 조건을 바르게 이해하고, 제시된 표에 나타난 연료 형태별 연료의 양과 달릴 수 있는 거리의 정보들을 올바르게 활용함. • 타당한 추론을 통해 비율= $\frac{\text{비교하는 양}}{\text{기준량}}$ 을 적용하여 $\frac{\text{달릴 수 있는 거리(km)}}{\text{연료의 양(L)}}$ 로 각각의 연료 형태에 따른 자동차의 연비를 구하여 비교하는 전략을 찾아 바르게 실행하고 있으나 답이 부정확함. a) 사소한 오차나 옮겨쓰기 과정에 오류가 있음. b) 답을 쓰지 않음. • 답을 알아내는 전체 과정을 논리적으로 설명하고 있으나 약간의 비약을 포함하고 있음. • 문제해결과정에 사용된 수학적 용어 및 기호 등의 표현에서 약간의 오류를 나타냄.	잘함
C	• 문제 상황 및 문제 속에 내포된 비교하는 양, 기준량, 비율의 의미를 부분적으로 이해함. • 문제의 조건을 바르게 이해하지 못하여 제시된 표에 나타난 연료 형태별 연료의 양과 달릴 수 있는 거리의 정보들 중 일부만을 선택하거나 바르게 활용하지 못함. • 비율= $\frac{\text{비교하는 양}}{\text{기준량}}$ 을 적용하여 $\frac{\text{달릴 수 있는 거리(km)}}{\text{연료의 양(L)}}$ 로 각각의 연료 형태에 따른 자동차의 연비를 구하여 비교하는 전략을 찾아 시도하고 있으나 타당하게 추론하지 못하거나 끝까지 실행하지 못하여 정답에 이르지 못함. a) 세 가지 타입의 연비(A: 15.2km/L, B: 16.5km/L, C: 17.8km/L)만 찾고 연비가 가장 높은 타입을 구하지 못함. b) 세 가지 타입의 연비 중 일부만 바르게 구하여 정답에 이르지 못함. • 답을 알아내는 과정 설명에 비약이 많거나, 문제해결과정 없이 정답(C타입)만 기술함. • 문제해결과정에 사용된 수학적 용어 및 기호 등의 사용에 오류 및 부정확한 표현이 많이 포함됨.	보통
D	• 문제 상황 및 문제 속에 내포된 비교하는 양, 기준량, 비율의 의미를 이해하지 못함. • 문제의 조건을 이해하지 못하여 문제해결과 관련 없이 제시된 표에 나타난 연료 형태별 연료의 양과 달릴 수 있는 거리의 정보들을 활용함. • 문제해결과정에 대한 설명이 불완전하거나 명료하지 않아 이해하기 어려움. • 문제해결을 전혀 시도하지 못함. a) 백지 또는 오답 이외에 아무것도 쓰지 않음. b) 문제와 관련 없는 것만을 기술함.	노력 요함

구분		5-2-7-2			
학기	5-2	단원명	7. 비와 비율	내용영역	규칙성과 문제해결
교육과정 중영역		백분율(%)			
성취기준		백분율(%)의 의미를 알고, 이를 활용하여 문제를 바르게 해결할 수 있다.			
출제의도		백분율(%)의 의미를 문제 상황에 활용하여 알맞은 답을 구하도록 한다.			

문 제

정수는 마트에서 ☆☆☆식빵 1봉지(7개입, 350g)를 샀습니다. 이 식빵에 대한 영양성분이 다음과 같습니다.

〈☆☆☆식빵 1봉지에 들어 있는 영양성분의 비율〉

영양성분	영양성분의 비율(%)
탄수화물	83
단백질	14
지방	3

정수가 간식으로 식빵 1개(50g)를 먹었다면, 정수가 섭취하게 된 탄수화물, 단백질, 지방 각각의 양은 몇 g인지 구하시오.

풀이과정

식빵 1봉지에 들어 있는 영양성분의 비율이 탄수화물은 83%, 단백질은 14%, 지방은 3%이고, 정수가 간식으로 먹은 식빵 1개는 50g이므로, 정수가 섭취하게 된 탄수화물과 단백질, 지방의 양은 탄수화물: $50\text{g}\times\frac{83}{100}=41.5\text{g}$, 단백질: $50\text{g}\times\frac{14}{100}=7\text{g}$, 지방: $50\text{g}\times\frac{3}{100}=1.5\text{g}$이 된다.

정 답

탄수화물: 41.5g, 단백질: 7g, 지방: 1.5g

평가기준

단계	평가내용	비고
A	• 문제 상황 및 문제 속에 내포된 백분율(%)의 의미를 바르게 이해함. • 문제의 조건을 바르게 이해하고, 식빵 1봉지의 양(g) 및 1봉지에 들어 있는 식빵의 개수, 1봉지에 포함된 영양성분 비율의 정보들을 올바르게 활용함. • 식빵 1봉지에 들어 있는 영양성분의 백분율을 식빵 1개의 경우에 적용하여 계산하는 전략을 찾아 바르게 실행하고, 정답(탄수화물: 41.5g, 단백질: 7g, 지방: 1.5g)을 기술함. • 전략수행과정이나 문제해결과정에서 타당한 추론을 통해 문제를 해결함. • 답을 알아내는 모든 단계나 과정을 명확하고 논리적으로 충분히 설명함. • 문제해결과정에 사용된 수학적 용어 및 기호 등의 표현이 정확함.	매우 잘함
B	• 문제 상황 및 문제 속에 내포된 백분율(%)의 의미를 바르게 이해함. • 문제의 조건을 바르게 이해하고, 식빵 1봉지의 양(g) 및 1봉지에 들어 있는 식빵의 개수, 1봉지에 포함된 영양성분 비율의 정보들을 올바르게 활용함. • 타당한 추론을 통해 식빵 1봉지에 들어 있는 영양성분의 백분율을 식빵 1개의 경우에 적용하여 계산하는 전략을 찾아 바르게 실행하고 있으나 답이 부정확함. a) 사소한 오차나 옮겨쓰기 과정에 오류가 있음. b) 답을 쓰지 않음. • 답을 알아내는 전체 과정을 논리적으로 설명하고 있으나 약간의 비약을 포함하고 있음. • 문제해결과정에 사용된 수학적 용어 및 기호 등의 표현에서 약간의 오류를 나타냄.	잘함
C	• 문제 상황 및 문제 속에 내포된 백분율(%)의 의미를 부분적으로 이해함. • 문제의 조건을 바르게 이해하지 못하여 식빵 1봉지의 양(g) 및 1봉지에 들어 있는 식빵의 개수, 1봉지에 포함된 영양성분 비율의 정보들 중 일부만을 선택하거나 바르게 활용하지 못함. • 식빵 1봉지에 들어 있는 영양성분의 백분율을 식빵 1개의 경우에 적용하여 계산하는 전략을 찾아 시도하고 있으나 타당하게 추론하지 못하거나 끝까지 실행하지 못하여 정답에 이르지 못함. a) 세 가지 영양성분의 양(탄수화물: 41.5g, 단백질: 7g, 지방: 1.5g) 중 일부만 바르게 구하여 정답에 이르지 못함. • 답을 알아내는 과정 설명에 비약이 많거나, 문제해결과정 없이 정답(탄수화물: 41.5g, 단백질: 7g, 지방: 1.5g)만 기술함. • 문제해결과정에 사용된 수학적 용어 및 기호 등의 사용에 오류 및 부정확한 표현이 많이 포함됨.	보통
D	• 문제 상황 및 문제 속에 내포된 백분율(%)의 의미를 이해하지 못함. • 문제의 조건을 이해하지 못하여 문제해결과 관련 없이 식빵 1봉지의 양(g) 및 1봉지에 들어 있는 식빵의 개수, 1봉지에 포함된 영양성분 비율의 정보들을 활용함. • 문제해결과정에 대한 설명이 불완전하거나 명료하지 않아 이해하기 어려움. • 문제해결을 전혀 시도하지 못함. a) 백지 또는 오답 이외에 아무것도 쓰지 않음. b) 문제와 관련 없는 것만을 기술함.	노력 요함

<table>
<tr><td colspan="2">구분</td><td colspan="4">5-2-7-3</td></tr>
<tr><td>학기</td><td>5-2</td><td>단원명</td><td>7. 비와 비율</td><td>내용영역</td><td>규칙성과 문제해결</td></tr>
<tr><td colspan="2">교육과정 중영역</td><td colspan="4">백분율(%)</td></tr>
<tr><td colspan="2">성취기준</td><td colspan="4">백분율(%)의 의미를 알고, 이를 활용하여 문제를 바르게 해결할 수 있다.</td></tr>
<tr><td colspan="2">출제의도</td><td colspan="4">백분율(%)의 의미를 문제 상황에서 제시된 자료에 알맞게 적용하여 답을 구할 수 있다.</td></tr>
</table>

문 제

오늘은 '나는 가수다'를 촬영하는 날입니다. 이번 촬영에는 총 500명의 방청객을 초대하려고 합니다. 방청객의 나이를 고려하여 다음과 같이 표를 나누어 주려고 할 때, 30대 관객과 50대 관객의 수는 얼마만큼 차이가 나는지 구하시오.

연령대	비율(%)
10대	10
20대	30
30대	30
40대	20
50대	10
총	100

풀이과정

30대 관객은 500명 중 30%를 차지하므로, $\frac{30}{100} \times 500 = 150$(명)이고,

50대 관객은 500명 중 10%를 차지하므로 $\frac{10}{100} \times 500 = 50$(명)이다.

30대 방청객과 50대 방청객의 수는 $150 - 50 = 100$이므로 100명이 차이가 난다.

정 답

100명이 차이가 난다.

평가기준

단계	평가내용	비고
A	• 문제 상황 및 문제 속에 내포된 백분율(%)의 의미를 바르게 이해함. • 문제의 조건을 바르게 이해하고, 관객으로 초대되는 각 관객의 연령대(10대, 20대, 30대, 40대, 50대)와 각 비율(10%, 30%, 30%, 20%, 10%)의 정보들을 올바르게 활용함. • 30대와 50대 방청객 수를 비교하기 위해 각 연령대에 해당하는 비율(30대 30%, 50대 10%)을 선택하여 30대 방청객 수는 $\frac{30}{100}\times 500=150$, 50대 방청객 수는 $\frac{10}{100}\times 500=50$이므로 방청객 수의 차이는 $150-50=100$(명)을 계산하는 전략을 바르게 실행하고, 정답(100명)을 기술함. • 전략수행과정이나 문제해결과정에서 타당한 추론을 통해 문제를 해결함. • 답을 알아내는 모든 단계나 과정을 명확하고 논리적으로 충분히 설명함. • 문제해결과정에 사용된 수학적 용어 및 기호 등의 표현이 정확함.	매우 잘함
B	• 문제 상황 및 문제 속에 내포된 백분율(%)의 의미를 바르게 이해함. • 문제의 조건을 바르게 이해하고, 관객으로 초대되는 각 관객의 연령대(10대, 20대, 30대, 40대, 50대)와 각 비율(10%, 30%, 30%, 20%, 10%)의 정보들을 올바르게 활용함. • 타당한 추론을 통해 30대와 50대 방청객 수를 비교하기 위해 각 연령대에 해당하는 비율(30대 30%, 50대 10%)을 선택하여 30대 방청객 수는 $\frac{30}{100}\times 500=150$, 50대 방청객 수는 $\frac{10}{100}\times 500=50$이므로 방청객 수의 차이는 $150-50=100$(명)을 계산하는 전략을 찾아 바르게 실행하고 있으나 답이 부정확함. a) 사소한 오차나 옮겨 쓰기 과정에 오류가 있음. b) 답을 쓰지 않음. • 답을 알아내는 전체 과정을 논리적으로 설명하고 있으나 약간의 비약을 포함하고 있음. • 문제해결과정에 사용된 수학적 용어 및 기호 등의 표현에서 약간의 오류를 나타냄.	잘함
C	• 문제 상황 및 문제 속에 내포된 백분율(%)의 의미를 부분적으로 이해함. • 문제의 조건을 바르게 이해하고, 관객으로 초대되는 각 관객의 연령대(10대, 20대, 30대, 40대, 50대)와 각 비율(10%, 30%, 30%, 20%, 10%)의 정보들 중 일부만을 선택하거나 바르게 활용하지 못함. • 30대와 50대 방청객 수를 비교하기 위해 각 연령대에 해당하는 비율(30대 30%, 50대 10%)을 선택하여 30대 방청객 수는 $\frac{30}{100}\times 500=150$, 50대 방청객 수는 $\frac{10}{100}\times 500=50$이므로 방청객 수의 차이는 150-50=100(명)을 계산하는 전략을 찾아 시도하고 있으나 타당하게 추론하지 못하거나 끝까지 실행하지 못하여 정답에 이르지 못함. a) 30대와 50대의 차이를 구하지 않고, 다른 연령대의 차이를 구함. b) 백분율을 이용하여 방청객 수를 구하는 과정에서 계산의 오류가 있음. • 답을 알아내는 과정 설명에 비약이 많거나, 문제해결과정 없이 정답(100명)만 기술함. • 문제해결과정에 사용된 수학적 용어 및 기호 등의 사용에 오류 및 부정확한 표현이 많이 포함됨.	보통
D	• 문제 상황 및 문제 속에 내포된 백분율(%)의 의미를 이해하지 못함. • 문제의 조건을 바르게 이해하고, 관객으로 초대되는 각 관객의 연령대(10대, 20대, 30대, 40대, 50대)와 각 비율(10%, 30%, 30%, 20%, 10%)의 정보들을 활용함. • 문제해결과정에 대한 설명이 불완전하거나 명료하지 않아 이해하기 어려움. • 문제해결을 전혀 시도하지 못함. a) 백지 또는 오답 이외에 아무것도 쓰지 않음. b) 문제와 관련 없는 것만을 기술함.	노력 요함

구분		5-2-8-1			
학기	5-2	단원명	8. 문제해결방법 찾기	내용영역	규칙성과 문제해결
교육과정 중영역	문제해결방법 찾기				
성취기준	문제 상황에 알맞은 문제해결전략을 찾고, 이를 활용하여 문제를 바르게 해결할 수 있다.				
출제의도	문제 상황에 알맞은 문제해결전략을 찾고, 이를 활용하여 알맞은 답을 구하도록 한다.				

문 제

한샘이와 경봉이는 숫자 야구게임을 하고 있습니다. 숫자 야구게임은 먼저 한샘이가 1부터 5까지의 수들 중에서 세 개의 숫자를 골라서 세 자리의 수를 만들면, 경봉이가 그 수를 예상하여 맞히는 게임입니다. 이때, 한샘이는 경봉이가 예상한 수의 자리와 숫자가 모두 맞으면 '스트라이크', 숫자는 맞으나 자리가 틀리면 '볼'이라고 대답해야 합니다. 게임에서 경봉이와 한샘이는 다음과 같이 예상하고 대답하였다고 할 때, 한샘이가 처음에 만들었던 세 자리 수는 무엇인지 구하시오.

〈한샘이와 경봉이의 숫자 야구게임 내용〉

경봉이가 예상한 수	한샘이의 대답
1 4 2	1볼
5 2 3	3볼
3 2 5	1스트라이크 2볼

풀이과정

경봉이가 첫 번째로 예상한 142에 대해 한샘이가 1볼이라 답했으므로,
한샘이가 예상한 수는 1, 4, 2 중 하나의 숫자를 포함하고 있음을 알 수 있다.
또한 한샘이는 경봉이가 두 번째로 예상한 523에 대해서 3볼이라고 답했으므로,
한샘이가 만들었던 세 자리 수는 5, 2, 3의 세 숫자로 이루어진 수이며,
5는 백의 자리 수가 아니고, 2는 십의 자리 수가 아니며, 3은 일의 자리 수가 아니다.
한편, 앞서 첫 번째 예상에서 142에 대한 대답이 1볼이었기 때문에,
2는 일의 자리 수가 될 수 없으므로 2는 백의 자리 수일 수밖에 없다. (2ㅁ ㅁ가 되어야 함.)
마지막으로 경봉이가 예상한 325에 대한 한샘이의 대답 1스트라이크 2볼을 보면, 2는 백의 자리 수여야 하고, 3은 백의 자리 수가 될 수 없기 때문에 대답의 2볼에 해당이 되며, 그러므로 1스트라이크는 325에서 5가 일의 자리 수임을 나타내고, 3은 십의 자리 수가 될 수밖에 없다.
따라서 한샘이가 처음에 만들었던 세 자리 수는 235가 된다.

정 답

235

평가기준

단계	평가내용	비고
A	• 문제 상황 및 문제 속에 내포된 숫자 야구게임의 규칙(스트라이크: 자리와 숫자가 모두 맞음, 볼: 숫자는 맞으나 자리가 틀림)을 바르게 이해함. • 문제의 조건을 바르게 이해하고, 제시된 표에 나타난 숫자 야구게임의 내용에 대한 정보들을 올바르게 활용함. • 숫자 야구게임에서 스트라이크 및 볼이 되는 규칙을 게임내용에 나타난 정보들에 적용하여 한샘이가 처음에 만들었던 수를 찾아내는 전략을 찾아 바르게 실행하고, 정답(235)을 기술함. • 전략수행과정이나 문제해결과정에서 타당한 추론을 통해 문제를 해결함. • 답을 알아내는 모든 단계나 과정을 명확하고 논리적으로 충분히 설명함. • 문제해결과정에 사용된 수학적 용어 및 기호 등의 표현이 정확함.	매우 잘함
B	• 문제 상황 및 문제 속에 내포된 숫자 야구게임의 규칙(스트라이크: 자리와 숫자가 모두 맞음, 볼: 숫자는 맞으나 자리가 틀림)을 바르게 이해함. • 문제의 조건을 바르게 이해하고, 제시된 표에 나타난 숫자 야구게임의 내용에 대한 정보들을 올바르게 활용함. • 타당한 추론을 통해 숫자 야구게임에서 스트라이크 및 볼이 되는 규칙을 게임내용에 나타난 정보들에 적용하여 한샘이가 처음에 만들었던 수를 찾아내는 전략을 찾아 바르게 실행하고 있으나 답이 부정확함. a) 사소한 오차나 옮겨쓰기 과정에 오류가 있음. b) 답을 쓰지 않음. • 답을 알아내는 전체 과정을 논리적으로 설명하고 있으나 약간의 비약을 포함하고 있음. • 문제해결과정에 사용된 수학적 용어 및 기호 등의 표현에서 약간의 오류를 나타냄.	잘함
C	• 문제 상황 및 문제 속에 내포된 숫자 야구게임의 규칙(스트라이크: 자리와 숫자가 모두 맞음, 볼: 숫자는 맞으나 자리가 틀림)을 부분적으로 이해함. • 문제의 조건을 바르게 이해하지 못하여 제시된 표에 나타난 숫자 야구게임의 내용에 대한 정보들 중 일부만을 선택하거나 바르게 활용하지 못함. • 숫자 야구게임에서 스트라이크 및 볼이 되는 규칙을 게임내용에 나타난 정보들에 적용하여 한샘이가 처음에 만들었던 수를 찾아내는 전략을 찾아 시도하고 있으나 타당하게 추론하지 못하거나 끝까지 실행하지 못하여 정답에 이르지 못함. a) 답이 5, 2, 3의 세 숫자로 이루어진 수임은 알아냈으나 정답(235)을 구하지 못함. b) 백의 자리 수가 2임은 알아냈으나 정답(235)을 구하지 못함. • 답을 알아내는 과정 설명에 비약이 많거나, 문제해결과정 없이 정답(235)만 기술함. • 문제해결과정에 사용된 수학적 용어 및 기호 등의 사용에 오류 및 부정확한 표현이 많이 포함됨.	보통
D	• 문제 상황 및 문제 속에 내포된 숫자 야구게임의 규칙(스트라이크: 자리와 숫자가 모두 맞음, 볼: 숫자는 맞으나 자리가 틀림)을 이해하지 못함. • 문제의 조건을 이해하지 못하여 문제해결과 관련 없이 제시된 표에 나타난 숫자 야구게임의 내용에 대한 정보들을 활용함. • 문제해결과정에 대한 설명이 불완전하거나 명료하지 않아 이해하기 어려움. • 문제해결을 전혀 시도하지 못함. a) 백지 또는 오답 이외에 아무것도 쓰지 않음. b) 문제와 관련 없는 것만을 기술함.	노력 요함

구분		5-2-8-2			
학기	5-2	단원명	8. 문제해결방법 찾기	내용영역	규칙성과 문제해결
교육과정 중영역		문제해결방법 찾기			
성취기준		문제 상황에 알맞은 문제해결전략을 찾고, 이를 활용하여 문제를 바르게 해결할 수 있다.			
출제의도		문제 상황에 알맞은 문제해결전략을 찾고, 이를 활용하여 알맞은 답을 구하도록 한다.			

문 제

한솔이는 다음과 같은 종이에 ★ 모양의 붙임딱지를 규칙적으로 붙여서 꾸미기를 하고 있습니다. 한솔이는 종이의 10번째 칸에 ★ 모양의 붙임딱지를 몇 개 붙여야 하는지 구하시오.

★	★ ★★	★ ★★ ★★★	★ ★★ ★★★ ★★★★			· · ·			?
1번째	2번째	3번째	4번째			· · ·			10번째

풀이과정

한솔이가 붙임딱지를 붙이는 규칙을 살펴보면,
다음 칸으로 넘어갈 때마다 붙임딱지를 2개, 3개, 4개씩 더 붙여나가고 있음을 알 수 있다.
즉, 각각의 칸에 붙여지는 붙임딱지의 개수가
1번째는 1개, 2번째는 $1+2=3$개, 3번째는 $1+2+3=6$개, 4번째는 $1+2+3+4=10$개, …와 같은 규칙으로 늘어나고 있음을 알 수 있다.
그러므로 10번째에 붙여지는 붙임딱지의 개수는 $1+2+3+4+5+6+7+8+9+10=55$가 되어 55개가 된다.

정 답

55개

평가기준

단계	평가내용	비고
A	• 문제 상황 및 문제 속에 내포된 단계별로 붙여지는 붙임딱지 개수의 규칙(1+2+3+…)을 바르게 이해함. • 문제의 조건을 바르게 이해하고, 제시된 그림에 나타난 단계별로 붙여지는 붙임딱지의 개수(1번째: 1개, 2번째: 3개, 3번째: 6개, 4번째: 10개, …)에 대한 정보들을 올바르게 활용함. • 단계별로 붙여지는 붙임딱지의 개수에 나타난 정보들에서 단계별로 붙임딱지의 개수가 규칙적으로 늘어나고 있음을 인식하고 붙임딱지 개수의 규칙(1+2+3+…)을 찾아내는 전략을 찾아 바르게 실행하고, 정답(55개)을 기술함. • 전략수행과정이나 문제해결과정에서 타당한 추론을 통해 문제를 해결함. • 답을 알아내는 모든 단계나 과정을 명확하고 논리적으로 충분히 설명함. • 문제해결과정에 사용된 수학적 용어 및 기호 등의 표현이 정확함.	매우 잘함
B	• 문제 상황 및 문제 속에 내포된 단계별로 붙여지는 붙임딱지 개수의 규칙(1+2+3+…)을 바르게 이해함. • 문제의 조건을 바르게 이해하고, 제시된 그림에 나타난 단계별로 붙여지는 붙임딱지의 개수(1번째: 1개, 2번째: 3개, 3번째: 6개, 4번째: 10개, …)에 대한 정보들을 올바르게 활용함. • 타당한 추론을 통해 단계별로 붙여지는 붙임딱지의 개수에 나타난 정보들에서 단계별로 붙임딱지의 개수가 규칙적으로 늘어나고 있음을 인식하고 붙임딱지 개수의 규칙(1+2+3+…)을 찾아내는 전략을 바르게 실행하고 있으나 답이 부정확함. a) 사소한 오차나 옮겨쓰기 과정에 오류가 있음. b) 답을 쓰지 않음. • 답을 알아내는 전체 과정을 논리적으로 설명하고 있으나 약간의 비약을 포함하고 있음. • 문제해결과정에 사용된 수학적 용어 및 기호 등의 표현에서 약간의 오류를 나타냄.	잘함
C	• 문제 상황 및 문제 속에 내포된 단계별로 붙여지는 붙임딱지 개수의 규칙(1+2+3+…)을 부분적으로 이해함. • 문제의 조건을 바르게 이해하지 못하여 제시된 그림에 나타난 단계별로 붙여지는 붙임딱지의 개수(1번째: 1개, 2번째: 3개, 3번째: 6개, 4번째: 10개, …)에 대한 정보들 중 일부만을 선택하거나 바르게 활용하지 못함. • 단계별로 붙여지는 붙임딱지의 개수에 나타난 정보들에서 단계별로 붙임딱지의 개수가 규칙적으로 늘어나고 있음을 인식하고 붙임딱지 개수의 규칙(1+2+3+…)을 찾아내는 전략을 시도하고 있으나 타당하게 추론하지 못하거나 끝까지 실행하지 못하여 정답에 이르지 못함. a) 10번째 붙여지는 붙임딱지의 수가 1+2+3+4+5+6+7+8+9+10임은 알아냈으나 정답(55개)을 바르게 구하지 못함. b) 붙임딱지 개수의 규칙(1+2+3+…)은 찾아냈으나 문제 상황에 적용하지 못하여 10번째 칸에 붙여지는 붙임딱지의 개수(55개)를 구하지 못함. • 답을 알아내는 과정 설명에 비약이 많거나, 문제해결과정 없이 정답(55개)만 기술함. • 문제해결과정에 사용된 수학적 용어 및 기호 등의 사용에 오류 및 부정확한 표현이 많이 포함됨.	보통
D	• 문제 상황 및 문제 속에 내포된 단계별로 붙여지는 붙임딱지 개수의 규칙(1+2+3+…)을 이해하지 못함. • 문제의 조건을 이해하지 못하여 문제해결과 관련 없이 제시된 그림에 나타난 단계별로 붙여지는 붙임딱지의 개수(1번째: 1개, 2번째: 3개, 3번째: 6개, 4번째: 10개, …)에 대한 정보들을 활용함. • 문제해결과정에 대한 설명이 불완전하거나 명료하지 않아 이해하기 어려움. • 문제해결을 전혀 시도하지 못함. a) 백지 또는 오답 이외에 아무것도 쓰지 않음. b) 문제와 관련 없는 것만을 기술함.	노력 요함

구분		5-2-8-3			
학기	5-2	단원명	8. 문제해결방법 찾기	내용영역	규칙성과 문제해결
교육과정 중영역		문제해결방법 찾기			
성취기준		문제 상황에 알맞은 문제해결전략을 찾고, 이를 활용하여 문제를 바르게 해결할 수 있다.			
출제의도		문제 상황에 알맞은 문제해결전략을 찾고, 이를 활용하여 알맞은 답을 구하도록 한다.			

문 제

진석이네 반에서는 매달 마다 다음과 같이 자리를 이동합니다. 진석이가 3월에 3번에 앉았다면, 7월에 진석이는 몇 번 자리에 앉게 되는지 구하시오.

〈이동 규칙〉

1. 짝수달은 오른쪽으로 2칸 이동한 뒤, 뒤로 한 칸 움직입니다.
2. 홀수달은 왼쪽으로 1칸 이동한 뒤, 뒤로 두 칸 움직입니다.

* 뒤로 이동할 때, 더 이상 자리가 없을 때에는 앞줄로 이동합니다.
예) 15번에서 2칸 뒤 → 12번

교탁

1	6	11	16	21	26
2	7	12	17	22	27
3	8	13	18	23	28
4	9	14	19	24	29
5	10	15	20	25	30

풀이과정

이동 규칙에 따라서 직접 해보면, 4월은 짝수 달이므로, 진석이는 13번으로 이동한 뒤, 한 칸 뒤인 14번에 앉게 됩니다. 5월은 홀수 달이므로, 진석이는 9번으로 이동한 뒤, 6번에 앉게 됩니다. 6월은 짝수 달이므로 16번으로 이동한 뒤, 17번에 앉게 됩니다. 7월은 홀수 달이므로 12번으로 움직인 뒤 14번에 앉게 됩니다. 그러므로 7월에 진석이는 14번 자리에 앉게 됩니다.

정 답

14번 자리에 앉게 된다.

평가기준

단계	평가내용	비고
A	• 문제 상황 및 문제 속에 내포된 이동 규칙(1. 짝수달은 오른쪽으로 2칸 이동한 뒤, 뒤로 한 칸 움직입니다. 2. 홀수달은 왼쪽으로 1칸 이동한 뒤, 뒤로 두 칸 움직입니다. * 뒤로 이동할 때, 더 이상 자리가 없을 때에는 앞줄로 이동합니다. 예) 15번에서 2칸 뒤 → 12번)을 바르게 이해함. • 문제의 조건을 바르게 이해하고, 제시된 문제에 나타난 이동 규칙에 대한 정보와 시작이 되는 자리 위치의 정보들을 올바르게 활용함. • 문제에서 제시된 이동 규칙에서 3번 자리에서 출발하여 직접 자리를 이동시키면서 4월은 짝수 달이므로, 진석이는 13번으로 이동한 뒤, 한 칸 뒤인 14번에 앉게 되고, 5월은 홀수 달이므로 진석이는 9번으로 이동한 뒤, 6번에 앉게 되며, 6월은 짝수 달이므로 16번으로 이동한 뒤, 17번, 7월은 홀수 달이므로 12번으로 움직인 뒤 14번에 앉게 되므로 7월에 진석이는 14번 자리에 앉게 되는 과정을 바르게 실행하고, 정답(14번 자리)을 기술함. • 전략수행과정이나 문제해결과정에서 타당한 추론을 통해 문제를 해결함. • 답을 알아내는 모든 단계나 과정을 명확하고 논리적으로 충분히 설명함. • 문제해결과정에 사용된 수학적 용어 및 기호 등의 표현이 정확함.	매우 잘함
B	• 문제 상황 및 문제 속에 내포된 이동 규칙을 바르게 이해함. • 문제의 조건을 바르게 이해하고, 제시된 문제에 나타난 이동 규칙에 대한 정보와 시작이 되는 자리 위치의 정보들을 올바르게 활용함. • 타당한 추론을 통해 문제에서 제시된 이동 규칙에서 3번 자리에서 출발하여 직접 자리를 이동시키면서 4월은 짝수 달이므로, 진석이는 13번으로 이동한 뒤, 한 칸 뒤인 14번에 앉게 되고, 5월은 홀수 달이므로 진석이는 9번으로 이동한 뒤, 6번에 앉게 되며, 6월은 짝수 달이므로 16번으로 이동한 뒤, 17번, 7월은 홀수 달이므로 12번으로 움직인 뒤 14번에 앉게 되므로 7월에 진석이는 14번 자리에 앉게 되는 과정을 바르게 실행하고 있으나 답이 부정확함. a) 사소한 오차나 옮겨쓰기 과정에 오류가 있음. b) 답을 쓰지 않음. • 답을 알아내는 전체 과정을 논리적으로 설명하고 있으나 약간의 비약을 포함하고 있음. • 문제해결과정에 사용된 수학적 용어 및 기호 등의 표현에서 약간의 오류를 나타냄.	잘함
C	• 문제 상황 및 문제 속에 내포된 이동 규칙을 부분적으로 이해함. • 문제의 조건을 바르게 이해하고, 제시된 문제에 나타난 이동 규칙에 대한 정보와 시작이 되는 자리 위치의 정보들 중 일부만을 선택하거나 바르게 활용하지 못함. • 문제에서 제시된 이동 규칙에서 3번 자리에서 출발하여 직접 자리를 이동시키면서 4월은 짝수 달이므로, 진석이는 13번으로 이동한 뒤, 한 칸 뒤인 14번에 앉게 되고, 5월은 홀수 달이므로 진석이는 9번으로 이동한 뒤, 6번에 앉게 되며, 6월은 짝수 달이므로 16번으로 이동한 뒤, 17번, 7월은 홀수 달이므로 12번으로 움직인 뒤 14번에 앉게 되므로 7월에 진석이는 14번 자리에 앉게 되는 과정을 시도하고 있으나 타당하게 추론하지 못하거나 끝까지 실행하지 못하여 정답에 이르지 못함. a) 이동 규칙을 잘못 적용하여 과정 중에 다른 자리로의 이동이 있음. • 답을 알아내는 과정 설명에 비약이 많거나, 문제해결과정 없이 정답(14번 자리)만 기술함. • 문제해결과정에 사용된 수학적 용어 및 기호 등의 사용에 오류 및 부정확한 표현이 많이 포함됨.	보통
D	• 문제 상황 및 문제 속에 내포된 이동 규칙을 이해하지 못함. • 문제의 조건을 이해하지 못하여 제시된 문제에 나타난 이동 규칙에 대한 정보와 시작이 되는 자리 위치의 정보들 활용함. • 문제해결과정에 대한 설명이 불완전하거나 명료하지 않아 이해하기 어려움. • 문제해결을 전혀 시도하지 못함. a) 백지 또는 오답 이외에 아무것도 쓰지 않음. b) 문제와 관련 없는 것만을 기술함.	노력 요함

영역	문항번호	단원
수와 연산	5-1-1-2	1. 약수와 배수
	5-2-5-3	5. 소수의 나눗셈
도형	5-1-6-1	6. 직육면체와 정육면체
	5-2-3-1	3. 도형의 대칭
측정	5-1-7-1	7. 평면도형의 넓이
	5-1-8-2	8. 여러 가지 단위
확률과 통계	5-2-7-1	7. 비와 비율
	5-2-8-1	8. 문제해결방법 찾기
규칙성과 문제해결	5-2-6-2	6. 자료의 표현과 해석
	5-2-6-3	6. 자료의 표현과 해석

03

서술형 평가 적용의 예

5학년 1학기 1. 약수와 배수 단원 2번 문항 | 수와 연산

문 제

나윤이는 가로 30cm, 세로 20cm의 색도화지를 잘라 종이접기를 하려고 합니다. 종이접기를 하기 위해서는 가로, 세로가 4cm인 정사각형이어야 합니다. (단, 자투리 종이를 붙여서 사용할 수 없음)

(1) 정사각형 종이는 최대한 몇 장까지 자를 수 있으며,

(2) 이때 남은 자투리 종이의 넓이는 몇 cm^2인지 풀이과정과 답을 쓰시오.

풀이과정

정 답

(1) ( )장

(2) ( )cm^2

5학년 1학기 1. 약수와 배수 단원 2번 문항 응답예시 | 수와 연산

점수	평가내용	응답 예시
A	• 문제 상황 및 문제 속에 내포된 배수의 의미를 바르게 이해함. • 문제의 조건을 바르게 이해하고, 제시된 문제 상황에서 문제해결에 적절한 정보(색도화지의 가로와 세로의 길이, 단위 정사각형의 가로와 세로의 길이, 자투리 종이의 가로와 세로의 길이)를 활용함. • 정사각형 종이는 최대한 몇 장까지 자를 수 있는지(7×5=35장), 남은 자투리 종이의 넓이는 몇인지(20×2=40cm^2)를 모두 바르게 구함. • 전략수행과정이나 문제해결과정에서 타당한 추론을 통해 문제를 해결함. • 답을 알아내는 모든 단계나 과정을 명확하고 논리적으로 충분히 설명함. • 문제해결과정에 사용된 수학적 용어 및 기호 등의 표현이 정확함.	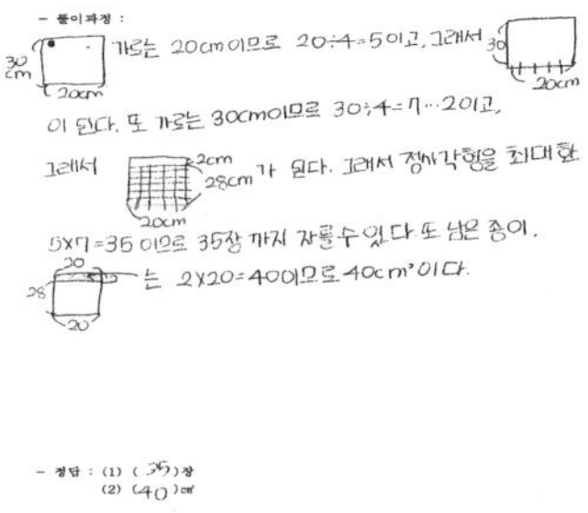
B	• 문제 상황 및 문제 속에 내포된 배수의 의미를 바르게 이해함. • 문제의 조건을 바르게 이해하고, 제시된 문제 상황에서 문제해결에 적절한 정보(색도화지의 가로와 세로의 길이, 단위 정사각형의 가로와 세로의 길이, 자투리 종이의 가로와 세로의 길이)를 활용함. • 정사각형 종이는 최대한 몇 장까지 자를 수 있는지(7×5=35장), 남은 자투리 종이의 넓이는 몇인지(20×2=40㎠)를 타당한 추론을 통하여 찾아내고 있으나 답이 부정확함. a) 사소한 오차나 옮겨 쓰기 과정에 오류가 있음. b) 계산 과정은 있으나 답을 쓰지 않음. • 답을 알아내는 전체 과정을 논리적으로 설명하고 있으나 약간의 비약을 포함하고 있음. • 문제해결과정에 사용된 수학적 용어 및 기호 등의 표현에서 약간의 오류를 나타냄.	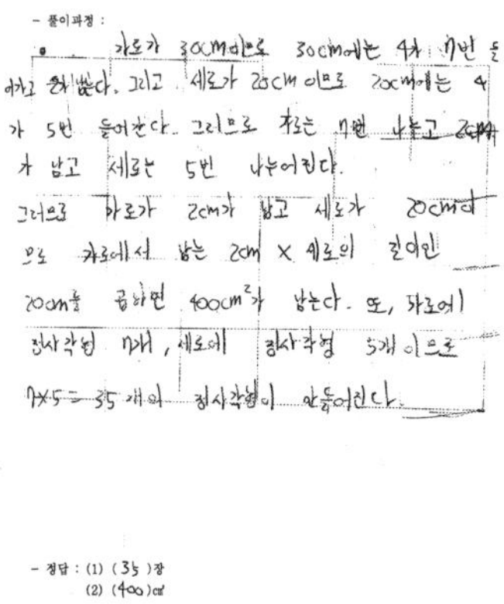
C	• 문제 상황 및 문제 속에 내포된 배수의 의미를 부분적으로 이해함. • 문제의 조건을 바르게 이해하지 못하고, 제시된 문제 상황에서 문제해결에 적절한 정보(색도화지의 가로와 세로의 길이, 단위 정사각형의 가로와 세로의 길이, 자투리 종이의 가로와 세로의 길이) 중 일부만을 선택하여 활용함. • 정사각형 종이는 최대한 몇 장까지 자를 수 있는지, 남은 자투리 종이의 넓이는 몇인지를 타당하게 추론하지 못하거나 끝까지 실행하지 못하여 정답에 이르지 못함. • 답을 알아내는 과정 설명에 비약이 많거나, 문제해결과정 없이 정답만 기술함. • 문제해결과정에 사용된 수학적 용어 및 기호 등의 사용에 오류 및 부정확한 표현이 많이 포함됨.	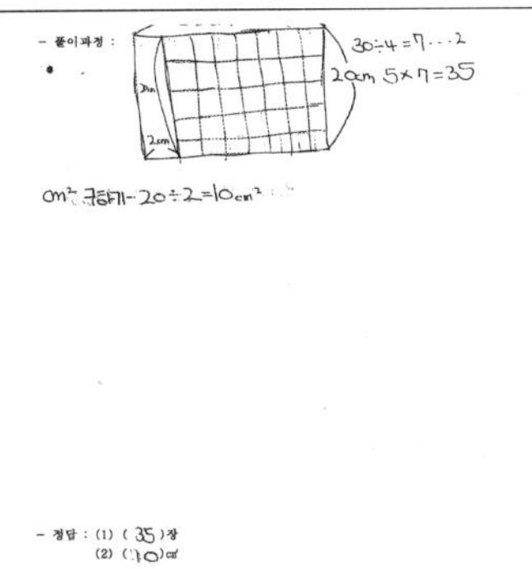
D	• 문제 상황 및 문제 속에 내포된 배수의 의미를 이해하지 못함. • 문제의 조건을 이해하지 못하여 문제해결과 관련 없이 제시된 숫자들을 무의미하게 활용함. • 문제해결과정에 대한 설명이 불완전하거나 명료하지 않아 이해하기 어려움. • 문제해결을 전혀 시도하지 못함. a) 백지 또는 오답 이외에 아무것도 쓰지 않음. b) 문제와 관련 없는 것만을 기술함.	

문 제

민지는 수퍼마켓에 가서 마가렛트를 사려고 하는데, 크기와 양이 다른 규격으로 3종류가 있었습니다. 민지는 세 크기의 마가렛트 중에 1g당 가장 저렴한 것을 사려고 합니다.

	과자의 양	가격
마가렛트 A	456g	4990원
마가렛트 B	342g	2910원
마가렛트 C	228g	2800원

민지가 어떤 과자를 구입해야 하는지 구해보고, 왜 그렇게 생각했는지 풀이과정과 답을 쓰시오. (1g당 가격은 반올림하여 소수 둘째자리까지 구하시오.)

풀이과정

정 답

(   )

5학년 2학기 5. 소수의 나눗셈 단원 3번 응답예시 | 수와 연산

점수	평가내용	응답 예시
A	• 문제 상황 및 문제 속에 내포된 (자연수) ÷ (자연수)의 계산 원리와 방법을 바르게 이해함. • 문제의 조건을 바르게 이해하고, 가장 저렴한 마가렛트를 구하기 위해 각 마가렛트의 과자의 양(456g, 342g, 228g)과 가격(4990원, 2910원, 2800원) 등의 정보를 올바르게 활용함. • 가장 저렴한 마가렛트를 구하기 위해 같은 양의 마가렛트에서 가격이 어떻게 되는지 계산하는 전략(예를 들어, 1g당 마가렛트 A는 10.94원, 마가렛트 B는 8.51원, 마가렛트 C는 12.29원)을 찾아 바르게 실행하여 답(마가렛트 B)을 바르게 기술함. • 전략수행과정이나 문제해결과정에서 타당한 추론을 통해 문제를 해결함. • 답을 알아내는 모든 단계나 과정을 명확하고 논리적으로 충분히 설명함. • 문제해결과정에 사용된 수학적 용어 및 기호 등의 표현이 정확함.	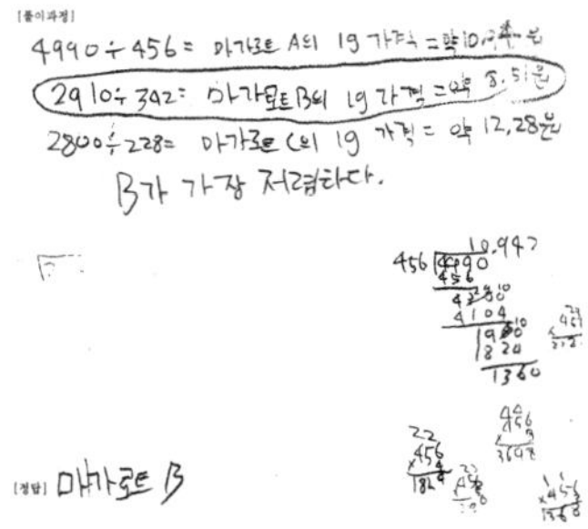
B	• 문제 상황 및 문제 속에 내포된 (자연수) ÷ (자연수)의 계산 원리와 방법을 바르게 이해함. • 문제의 조건을 바르게 이해하고, 가장 저렴한 마가렛트를 구하기 위해 각 마가렛트의 과자의 양(456g, 342g, 228g)과 가격(4990원, 2910원, 2800원) 등의 정보를 활용함. • 타당한 추론을 통해 가장 저렴한 마가렛트를 구하기 위해 같은 양의 마가렛트에서 가격이 어떻게 되는지 계산하는 전략(예를 들어, 1g당 마가렛트 A는 10.94원, 마가렛트 B는 8.51원, 마가렛트 C는 12.29원)을 찾아 실행하고 있으나 답이 부정확함. a) 사소한 오차나 옮겨 쓰기 과정에 오류가 있음. b) 답을 쓰지 않음. • 답을 알아내는 전체 과정을 논리적으로 설명하고 있으나 약간의 비약을 포함하고 있음. • 문제해결과정에 사용된 수학적 용어 및 기호 등의 표현에서 약간의 오류를 나타냄.	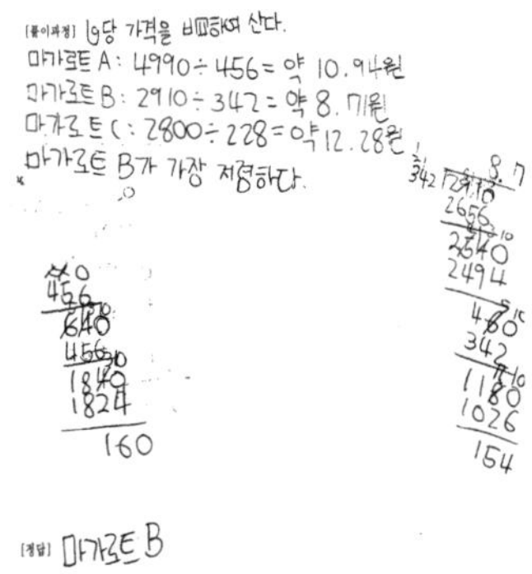
C	• 문제 상황 및 문제 속에 내포된 (자연수) ÷ (자연수)의 계산 원리와 방법을 부분적으로 이해함. • 문제의 조건을 바르게 이해하고, 가장 저렴한 마가렛트를 구하기 위해 각 마가렛트의 과자의 양(456g, 342g, 228g)과 가격(4990원, 2910원, 2800원) 등의 정보들 중 일부만을 선택하거나 바르게 활용하지 못함. • 가장 저렴한 마가렛트를 구하기 위해 같은 양의 마가렛트에서 가격이 어떻게 되는지 계산하는 전략(예를 들어, 1g당 마가렛트 A는 10.94원, 마가렛트 B는 8.51원, 마가렛트 C는 12.29원)을 찾아 시도하고 있으나 타당하게 추론하지 못하거나 끝까지 실행하지 못하여 정답에 이르지 못함. a) 답의 숫자부분만 맞고 소수점 위치가 정확하지 않음. b) 식만 세우고 답을 구하지 않음. c) 비교하는 g수가 과자별로 제각각 다름. • 답을 알아내는 과정 설명에 비약이 많거나, 문제해결과정 없이 정답(마가렛트 B)만 기술함. • 문제해결과정에 사용된 수학적 용어 및 기호 등의 사용에 오류 및 부정확한 표현이 많이 포함됨.	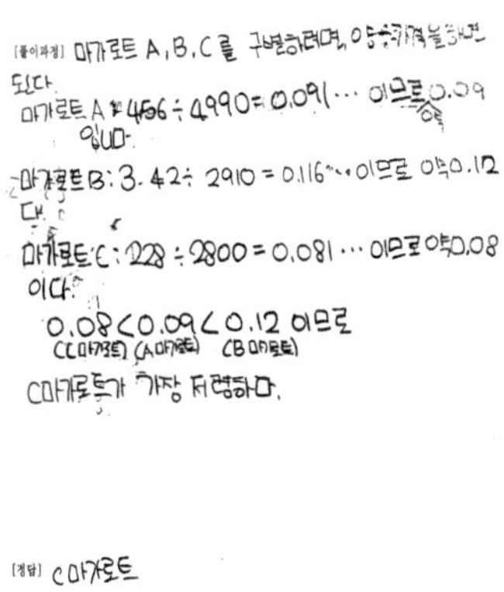
D	• 문제 상황 및 문제 속에 내포된 (자연수) ÷ (자연수)의 계산 원리와 방법을 이해하지 못함. • 문제의 조건을 이해하지 못하여 가장 저렴한 마가렛트를 구하기 위해 각 마가렛트의 과자의 양(456g, 342g, 228g)과 가격(4990원, 2910원, 2800원) 등의 정보들을 활용함. • 문제해결과정에 대한 설명이 불완전하거나 명료하지 않아 이해하기 어려움. • 문제해결을 전혀 시도하지 못함. a) 백지 또는 오답 이외에 아무것도 쓰지 않음. b) 문제와 관련 없는 것만을 기술함.	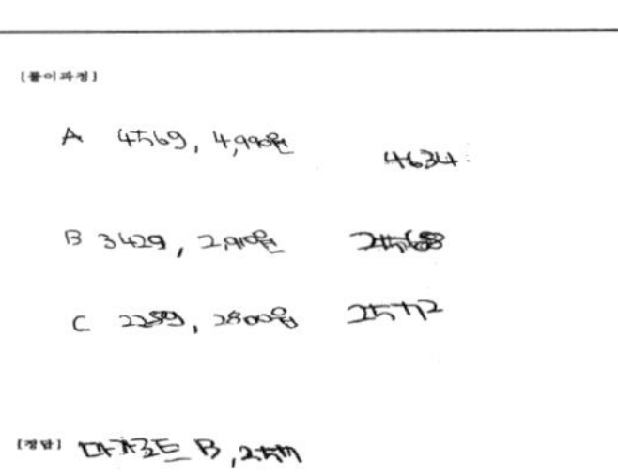

5학년 1학기 | 6. 직육면체와 정육면체 단원 1번 문항 | 도형

문 제

미술선생님은 길이가 각각 2m, 3m, 4m, 5m인 철사를 가지고 있습니다. 세현이와 예슬이는 아래와 같이 철사를 모서리로 하는 직육면체 모양의 청사초롱 틀을 만들려고 합니다. 세현이와 예슬이가 남는 철사의 길이를 가장 짧게 하려면 미술선생님께 각각 몇 m의 철사를 받아가면 좋을지 풀이과정과 답을 쓰시오.

	밑면의 가로(cm)	밑면의 세로(cm)	높이(cm)
세현	20	20	30
예슬	15	15	50

풀이과정

정 답

세현이는 (   )m, 예슬이는 (   )m인 철사를 받는다.

5학년 1학기 6. 직육면체와 정육면체 단원 1번 문항 응답예시 | 도형

점수	평가내용	응답 예시
A	• 문제 상황 및 문제 속에 내포된 직육면체 전체 모서리의 길이를 바르게 이해함. • 문제의 조건을 바르게 이해하고, 제시된 문제 상황에서 문제해결에 적절한 정보(철사의 종류별 길이, 세현이와 예슬이 만들고자 하는 직육면체의 밑면의 가로, 밑면의 세로, 높이의 길이)를 활용함. • 세현이가 만들고자 하는 청사초롱 전체 모서리의 길이((20×4)+(20×4)+(30×4)=280cm)를 구하는 과정, 예슬이가 만들고자 하는 청사초롱 전체 모서리의 길이((15×4)+(15×4)+(50×4)=320cm)를 구하는 과정과 남는 철사의 길이를 최소로 하기 위해 선택해야 하는 철사(세현이는 3m, 예슬이는 4m)를 정확하게 나타냄. • 전략수행과정이나 문제해결과정에서 타당한 추론을 통해 문제를 해결함. • 답을 알아내는 모든 단계나 과정을 명확하고 논리적으로 설명함. • 문제해결과정에 사용된 수학적 용어 및 기호 등의 표현이 정확함.	- 풀이과정 : 세현이가 청사초롱 틀을 만드려면 20×4+20×4+30×4 = 80+80+120 = 280cm의 철사가 필요하다. 280cm는 2m 80cm 이므로 3m의 철사를 받아야 남는 것이 가장 적다. 예슬이는 15×4+15×4+50×4 = 60+60+200 = 320cm의 철사가 필요하므로 4m 철사를 받아야 한다. - 정답 : 세현 - (3)m, 예슬 - (4)m
B	• 문제 상황 및 문제 속에 내포된 직육면체 전체 모서리의 길이를 바르게 이해함. • 문제의 조건을 바르게 이해하고, 제시된 문제 상황에서 문제해결에 적절한 정보(철사의 종류별 길이, 세현이와 예슬이 만들고자 하는 직육면체의 밑면의 가로, 밑면의 세로, 높이의 길이)를 활용함. • 세현이가 만들고자 하는 청사초롱 전체 모서리의 길이 ((20×4)+(20×4)+(30×4)=280cm)를 구하는 과정, 예슬이가 만들고자 하는 청사초롱 전체 모서리의 길이((15×4)+(15×4)+(50×4)=320cm)를 구하는 과정과 남는 철사의 길이를 최소로 하기 위해 선택해야 하는 철사(세현이는 3m, 예슬이는 4m)를 나타냄. a) 사소한 오차나 옮겨 쓰기 과정에 오류가 있음. b) 계산 과정은 있으나 답을 쓰지 않음. • 답을 알아내는 전체 과정을 논리적으로 설명하고 있으나 약간의 비약을 포함하고 있음. • 문제해결과정에 사용된 수학적 용어 및 기호 등의 표현에서 약간의 오류를 나타냄.	- 풀이과정 : 4 160+120  20cm가 80cm — 280 20cm×4=80cm 160 120 15×8=120 200 320 - 정답 : 세현 - (3)m, 예슬 - (4)m
C	• 문제 상황 및 문제 속에 내포된 직육면체 전체 모서리의 길이를 부분적으로 이해함. • 문제의 조건을 바르게 이해하지 못하고 제시된 문제 상황에서 문제해결에 적절한 정보(철사의 종류별 길이, 세현이와 예슬이 만들고자 하는 직육면체의 밑면의 가로, 밑면의 세로, 높이의 길이) 중 일부만을 선택하여 활용함. • 세현이가 만들고자 하는 청사초롱 전체 모서리의 길이((20×4)+(20×4)+(30×4)=280cm)를 구하는 과정, 예슬이가 만들고자 하는 청사초롱 전체 모서리의 길이((15×4)+(15×4)+(50×4)=320cm)를 구하는 과정과 남는 철사의 길이를 최소로 하기 위해 선택해야 하는 철사(세현이는 3m, 예슬이는 4m)를 정확하게 나타내지 못함. a) 세현이와 예슬이 중 한 명만 정확한 답을 기술함. b) 세현이와 예슬이가 필요한 전체 모서리의 길이를 답으로 쓴 경우. • 답을 알아내는 과정 설명에 비약이 많거나, 문제해결과정 없이 정답만 기술함. • 문제해결과정에 사용된 수학적 용어 및 기호 등의 사용에 오류 및 부정확한 표현이 많이 포함됨.	- 풀이과정 : 모서리:12개 2m+3m+4m+5m=14m 세현=20×4+20×4+30×4 =80+80+120 =160+120=280cm=2.8m 예슬=15×4+15×4+50×4 =60+60+200 =120+200=320cm=3.2m - 정답 : 세현 - (2.8)m, 예슬 - (3.2)m
D	• 문제 상황 및 문제 속에 내포된 직육면체 전체 모서리의 길이를 이해하지 못함. • 문제의 조건을 이해하지 못하여 문제해결과 관련 없이 제시된 숫자들을 무의미하게 활용함. • 문제해결과정에 대한 설명이 불완전하거나 명료하지 않아 이해하기 어려움. • 문제해결을 전혀 시도하지 못함. a) 백지 또는 오답 이외에 아무것도 쓰지 않음. b) 문제와 관련 없는 것만을 기술함.	- 풀이과정 : 20×4=80 20×4=80 15×4= 60 15×4= 60 - 정답 : 세현 - (2)m, 예슬 - (3)m

5학년 2학기	3. 도형의 대칭 단원 1번 문항	도형

문 제

다음 그림과 같이 정육면체의 전개도의 한 면에 글자가 주어져 있습니다. 주어진 글자를 선분 ㈎를 대칭축으로 하여 선대칭의 위치에 있는 도형을 그리고, 그려진 도형을 다시 선분 ㈏를 대칭축으로 하여 선대칭의 위치에 있는 도형을 그립니다. 이러한 활동을 반복하여 선분 ㈐, 선분 ㈑, 선분 ㈒를 대칭축으로 하여 선대칭의 위치에 있는 도형을 그릴 때, 빗금친 면에 그려지게 되는 글자는 어떤 모양이 되는지 구하시오.

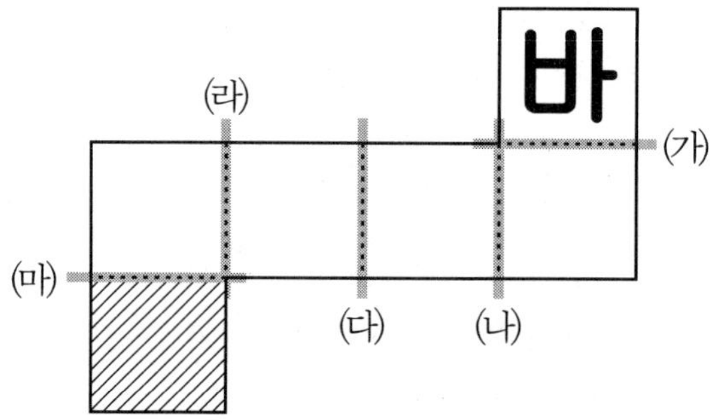

풀이과정

정 답

5학년 2학기 3. 도형의 대칭 단원 1번 문항 응답예시 | 도형

점수	평가내용	응답 예시
A	• 문제 상황 및 문제 속에 내포된 선대칭의 위치에 있는 도형의 개념 및 선대칭 위치에 있는 도형 그리는 방법을 바르게 이해함. • 빗금친 면에 그려지는 글자의 모양을 구하기 위하여 선분 ㈎, ㈏, ㈐, ㈑, ㈒를 대칭축으로 올바르게 활용하여 선대칭 위치에 있는 도형을 그림. • 빗금친 면에 그려지는 글자의 모양을 구하기 위하여 주어진 선분 각각을 대칭축으로 하는 선대칭의 위치에 있는 도형을 차례로 그리는 전략을 찾아 바르게 실행하고, 답(ᅥ비)을 바르게 기술함. • 전략수행과정이나 문제해결과정에서 타당한 추론을 통해 문제를 해결함. • 답을 알아내는 모든 단계나 과정을 명확하고 논리적으로 충분히 설명함. • 문제해결과정에 사용된 수학적 용어 및 기호 등의 표현이 정확함.	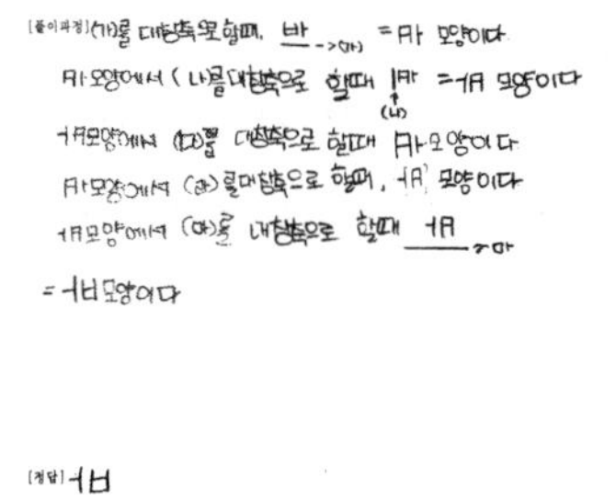
B	• 문제 상황 및 문제 속에 내포된 선대칭의 위치에 있는 도형의 개념 및 선대칭 위치에 있는 도형 그리는 방법을 바르게 이해함. • 빗금친 면에 그려지는 글자의 모양을 구하기 위하여 선분 ㈎, ㈏, ㈐, ㈑, ㈒를 대칭축으로 선택하여 활용함. • 타당한 추론을 통해 빗금친 면에 그려지는 글자의 모양을 구하기 위하여 주어진 선분 각각을 대칭축으로 하는 선대칭의 위치에 있는 도형을 차례로 그리는 전략을 찾아 실행하고 있으나 답이 부정확함. a) 사소한 오류나 옮겨 쓰기 과정에 오류가 있음. b) 답을 쓰지 않음. • 답을 알아내는 전체 과정을 논리적으로 설명하고 있으나 약간의 비약을 포함하고 있음. • 문제해결과정에 사용된 수학적 용어 및 기호 등의 표현에서 약간의 오류를 나타냄.	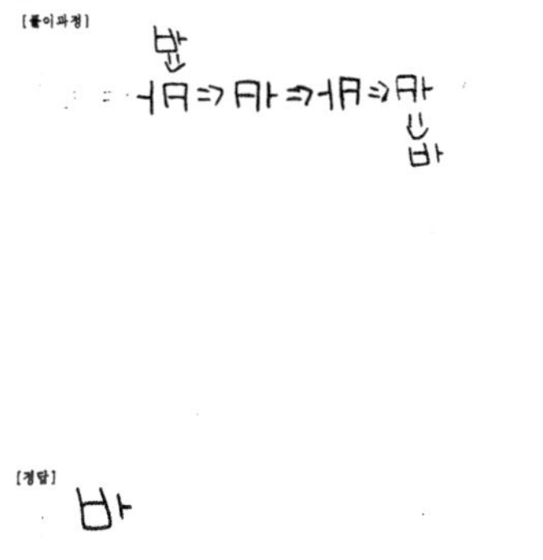
C	• 문제 상황 및 문제 속에 내포된 선대칭의 위치에 있는 도형의 개념 및 선대칭 위치에 있는 도형 그리는 방법을 부분적으로 이해함. • 문제의 조건을 바르게 이해하지 못하여 선분 ㈎, ㈏, ㈐, ㈑, ㈒ 중 일부만을 대칭축으로 선택하여 활용함. • 빗금친 면에 그려지는 글자의 모양을 구하기 위하여 주어진 선분 각각을 대칭축으로 하는 선대칭의 위치에 있는 도형을 차례로 그리는 전략을 찾아 시도하고 있으나 타당하게 추론하지 못하거나 끝까지 실행하지 못하여 정답에 이르지 못함. • 답을 알아내는 과정 설명에 비약이 많거나, 문제해결과정 없이 정답(ᅥ비)만 기술함. • 문제해결과정에 사용된 수학적 용어 및 기호 등의 사용에 오류 및 부정확한 표현이 많이 포함됨.	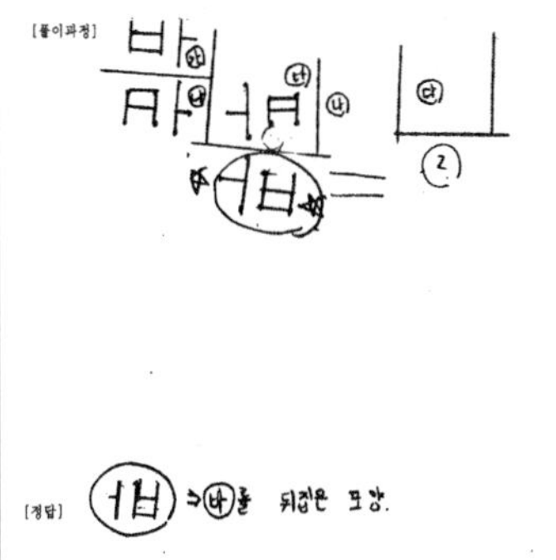
D	• 문제 상황 및 문제 속에 내포된 선대칭의 위치에 있는 도형의 개념 및 선대칭 위치에 있는 도형 그리는 방법을 이해하지 못함. • 문제의 조건을 이해하지 못하여 문제해결과 관련 없이 제시된 글자 및 선분 ㈎, ㈏, ㈐, ㈑, ㈒를 활용함. • 문제해결과정에 대한 설명이 불완전하거나 명료하지 않아 이해하기 어려움. • 문제해결을 전혀 시도하지 못함. a) 백지 또는 오답 이외에 아무것도 쓰지 않음. b) 문제와 관련 없는 것만을 기술함.	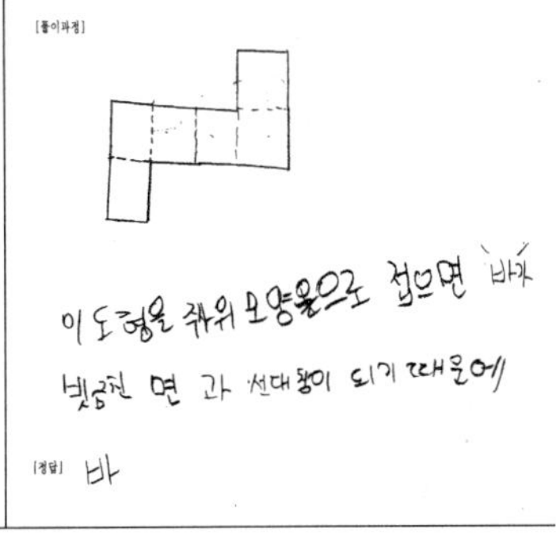

5학년 1학기 7. 평면도형의 넓이 단원 1번 문항 | 측정

문 제

찬희는 밑변의 길이가 30cm, 넓이가 300cm^{2}인 삼각형 모양의 도화지를 가지고 있습니다. 우유를 마시다 흘려 도화지가 젖는 바람에 아래 그림과 같이 밑변에 평행하게 삼각형 높이의 $\frac{1}{4}$을 잘라 냈습니다. 남은 사다리꼴 모양 도화지의 높이는 몇 cm인지 풀이과정과 답을 쓰시오.

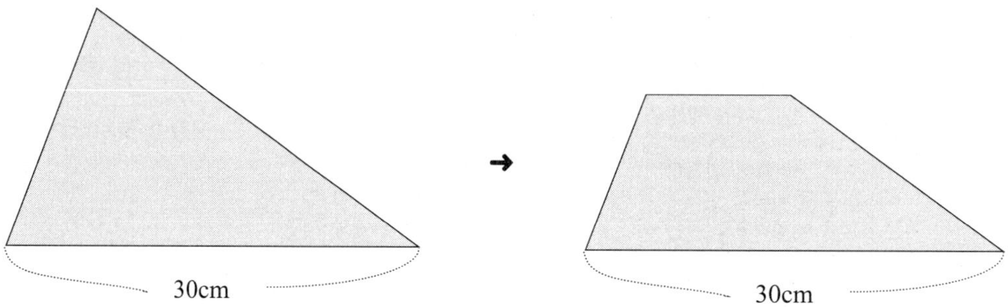

풀이과정

정 답

(　　　)cm

5학년 1학기 7. 평면도형의 넓이 단원 1번 문항 응답예시 | 측정

점수	평가내용	응답 예시
A	• 문제 상황 및 문제 속에 내포된 삼각형의 넓이 구하는 방법을 바르게 이해함. • 문제의 조건을 바르게 이해하고, 제시된 문제 상황에서 문제해결에 적절한 정보(삼각형의 밑변의 길이, 삼각형의 넓이, 밑변에 평행하게 잘린 삼각형 높이)를 활용함. • 삼각형의 밑변의 길이와 넓이를 통해 높이를 정확하게 구하고($300cm^2 \times 2 \div 30cm = 20cm$), 잘린 높이가 원래 삼각형 높이의 $\frac{1}{4}$인 것을 통해($20cm \times \frac{1}{4} = 5cm$) 남은 도화지의 높이가 15cm인 것을 정확하게 나타냄. • 전략수행과정이나 문제해결과정에서 타당한 추론을 통해 문제를 해결함. • 답을 알아내는 모든 단계나 과정을 명확하고 논리적으로 설명함. • 문제해결과정에 사용된 수학적 용어 및 기호 등의 표현이 정확함.	- 풀이과정 : 삼각형높이의 길이 : 300×2÷30 = 600÷30 = 20cm 잘려나간 삼각형높이의 길이 : 20 ÷ $\frac{1}{4}$ = 20 ÷ 4 = 5cm 남은 높이 : 20 - 5 = 15cm 남은 높이는 사다리꼴의 높이와 같으므로 15cm 이다. - 정답 : (15)㎝
B	• 문제 상황 및 문제 속에 내포된 삼각형의 넓이 구하는 방법을 바르게 이해함. • 문제의 조건을 바르게 이해하고, 제시된 문제 상황에서 문제해결에 적절한 정보(삼각형의 밑변의 길이, 삼각형의 넓이, 밑변에 평행하게 잘린 삼각형 높이)를 활용함. • 삼각형의 밑변의 길이와 넓이를 통해 높이를 구하고($300cm^2 \times 2 \div 30cm = 20cm$), 잘린 높이가 원래 삼각형 높이의 $\frac{1}{4}$인 것을 통해($20cm \times \frac{1}{4} = 5cm$) 남은 도화지의 높이가 15cm인 것을 나타냄. a) 사소한 오차나 옮겨 쓰기 과정에 오류가 있음. b) 계산 과정은 있으나 답을 쓰지 않음. • 답을 알아내는 전체 과정을 논리적으로 설명하고 있으나 약간의 비약을 포함하고 있음. • 문제해결과정에 사용된 수학적 용어 및 기호 등의 표현에서 약간의 오류를 나타냄.	- 풀이과정 : 삼각형의 넓이 구하는 방법 : 밑변 × 높이 ÷ 2 30 × □ ÷ 2 = 300 = 300 × 2 ÷ 30 = 20 삼각형의 높이 : 20 cm 20 × $\frac{1}{4}$ = 5 20 - 5 = 15 - 정답 : (15)㎝
C	• 문제 상황 및 문제 속에 내포된 삼각형의 넓이 구하는 방법을 부분적으로 이해함. • 문제의 조건을 바르게 이해하지 못하고 제시된 문제 상황에서 문제해결에 적절한 정보(삼각형의 밑변의 길이, 삼각형의 넓이, 밑변에 평행하게 잘린 삼각형 높이) 중 일부만을 선택하여 활용함. • 삼각형의 밑변의 길이와 넓이를 통해 높이($300cm^2 \times 2 \div 30cm = 20cm$)구하지 못하거나 잘린 높이가 원래 삼각형 높이의 $\frac{1}{4}$인 것을 통해($20cm \times \frac{1}{4} = 5cm$) 남은 도화지의 높이(15cm)를 구하는 과정을 정확하게 나타내지 못함. • 답을 알아내는 과정 설명에 비약이 많거나, 문제해결과정 없이 정답만 기술함. • 문제해결과정에 사용된 수학적 용어 및 기호 등의 사용에 오류 및 부정확한 표현이 많이 포함됨.	- 풀이과정 : 300 × 2 ÷ 30 = 20 20 - $\frac{1}{4}$ = 19$\frac{4}{4}$ - $\frac{1}{4}$ = 19$\frac{3}{4}$ - 정답 : (19$\frac{3}{4}$)㎝
D	• 문제 상황 및 문제 속에 내포된 삼각형의 넓이 구하는 방법을 이해하지 못함. • 문제의 조건을 이해하지 못하여 문제해결과 관련 없이 제시된 숫자들을 무의미하게 활용함. • 문제해결과정에 대한 설명이 불완전하거나 명료하지 않아 이해하기 어려움. • 문제해결을 전혀 시도하지 못함. a) 백지 또는 오답 이외에 아무것도 쓰지 않음. b) 문제와 관련 없는 것만을 기술함.	- 풀이과정 : 30×10=300 300 ÷ 4 = 75 75 = 빠진 삼각형의 넓이 사다리꼴의 넓이 : 300 - 75 = 225 30 + 15 × 높이 = 225 높이 = 5 - 정답 : (5)㎝

5학년 1학기 8. 여러 가지 단위 단원 2번 문항 | 측정

문 제

지훈이의 아버지는 1.2t까지 실을 수 있는 트럭에 한 상자 무게가 4kg, 가격은 22,000원인 귤을 싣고 판매하십니다. 트럭에 귤 상자를 최대한 실어 모두 판매하셨다면 이 날의 아버지께서 판매하신 금액은 모두 얼마인지 풀이과정과 답을 쓰시오.

풀이과정

정 답

(   )원

5학년 1학기 8. 여러 가지 단위 단원 2번 문항 응답예시 | 측정

점수	평가내용	응답 예시
A	• 문제 상황 및 문제 속에 내포된 t 단위를 바르게 이해함. • 문제의 조건을 바르게 이해하고, 제시된 문제 상황에서 문제해결에 적절한 정보(트럭이 실을 수 있는 무게, 귤 한 상자의 무게와 가격)를 활용함. • 트럭이 최대한 실을 수 있는 귤 상자의 수(1200kg÷4kg=300개), 귤을 모두 판매하였을 때 총 판매금액(300개×22,000원=6,600,000원)을 정확하게 나타냄. • 전략수행과정이나 문제해결과정에서 타당한 추론을 통해 문제를 해결함. • 답을 알아내는 모든 단계나 과정을 명확하고 논리적으로 설명함. • 문제해결과정에 사용된 수학적 용어 및 기호 등의 표현이 정확함.	- 풀이과정 : 상자의 개수는 1200÷4 =300 개이고 다 팔았다고 하였으니까 이날 판매한 금액은 22000 X 300 =6600000 원 이다. 따라서 답은 6600000원이다. - 정답 : (6600000)
B	• 문제 상황 및 문제 속에 내포된 t 단위를 바르게 이해함. • 문제의 조건을 바르게 이해하고, 제시된 문제 상황에서 문제해결에 적절한 정보(트럭이 실을 수 있는 무게, 귤 한 상자의 무게와 가격)를 활용함. • 트럭이 최대한 실을 수 있는 귤 상자의 수(1200kg÷4kg=300개), 귤을 모두 판매하였을 때 총 판매금액(300개×22,000원=6,600,000원)을 나타냄. a) 사소한 오차나 옮겨 쓰기 과정에 오류가 있음. b) 계산 과정은 있으나 답을 쓰지 않음. • 답을 알아내는 전체 과정을 논리적으로 설명하고 있으나 약간의 비약을 포함하고 있음. • 문제해결과정에 사용된 수학적 용어 및 기호 등의 표현에서 약간의 오류를 나타냄.	- 풀이과정 : 1.2 t=1200kg ÷ 4kg = 300상자 300X22000= - 정답 : ( )원 6600000
C	• 문제 상황 및 문제 속에 내포된 t 단위를 부분적으로 이해함. • 문제의 조건을 바르게 이해하지 못하고 제시된 문제 상황에서 문제해결에 적절한 정보(트럭이 실을 수 있는 무게, 귤 한 상자의 무게와 가격) 중 일부만을 선택하여 활용함. • 트럭이 최대한 실을 수 있는 귤 상자의 수(1200kg÷4kg=300개)를 구하지 못하거나 귤을 모두 판매하였을 때 총 판매금액(300개×22,000원=6,600,000원)을 구하는 과정을 정확하게 나타내지 못함. • 답을 알아내는 과정 설명에 비약이 많거나, 문제해결과정 없이 정답만 기술함. • 문제해결과정에 사용된 수학적 용어 및 기호 등의 사용에 오류 및 부정확한 표현이 많이 포함됨.	- 풀이과정 : 1.2t=1200kg 1200÷30=40 22000×40=880000 - 정답 : (880000)원
D	• 문제 상황 및 문제 속에 내포된 t 단위를 이해하지 못함. • 문제의 조건을 이해하지 못하여 문제해결과 관련 없이 제시된 숫자들을 무의미하게 활용함. • 문제해결과정에 대한 설명이 불완전하거나 명료하지 않아 이해하기 어려움. • 문제해결을 전혀 시도하지 못함. a) 백지 또는 오답 이외에 아무것도 쓰지 않음. b) 문제와 관련 없는 것만을 기술함.	- 풀이과정 : 1.2t=kg =12000000kg 12000000÷4=3000000 =0.03t 22,000 ×0.03=660000원 - 정답 : (66만)원

5학년 2학기 7. 비와 비율 단원 1번 문항 | 규칙성과 문제해결

문 제

'자동차 연비'란 자동차가 연료 1L로 달릴 수 있는 거리를 말하며, 일반적으로 km/L라는 단위로 표시합니다. ★★자동차 회사의 ○○○자동차는 사용 연료의 형태에 따라 휘발유와 경유, 하이브리드의 세 가지 타입으로 생산됩니다. 세 가지 연료의 형태에 따라 ○○○자동차가 달릴 수 있는 거리가 다음과 같을 때, A, B, C 타입 중 연비가 가장 높은 타입은 무엇인지 구하시오.

〈연료 형태에 따른 ○○○자동차의 주행거리〉

연료 형태	연료의 양(L)	달릴 수 있는 거리(km)
A	10 L	152 km
B	8 L	132 km
C	20 L	356 km

풀이과정

정 답

(　　　)타입

5학년 2학기 7. 비와 비율 단원 1번 문항 응답예시 | 규칙성과 문제해결

점수	평가내용	응답 예시
A	• 문제 상황 및 문제 속에 내포된 비교하는 양, 기준량, 비율의 의미를 바르게 이해함. • 문제의 조건을 바르게 이해하고, 제시된 표에 나타난 연료 형태별 연료의 양과 달릴 수 있는 거리의 정보들을 올바르게 활용함. • 비율$=\dfrac{\text{비교하는 양}}{\text{기준량}}$을 적용하여 $\dfrac{\text{달릴 수 있는 거리(km)}}{\text{연료의 양(L)}}$로 각각의 연료형태에 따른 자동차의 연비를 구하여(A: 15.2km/L, B: 16.5km/L, C: 17.8km/L) 비교하는 전략을 찾아 바르게 실행하고, 정답(C타입)을 기술함. • 전략수행과정이나 문제해결과정에서 타당한 추론을 통해 문제를 해결함. • 답을 알아내는 모든 단계나 과정을 명확하고 논리적으로 충분히 설명함. • 문제해결과정에 사용된 수학적 용어 및 기호 등의 표현이 정확함.	[풀이과정] 연비가 제일 높은 타입이란 1L당 제일 멀리 가는 것을 말한다. $A=\frac{152}{10}=15.2$km/L $B=\frac{132}{8}=16.5$km/L $C=\frac{356}{20}=17.8$km/L [정답] C타입
B	• 문제 상황 및 문제 속에 내포된 비교하는 양, 기준량, 비율의 의미를 바르게 이해함. • 문제의 조건을 바르게 이해하고, 제시된 표에 나타난 연료 형태별 연료의 양과 달릴 수 있는 거리의 정보들을 올바르게 활용함. • 타당한 추론을 통해 비율$=\dfrac{\text{비교하는 양}}{\text{기준량}}$을 적용하여 $\dfrac{\text{달릴 수 있는 거리(km)}}{\text{연료의 양(L)}}$로 각각의 연료 형태에 따른 자동차의 연비를 구하여 비교하는 전략을 찾아 바르게 실행하고 있으나 답이 부정확함. a) 사소한 오차나 옮겨쓰기 과정에 오류가 있음. b) 답을 쓰지 않음. • 답을 알아내는 전체 과정을 논리적으로 설명하고 있으나 약간의 비약을 포함하고 있음. • 문제해결과정에 사용된 수학적 용어 및 기호 등의 표현에서 약간의 오류를 나타냄.	[풀이과정] A | 40L | 152×4=608 B | 40L | 132×5=660 C | 40L | 356×2=712 152×4=608, 132×5=660, 356×2=712 [정답] C타입
C	• 문제 상황 및 문제 속에 내포된 비교하는 양, 기준량, 비율의 의미를 부분적으로 이해함. • 문제의 조건을 바르게 이해하지 못하여 제시된 표에 나타난 연료 형태별 연료의 양과 달릴 수 있는 거리의 정보들 중 일부만을 선택하거나 바르게 활용하지 못함. • 비율$=\dfrac{\text{비교하는 양}}{\text{기준량}}$을 적용하여 $\dfrac{\text{달릴 수 있는 거리(km)}}{\text{연료의 양(L)}}$로 각각의 연료 형태에 따른 자동차의 연비를 구하여 비교하는 전략을 찾아 시도하고 있으나 타당하게 추론하지 못하거나 끝까지 실행하지 못하여 정답에 이르지 못함. a) 세 가지 타입의 연비(A: 15.2km/L, B: 16.5km/L, C: 17.8km/L)만 찾고 연비가 가장 높은 타입을 구하지 못함. b) 세 가지 타입의 연비 중 일부만 바르게 구하여 정답에 이르지 못함. • 답을 알아내는 과정 설명에 비약이 많거나, 문제해결과정 없이 정답(C타입)만 기술함. • 문제해결과정에 사용된 수학적 용어 및 기호 등의 사용에 오류 및 부정확한 표현이 많이 포함됨.	[풀이과정] A 1520 B 1056 C 7120 A 152×10=1520 B 132×8=1056 C 356×20=7120 [정답] C타입
D	• 문제 상황 및 문제 속에 내포된 비교하는 양, 기준량, 비율의 의미를 이해하지 못함. • 문제의 조건을 이해하지 못하여 문제해결과 관련 없이 제시된 표에 나타난 연료 형태별 연료의 양과 달릴 수 있는 거리의 정보들을 활용함. • 문제해결과정에 대한 설명이 불완전하거나 명료하지 않아 이해하기 어려움. • 문제해결을 전혀 시도하지 못함. a) 백지 또는 오답 이외에 아무것도 쓰지 않음. b) 문제와 관련 없는 것만을 기술함.	[풀이과정] A타입 연료양 10L 거리 152km B 연료 8L 132km C타입 20L 356km. [정답] A타입

5학년 2학기 | 8. 문제 해결 방법 찾기 단원 1번 문항 | 규칙성과 문제해결

문 제

한샘이와 경봉이는 숫자 야구게임을 하고 있습니다. 숫자 야구게임은 먼저 한샘이가 1부터 5까지의 수들 중에서 세 개의 숫자를 골라서 세 자리의 수를 만들면, 경봉이가 그 수를 예상하여 맞히는 게임입니다. 이때, 한샘이는 경봉이가 예상한 수의 자리와 숫자가 모두 맞으면 '스트라이크', 숫자는 맞으나 자리가 틀리면 '볼'이라고 대답해야 합니다. 게임에서 경봉이와 한샘이는 다음과 같이 예상하고 대답하였다고 할 때, 한샘이가 처음에 만들었던 세 자리 수는 무엇인지 구하시오.

〈한샘이와 경봉이의 숫자 야구게임 내용〉

경봉이가 예상한 수	한샘이의 대답
1 4 2	1볼
5 2 3	3볼
3 2 5	1스트라이크 2볼

풀이과정

정 답

5학년 2학기 | 8. 문제해결방법 찾기 단원 1번 응답예시 | 규칙성과 문제해결

점수	평가내용	응답 예시
A	• 문제 상황 및 문제 속에 내포된 숫자 야구게임의 규칙(스트라이크: 자리와 숫자가 모두 맞음, 볼: 숫자는 맞으나 자리가 틀림)을 바르게 이해함. • 문제의 조건을 바르게 이해하고, 제시된 표에 나타난 숫자 야구게임의 내용에 대한 정보들을 올바르게 활용함. • 숫자 야구게임에서 스트라이크 및 볼이 되는 규칙을 게임내용에 나타난 정보들에 적용하여 한샘이가 처음에 만들었던 수를 찾아내는 전략을 찾아 바르게 실행하고, 정답(235)을 기술함. • 전략수행과정이나 문제해결과정에서 타당한 추론을 통해 문제를 해결함. • 답을 알아내는 모든 단계나 과정을 명확하고 논리적으로 충분히 설명함. • 문제해결과정에 사용된 수학적 용어 및 기호 등의 표현이 정확함.	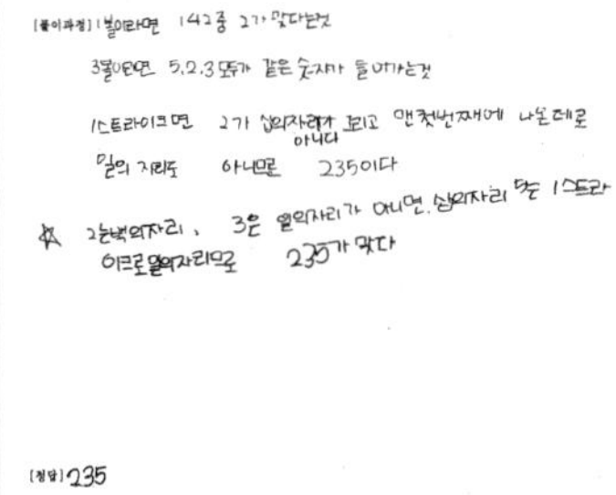
B	• 문제 상황 및 문제 속에 내포된 숫자 야구게임의 규칙(스트라이크: 자리와 숫자가 모두 맞음, 볼: 숫자는 맞으나 자리가 틀림)을 바르게 이해함. • 문제의 조건을 바르게 이해하고, 제시된 표에 나타난 숫자 야구게임의 내용에 대한 정보들을 올바르게 활용함. • 타당한 추론을 통해 숫자 야구게임에서 스트라이크 및 볼이 되는 규칙을 게임내용에 나타난 정보들에 적용하여 한샘이가 처음에 만들었던 수를 찾아내는 전략을 찾아 바르게 실행하고 있으나 답이 부정확함. a) 사소한 오차나 옮겨쓰기 과정에 오류가 있음. b) 답을 쓰지 않음. • 답을 알아내는 전체 과정을 논리적으로 설명하고 있으나 약간의 비약을 포함하고 있음. • 문제해결과정에 사용된 수학적 용어 및 기호 등의 표현에서 약간의 오류를 나타냄.	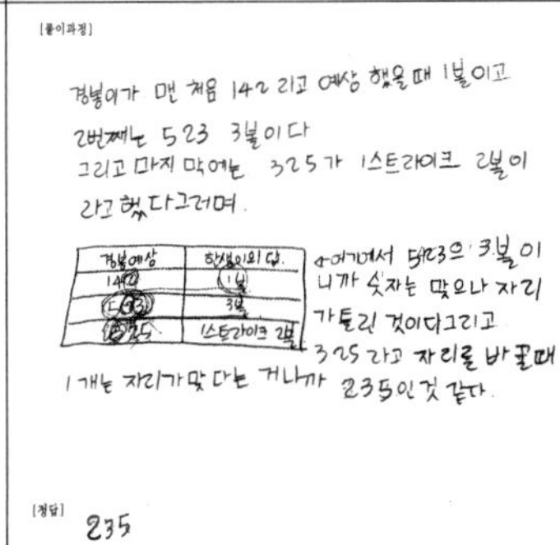
C	• 문제 상황 및 문제 속에 내포된 숫자 야구게임의 규칙(스트라이크: 자리와 숫자가 모두 맞음, 볼: 숫자는 맞으나 자리가 틀림)을 부분적으로 이해함. • 문제의 조건을 바르게 이해하지 못하여 제시된 표에 나타난 숫자 야구게임의 내용에 대한 정보들 중 일부만을 선택하거나 바르게 활용하지 못함. • 숫자 야구게임에서 스트라이크 및 볼이 되는 규칙을 게임내용에 나타난 정보들에 적용하여 한샘이가 처음에 만들었던 수를 찾아내는 전략을 찾아 시도하고 있으나 타당하게 추론하지 못하거나 끝까지 실행하지 못하여 정답에 이르지 못함. a) 답이 5, 2, 3의 세 숫자로 이루어진 수임은 알아냈으나 정답(235)을 구하지 못함. b) 백의 자리 수가 2임은 알아냈으나 정답(235)을 구하지 못함. • 답을 알아내는 과정 설명에 비약이 많거나, 문제해결과정 없이 정답(235)만 기술함. • 문제해결과정에 사용된 수학적 용어 및 기호 등의 사용에 오류 및 부정확한 표현이 많이 포함됨.	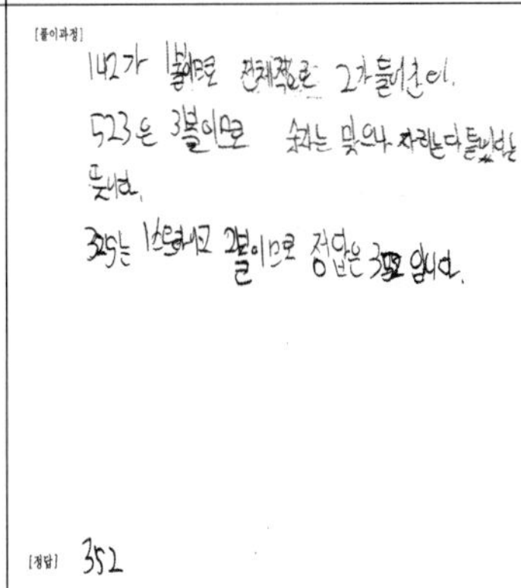
D	• 문제 상황 및 문제 속에 내포된 숫자 야구게임의 규칙(스트라이크: 자리와 숫자가 모두 맞음, 볼: 숫자는 맞으나 자리가 틀림) 이해하지 못함. • 문제의 조건을 이해하지 못하여 문제해결과 관련 없이 제시된 표에 나타난 숫자 야구게임의 내용에 대한 정보들을 활용함. • 문제해결과정에 대한 설명이 불완전하거나 명료하지 않아 이해하기 어려움. • 문제해결을 전혀 시도하지 못함. a) 백지 또는 오답 이외에 아무것도 쓰지 않음. b) 문제와 관련 없는 것만을 기술함.	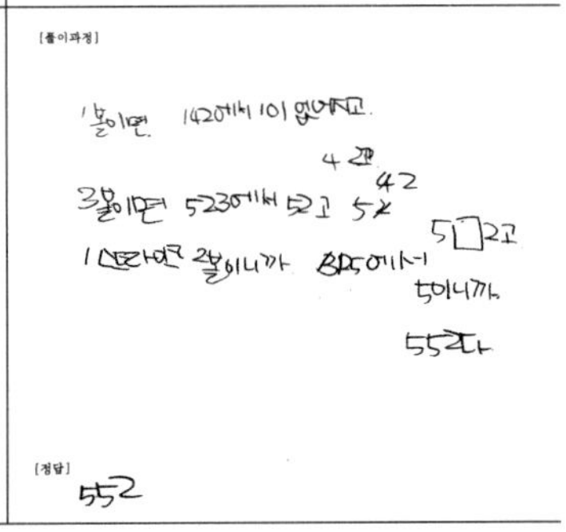

5학년 2학기 6. 자료의 표현과 해석 단원 2번 문항 | 확률과 통계

문 제

유경이가 10월 달에 본 단원평가 점수는 다음과 같습니다.

과목	국어	수학	사회	과학	영어
점수(점)	85	90	80	60	73

유경이는 다음달 11월 시험에서 과학 점수를 올려 전과목 평균이 80점 이상을 목표로 세웠습니다. 다른 과목은 10월 성적을 유지한다고 할 때, 11월 시험에서 과학은 몇 점 이상 받아야 할까요?

풀이과정

정 답

5학년 2학기 6. 자료의 표현과 해석 단원 2번 문항 응답예시 | 확률과 통계

점수	평가내용	응답 예시
A	• 문제 상황 및 문제 속에 내포된 평균의 개념을 바르게 이해함. • 제시된 표에서 문제해결에 적절한 정보를 선택하여 활용함. (유경이의 단원평가 점수를 모두 활용, 평균 구하는 개념을 활용) • 다음의 2가지 전략 중 한 가지를 바르게 기술함. a) 유경이의 10월 단원평가 점수를 합하면(85+90+80+60+73=388) 총 388점으로 나오는데, 평균이 80점이 되려면 총 400점이 필요하고, 필요한 점수가 12점 이상이 되므로 과학 점수가 72점 이상이 된다는 것을 기술하는 전략(총점 이용) b) 유경이의 10월 단원평가 점수를 합해서 5로 나누면 평균이 77.6이고, 80점 이상이 되려면 2.4점 이상을 올리면 되므로 2.4와 과목 수인 5를 곱하여 12를 구하여 72점 이상으로 기술하는 전략(평균 이용) • 전략수행과정이나 문제해결과정에서 타당한 추론을 통해 문제를 해결함. • 답을 알아내는 모든 단계나 과정을 명확하고 논리적으로 충분히 설명함. • 문제해결과정에 사용된 수학적 용어 및 기호 등의 표현이 정확함.	[풀이과정] 10월 달 평균 점수는 (85+90+80+50+73)÷5이므로 77.6점이다. 80점이 되려면 2.4점 올려야 하는데 이는 평균이므로 ×5를 하면 12점 올려야 한다. 다른 과목은 성적을 유지하고 과학만 올릴 것이므로 과학은 72점 이상 받아야 한다. [정답] 72점 이상
B	• 문제 상황 및 문제 속에 내포된 평균의 개념을 바르게 이해함. • 제시된 표에서 문제해결에 적절한 정보를 선택하여 활용함. (유경이의 단원평가 점수를 모두 활용, 평균 구하는 개념을 활용) • 타당한 추론을 통해 A단계에서 제시된 전략을 찾아 실행하고 있으나 답이 부정확함. a) 사소한 오차나 옮겨 쓰기 과정에 오류가 있음. b) 답을 쓰지 않음. • 답을 알아내는 전체 과정을 논리적으로 설명하고 있으나 약간의 비약을 포함하고 있음. • 문제해결과정에 사용된 수학적 용어 및 기호 등의 표현에서 약간의 오류를 나타냄.	[풀이과정] 10월평가 평균 점수 =(85+90+80+60+73)÷5 =388÷5=약77점 85 90 80 60 73 / 388 3점이상올려야 한다 :과학은 75점을 받아야함 85 90 80 75 73 / 40 3 [정답] 75점 이상
C	• 문제 상황 및 문제 속에 내포된 평균의 개념을 부분적으로 이해함. • 문제의 조건을 바르게 이해하지 못하여 문제해결에 적절한 정보 중 일부만을 바르게 선택하여 활용함. a) 문제에서 10월 성적은 유지한다고 가정하였으나 이러한 조건을 바르게 이해하지 못함. b) 과학 성적을 구하지 않고 다른 과목의 향상 점수를 구하였음. • A단계에서 제시한 전략을 찾아 시도하고 있으나 타당하게 추론하지 못하거나 끝까지 실행하지 못하여 정답에 이르지 못함. a) 유경이의 10월 단원평가 점수를 모두 합산하여야 하는데, 일부 모둠원의 점수만 합산하였음. b) 총점을 구했으나, 다음달에 몇 점을 올려야 하고, 과학 점수가 몇 점 이상이 되어야 하는지 바르게 구하지 못함. • 답을 알아내는 과정 설명에 비약이 많거나, 문제해결과정 없이 정답(72점 이상)만 기술함. • 문제해결과정에 사용된 수학적 용어 및 기호 등의 사용에 오류 및 부정확한 표현이 많이 포함됨.	[풀이과정] 10월달에 본시험점수 평균이76.16점이니까 11월에 볼시험에는 과학은 70점이상받아야한다. 85+90=175, +80=255, +70=325, +73=388 [정답] 70점이상
D	• 문제 상황 및 문제 속에 내포된 평균의 개념을 이해하지 못함. • 문제의 조건을 이해하지 못하여 문제해결과 관련 없이 제시된 기록들을 활용함. • 문제해결과정에 대한 설명이 불완전하거나 명료하지 않아 이해하기 어려움. • 문제해결을 전혀 시도하지 못함. a) 백지 또는 오답 이외에 아무것도 쓰지 않음. b) 문제와 관련 없는 것만을 기술함.	[풀이과정] 국어수학, 사회, 과학, 영어의 평균을 구하고 4.9 고 나눠지는 수에서 [illegible] 더하고 80에 가장 가까운데 80보다 큰 것이 답이다. [정답] 60점이상

5학년 2학기 6. 자료의 표현과 해석 단원 3번 문항 | 확률과 통계

문 제

다음은 1반과 2반의 윗몸일으키기 횟수를 나타낸 표입니다.

1반

13	25	14	22	21
19	11	47	33	19
17	15	11	29	42
27	24	28	31	28
12	22	16	20	38

2반

36	34	33	39	21
26	37	47	44	19
23	29	18	38	42
27	24	28	31	43
35	22	32	20	38

1반의 영우와 2반의 지우는 윗몸일으키기를 29회 하였습니다. 각 반에서 영우와 지우의 윗몸일으키기 성적은 많이 한 순서로 몇 번째인지 아래 줄기와 잎 그림을 완성하여 설명해보시오.

잎(1반)	줄기	잎(2반)
	1	
	2	
	3	
	4	

풀이과정

정 답

5학년 2학기 6. 자료의 표현과 해석 단원 3번 문항 응답예시 | 확률과 통계

점수	평가내용	응답 예시
A	• 문제 상황 및 문제 속에 내포된 자료에서 표에 나타난 수치 정보, 줄기와 잎 그림 그리는 방법을 바르게 이해함. • 제시된 표에서 문제해결에 적절한 정보를 선택하여 줄기와 잎 그림으로 나타내고, 문제해결에 이를 활용함. • 두 반의 윗몸일으키기 횟수를 나타낸 표를 보고, 하나의 줄기와 잎 그림에 두 반의 수치를 바르게 나타내며, 각각의 반에서 영우와 지우의 윗몸일으키기 횟수가 많이 한 순서로 몇 번째인지 답(1반에서 영우는 6번째, 2반에서 지우는 15번째로 잘했다)을 바르게 기술함. • 전략수행과정이나 문제해결과정에서 타당한 추론을 통해 문제를 해결함. • 답을 알아내는 모든 단계나 과정을 명확하고 논리적으로 충분히 설명함. • 문제해결과정에 사용된 수학적 용어 및 기호 등의 표현이 정확함.	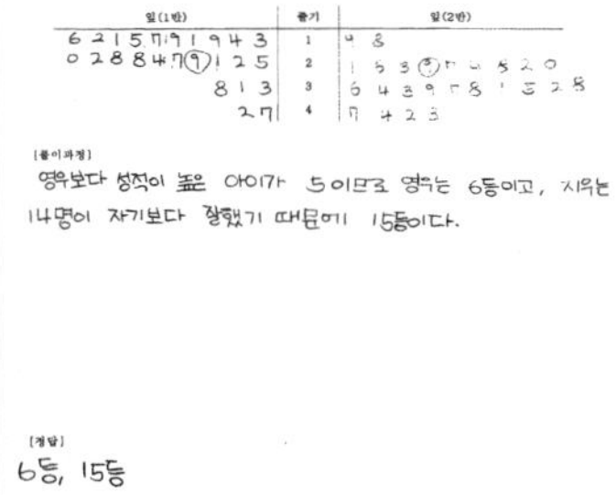
B	• 문제 상황 및 문제 속에 내포된 자료에서 표에 나타난 수치 정보, 줄기와 잎 그림 그리는 방법을 바르게 이해함. • 제시된 표에서 문제해결에 적절한 정보를 선택하여 줄기와 잎 그림으로 나타내고, 문제해결에 이를 활용함. • 타당한 추론을 통해 두 반의 윗몸일으키기 횟수를 나타낸 표를 보고, 하나의 줄기와 잎 그림에 두 반의 수치를 바르게 나타내며, 각각의 반에서 영우와 지우의 윗몸일으키기 횟수가 많이 한 순서로 몇 번째인지 답을 찾는 전략을 실행하고 있으나 답이 부정확함. a) 사소한 오차나 옮겨 쓰기 과정에 오류가 있음. b) 답을 쓰지 않음. • 답을 알아내는 전체 과정을 논리적으로 설명하고 있으나 약간의 비약을 포함하고 있음. • 문제해결과정에 사용된 수학적 용어 및 기호 등의 표현에서 약간의 오류를 나타냄.	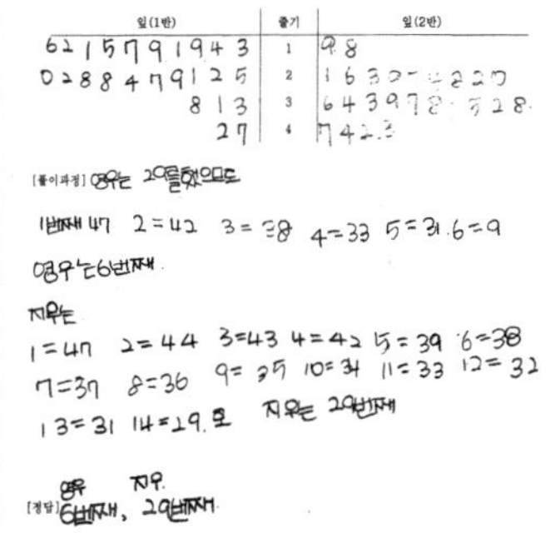
C	• 문제 상황 및 문제 속에 내포된 자료에서 표에 나타난 수치 정보, 줄기와 잎 그림 그리는 방법을 부분적으로 이해함. • 제시된 표에서 문제해결에 적절한 정보를 바르게 이해하지 못하여 줄기와 잎 그림으로 나타내는데 어려움이 있으며(부정확), 문제해결에 이를 부분적으로만 바르게 활용함. a) 두 반의 줄기와 잎 그림에서 빠진 수치가 있거나, 줄기에 따른 잎 그림에 오류가 보임. (2, 3반 모두 25개의 수치가 기술되어야 함) • 두 반의 윗몸일으키기 횟수를 나타낸 표를 보고, 하나의 줄기와 잎 그림에 두 반의 수치를 바르게 나타내며, 각각의 반에서 영우와 지우의 윗몸일으키기 횟수가 많이 한 순서로 몇 번째인지 답을 찾는 전략을 시도하고 있으나 타당하게 추론하지 못하거나 끝까지 실행하지 못하여 정답에 이르지 못함. a) 줄기와 잎 그림은 제대로 그렸으나, 영우와 지우가 각 반에서 얼만큼 잘했는지 구하지 않음. b) 영우와 지우가 각 반에서 어느 정도 했는지 비교해야 하는데, 1반과 2반이 어느 정도 잘했는지 비교함. • 답을 알아내는 과정 설명에 비약이 많거나, 문제해결과정 없이 정답(1반에서 영우는 6번째, 2반에서 지우는 15번째로 잘했다)만 기술함. • 문제해결과정에 사용된 수학적 용어 및 기호 등의 사용에 오류 및 부정확한 표현이 많이 포함됨.	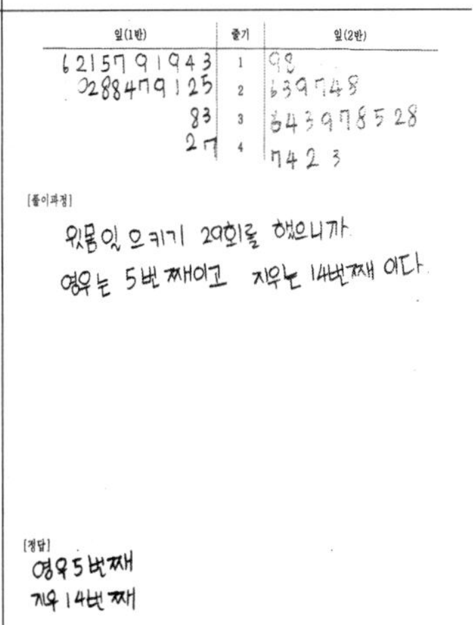
D	• 문제 상황 및 문제 속에 내포된 자료에서 표에 나타난 수치 정보, 줄기와 잎 그림 그리는 방법을 이해하지 못함. • 제시된 표에서 문제해결에 적절한 정보를 바르게 이해하지 못하여 줄기와 잎 그림으로 나타내지 못하며, 문제해결과 관련 없이 제시된 자료들을 활용함. • 문제해결과정에 대한 설명이 불완전하거나 명료하지 않아 이해하기 어려움. • 문제해결을 전혀 시도하지 못함. a) 백지 또는 오답 이외에 아무것도 쓰지 않음. b) 문제와 관련 없는 것만을 기술함.	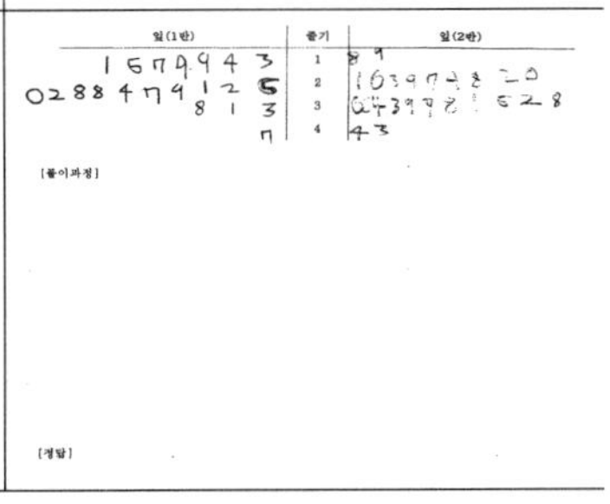

부록

5-1 1. 약수와 배수
약수와 배수 알아보기

5학년 반 번
이름:

문 제

다음은 준호가 좋아하는 숫자에 대한 힌트입니다. 다음 네 가지 힌트를 모두 만족시키는 준호가 좋아하는 숫자는 무엇인지 풀이과정과 답을 쓰시오.

〈힌트〉	① 18의 약수 중 하나인 수 ② 3의 배수 중 하나인 수 ③ 홀수인 수 ④ 5보다 큰 수

풀이과정

정 답

5-1 1. 약수와 배수
배수 알아보기

5학년 반 번
이름:

문 제

나윤이는 가로 30cm, 세로 20cm의 색도화지를 잘라 종이접기를 하려고 합니다. 종이접기를 하기 위해서는 가로, 세로가 4cm인 정사각형이어야 합니다. (단, 자투리 종이를 붙여서 사용할 수 없음)

(1) 정사각형 종이는 최대한 몇 장까지 자를 수 있으며,

(2) 이 때 남은 자투리 종이의 넓이는 몇 cm^2인지 풀이과정과 답을 쓰시오.

풀이과정

정 답

(1) (　　　　)장

(2) (　　　　)cm^2

5-1 1. 약수와 배수
최대공약수 구하기

5학년 반 번
이름:

문 제

1반에는 연필 60자루와 지우개 48개가 있고, 2반에는 연필 64자루와 지우개 44개가 있습니다. 각 반 선생님께서 연필과 지우개를 최대한 많은 학생에게 남김없이 똑같이 나누어 주려고 합니다. 1반과 2반 중에서 어느 반 친구들이 몇 명 더 받을 수 있는지 풀이과정과 답을 쓰시오.

	1반	2반
연필	60자루	64자루
지우개	48개	44개

풀이과정

정 답

(   )반 친구들이 (   )명 더 받을 수 있다.

5-1 1. 약수와 배수
최소공배수 구하기

5학년 반 번
이름:

문 제

은주는 가족여행을 6개월에 한 번, 누리는 8개월에 한 번 갑니다. 은주와 누리는 이번 달에 함께 가족여행을 다녀왔습니다. 다음 번에 함께 갈 수 있는 때가 2014년 4월이라면 이번 달은 몇 년 몇 월인지 풀이과정과 답을 쓰시오.

풀이과정

정 답

( )년 ( )월

5-1 2. 약분과 통분
크기가 같은 분수 알아보기

5학년 반 번
이름:

문 제

동윤, 정민, 효원, 태호는 북한산 정상까지 오르되, 서로 다른 길을 택하였습니다. 1시간 후, 전체 높이의 $\frac{3}{12}$만큼 온 동윤이가 다른 친구들에게 핸드폰으로 연락을 취하니, 정민이는 전체 높이의 $\frac{1}{3}$, 효원이는 전체 높이의 $\frac{6}{24}$, 태호는 전체 높이의 $\frac{2}{8}$만큼 올라왔다고 하였습니다. 동윤이와 같은 높이만큼 올라온 친구는 누구인지 풀이과정과 답을 쓰시오.

풀이과정

정 답

5-1 2. 약분과 통분
크기가 같은 분수 알아보기

5학년 반 번
이름:

문 제

영은이는 $\frac{18}{24}$, 진영이는 $\frac{32}{40}$가 적힌 숫자카드를 각각 가지고 있습니다. 영은이와 진영이는 각자가 가진 분수를 분모와 분자의 공약수로 나누어 크기가 같은 분수를 누가 더 많이 만들 수 있는지 알아보기로 하였습니다.
누가 크기가 같은 분수를 더 많이 만들 수 있는지 풀이과정과 답을 쓰시오.

풀이과정

정 답

5-1 2. 약분과 통분
기약분수로 나타내기

5학년 반 번
이름:

문 제

다음 대화는 광개토대왕과 신하들의 대화입니다.

신하 1: 폐하! 후연이 우리 고구려의 요동성을 공격하기 위해 준비하고 있다고 합니다.
광개토대왕 : 그래? 큰일이구나! 그럼 어떻게 하는 것이 좋겠느냐?
신하 2: 폐하! 국내성을 지킬 최소한의 군사를 남겨두고 요동성으로 군사들을 파견해야 할 것 같습니다.
광개토대왕 : 그럼, 현재 요동성으로 파견할 수 있는 군사가 얼마나 되느냐?

고구려는 후연의 요동성 공격에 대비하여 총 960명의 군사 중 192명은 국내성을 지키기 위해 남겨두고 나머지 군사를 요동성으로 파견하였습니다. 요동성으로 파견한 군사는 전체의 몇분의 몇인지 기약분수로 나타내는 풀이과정과 답을 쓰시오.

풀이과정

정 답

5-1 2. 약분과 통분
분수의 크기 비교

5학년 반 번
이름:

문 제

이어달리기에서 우승한 순서대로 간식을 많이 받기로 하였습니다. 이어달리기 후, ㉮반은 전체 간식의 $\frac{1}{3}$, ㉯반은 전체 간식의 $\frac{3}{8}$, ㉰반은 전체 간식의 $\frac{7}{24}$을 받았습니다. 각 반이 몇 등을 했는지 풀이과정과 답을 쓰시오.

풀이과정

정 답

1등: ( )반, 2등: ( )반, 3등: ( )반

5-1 3. 분수의 덧셈과 뺄셈
대분수의 덧셈

5학년 반 번
이름:

문 제

찬희는 집에서 학교를 거쳐 할머니댁에 가기로 하였습니다. 집에서 학교까지는 $1\frac{4}{5}$km, 학교에서 할머니댁까지는 $2\frac{4}{7}$km입니다. 찬희가 집에서부터 할머니댁까지 이동한 거리는 모두 몇 km인지 풀이과정과 답을 쓰시오.

풀이과정

정 답

(　　　)km

5-1 3. 분수의 덧셈과 뺄셈

대분수의 뺄셈

5학년 반 번

이름:

문 제

준우네 가족과 찬수네 가족은 같은 크기의 피자를 각각 2판씩 주문하였습니다. 준우네 가족은 $1\frac{3}{8}$조각을 먹었고, 찬수네 가족은 $1\frac{5}{12}$조각을 먹었습니다. 누구네 가족이 얼마만큼 더 먹었는지 풀이과정과 답을 쓰시오.

풀이과정

정 답

(   )네 가족이 (   )조각만큼 더 많이 먹었다.

5-1 3. 분수의 덧셈과 뺄셈
세 분수의 덧셈과 뺄셈

5학년 반 번
이름:

문 제

지현이네 모둠은 아침봉사활동을 하면서 쓰레기 2kg을 모으기로 하였습니다. 정문 앞에서 $\frac{2}{3}$kg을 줍고, 운동장에서 $\frac{3}{4}$kg을 주웠는데, 달려가다가 $\frac{5}{6}$kg을 쏟고 말았습니다. 목표량을 채우려면 몇 kg의 쓰레기를 더 모으면 되는지 풀이과정과 답을 쓰시오.

풀이과정

정 답

( )kg

5-1 3. 분수의 덧셈과 뺄셈
분모가 다른 세 분수의 혼합 계산

5학년 반 번
이름:

문 제

진경이네 가족은 새 집으로 이사를 하였습니다. 이사한 기념으로 진경이 부모님께서는 진경이 방에 새 책상을 사 주시기로 하였습니다. 새 책상을 놓기로 한 벽은 가로의 길이가 $4\frac{1}{2}$m입니다. 그리고 새 책상과 함께 그 벽에 나란히 배치할 물건은 가로의 길이가 $1\frac{2}{5}$m인 옷장과 가로의 길이가 $1\frac{3}{4}$m인 책꽂이입니다. 진경이가 새로 사야 할 책상은 가로의 길이가 몇 m 이하여야 하는지 풀이과정과 답을 쓰시오.

풀이과정

정 답

(　　　)m 이하

5-1 4. 분수의 곱셈
진분수끼리의 곱셈

5학년　반　번
이름:

문 제

재영이네 반 친구들의 $\frac{5}{9}$는 체육을 좋아하고, 그 중에서 $\frac{1}{3}$은 육상을 좋아합니다. 육상을 좋아하는 친구들의 $\frac{3}{5}$은 계주를 좋아합니다. 계주를 좋아하는 친구가 3명이라면, 재영이네 반 친구들은 모두 몇 명인지 풀이과정과 답을 쓰시오.

풀이과정

정 답

(　　　)명

5-1 4. 분수의 곱셈

세 분수의 곱셈

5학년 반 번

이름:

문 제

미술선생님께서 아래 그림과 같이 한 변이 $1\frac{2}{5}$m인 정사각형 도화지를 주시면서, 네 명이서 $\frac{1}{4}$씩 똑같이 나누어 가지라고 하셨습니다. 한 명이 갖게 되는 정사각형의 넓이는 얼마인지 풀이과정과 답을 쓰시오.

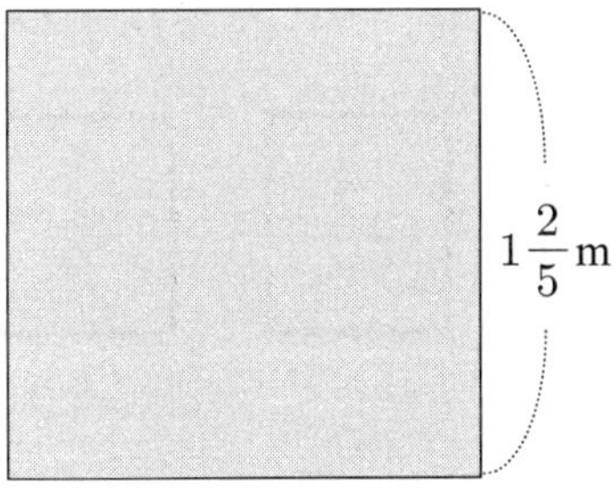

풀이과정

정 답

( )m^2

5-1 4. 분수의 곱셈
대분수끼리의 곱셈

5학년 반 번
이름:

문 제

주머니 속에 아래의 분수가 적힌 세 장의 카드가 들어 있습니다. 민호와 유나는 주머니 속 카드를 보지 않고 2장을 뽑아 두 분수의 곱이 큰 사람이 이기는 게임을 하려고 합니다. 민호가 $2\frac{1}{6}$과 $2\frac{2}{5}$를 뽑았다면 유나는 어떤 카드 2장을 뽑아야 민호를 이길 수 있을지 풀이과정과 답을 쓰시오. (단, 뽑은 카드는 다시 주머니 속으로 넣습니다.)

$2\frac{1}{6}$	$2\frac{2}{5}$	$2\frac{2}{9}$

풀이과정

정 답

(　　　)와 (　　　)

5-1 4. 분수의 곱셈
자연수와 대분수의 곱셈

5학년 반 번
이름:

문 제

철진이는 교실에 있는 화이트 보드의 넓이가 얼마인지 알아보기 위해 화이트 보드의 가로와 세로의 길이를 재려고 하였으나 줄자를 구할 수 없었습니다. 그래서 분필을 이용하여 길이를 재기로 하였습니다. 칠판의 가로는 분필 $12\frac{1}{2}$개 만큼의 길이였고, 세로는 분필 $8\frac{4}{5}$개 만큼의 길이였습니다. 분필의 길이가 7cm라면 칠판의 넓이는 몇 cm^2입니까?

풀이과정

정 답

(　　　)cm^2

5-1 5. 도형의 합동
합동인 삼각형 그리기

5학년 반 번
이름:

문 제

동욱이는 학급 친구들과 함께 운동회 때 사용할 같은 크기의 삼각형 깃발을 만들기로 하였습니다. 아래의 2가지 정보를 가지고 있는 동욱이가 깃발을 만들 수 있다면, 자와 컴퍼스를 사용하여 삼각형 깃발을 그리시오. 깃발을 만들 수 없다면 동욱이에게 더 필요한 정보가 무엇인지 쓰시오.

삼각형 깃발의 한 변	10cm
삼각형 깃발의 한 각	90°

풀이과정

정 답

5-1 5. 도형의 합동
합동인 삼각형 그리기

5학년 반 번
이름:

문 제

아래의 이스라엘 국기 가운데에 있는 별과 같은 모양을 색종이를 이용하여 만들려고 합니다. 한 변이 6cm인 정삼각형 두 개를 색종이에 그려 오린 후 국기의 별 모양처럼 붙여 보시오.

정 답

5-1 5. 도형의 합동
합동인 삼각형 찾기

5학년 반 번
이름:

문 제

민희네 집 화장실에는 아래 그림과 같은 정사각형 모양의 타일이 규칙적으로 배열되어 있습니다. 민희는 이 정사각형 모양의 타일에서 크고 작은 삼각형 4가지 찾았습니다. 민희가 찾은 삼각형은 삼각형 ㄱㅁㅈ, 삼각형 ㄱㅁㅇ, 삼각형 ㄱㄴㅍ, 삼각형 ㄱㄴㄹ입니다. 각각의 삼각형과 합동인 삼각형이 자신을 포함하여 몇 개인지 풀이과정과 답을 쓰시오.

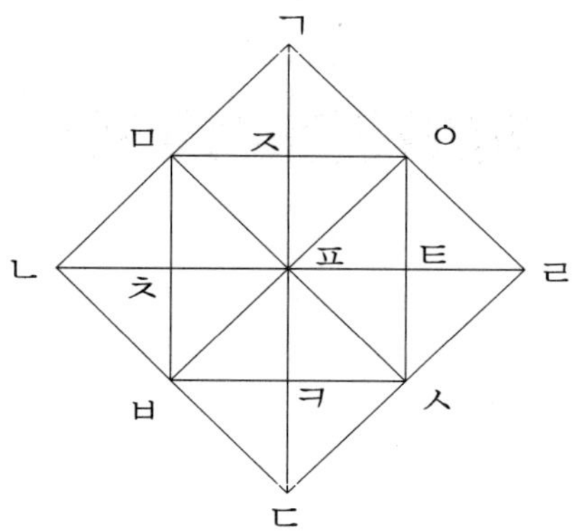

풀이과정

정 답

① 삼각형 ㄱㅁㅈ과 합동인 삼각형: (   )개
② 삼각형 ㄱㅁㅇ과 합동인 삼각형: (   )개
③ 삼각형 ㄱㄴㅍ과 합동인 삼각형: (   )개
④ 삼각형 ㄱㄴㄹ과 합동인 삼각형: (   )개

5-1 6. 직육면체와 정육면체 직육면체와 정육면체 알아보기	5학년 반 번 이름:

문 제

미술선생님은 길이가 각각 2m, 3m, 4m, 5m인 철사를 가지고 있습니다. 세현이와 예슬이는 아래와 같이 철사를 모서리로 하는 직육면체 모양의 청사초롱 틀을 만들려고 합니다. 세현이와 예슬이가 남는 철사의 길이를 가장 짧게 하려면 미술선생님께 각각 몇 m의 철사를 받아 가면 좋을지 풀이과정과 답을 쓰시오.

	밑면의 가로(cm)	밑면의 세로(cm)	높이(cm)
세현	20	20	30
예슬	15	15	50

풀이과정

정 답

세현이는 (   )m, 예슬이는 (   )m인 철사를 받는다.

5-1 6. 직육면체와 정육면체

정육면체 알아보기

5학년 반 번

이름:

문 제

민정이는 어버이날에 부모님께 드릴 선물을 정육면체 상자 2개에 각각 나누어 담고 아래 그림과 같이 끈으로 돌려 묶은 후 리본을 만들어 예쁘게 장식하였습니다. 리본을 만드는데 사용된 끈의 길이가 각각 30cm라면 부모님 선물을 준비하는데 사용한 끈의 길이는 모두 몇 m 몇 cm입니까? (단, 정육면체 한 모서리의 길이는 20cm이다.)

풀이과정

정 답

(　　　)m (　　　)cm

5학년 반 번
이름:

문 제

경민이는 다음 정육면체의 전개도를 조립하여 주사위를 만들려고 합니다. 그런데 아래의 전개도로는 정육면체를 만들 수 없었습니다. 그 이유를 쓰고 한 면의 위치만 바꿔 올바른 정육면체의 전개도를 그리시오.

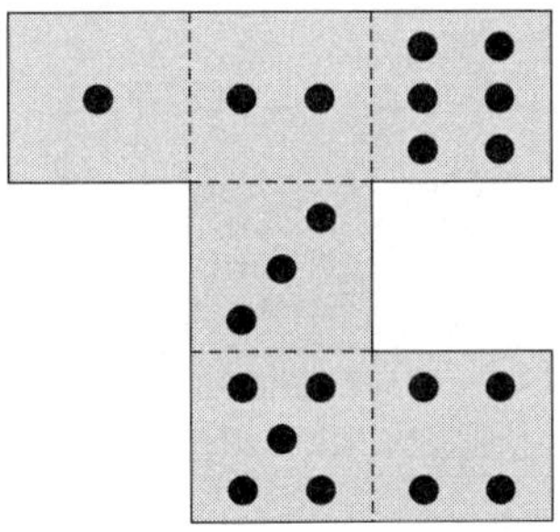

풀이과정

정 답

5-1 7. 평면도형의 넓이
삼각형의 넓이

5학년 반 번
이름:

문 제

찬희는 밑변의 길이가 30cm, 넓이가 300cm^{2}인 삼각형 모양의 도화지를 가지고 있습니다. 우유를 마시다 흘려 도화지가 젖는 바람에 아래 그림과 같이 밑변에 평행하게 삼각형 높이의 $\frac{1}{4}$을 잘라 냈습니다. 남은 사다리꼴 모양 도화지의 높이는 몇 cm인지 풀이과정과 답을 쓰시오.

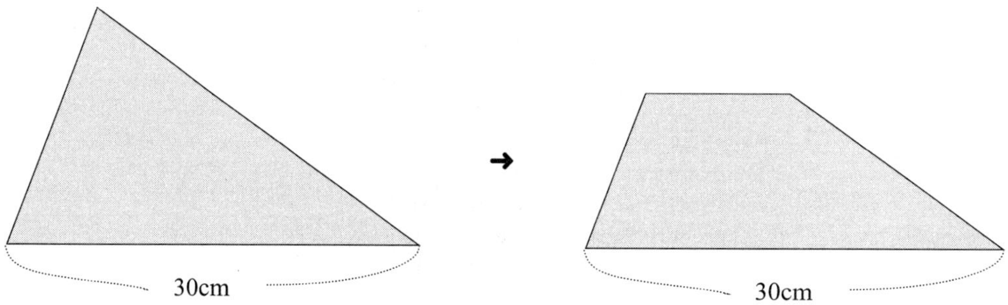

풀이과정

정 답

(　　　)cm

5-1 7. 평면도형의 넓이
사다리꼴의 넓이

5학년 반 번
이름:

문 제

준수는 도화지에 아래와 같은 하트 모양을 그려 가운데를 접어서 카드를 만들려고 합니다. 카드를 펼쳤을 때 넓이를 150cm^{2}보다 크고 180cm^{2}보다 작게 하려면 ㉠변의 길이를 얼마로 해야 할 지 풀이과정과 답을 쓰시오. (단, 접는 선을 따라 접으면 정확하게 포개어지며 ㉠의 길이는 자연수여야 한다.)

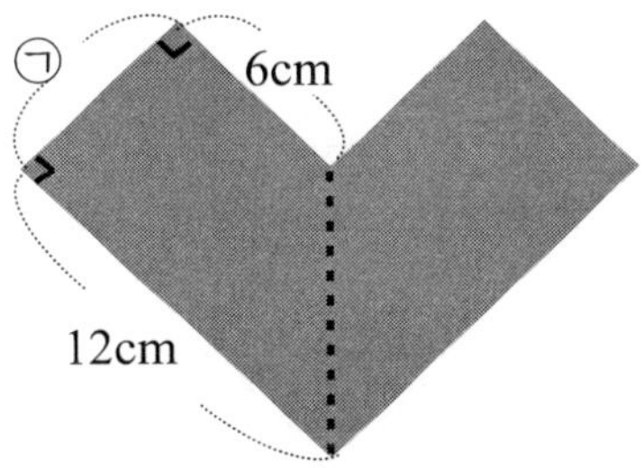

풀이과정

정 답

(　　　)cm

5-1 7. 평면도형의 넓이
마름모의 넓이

5학년 반 번
이름:

문 제

예림이는 한 대각선의 길이가 4m, 넓이가 $8m^2$인 마름모 모양의 카펫을 사서 방에 깔려고 합니다. 예림이 가족의 방 가로와 세로의 길이가 아래와 같을 때, 바닥에 카펫이 접히지 않게 펼쳐놓을 수 있는 방은 어디인지 풀이과정과 답을 쓰시오.

방	가로(m)	세로(m)
부모님 방	6	3
언니의 방	5	4
예림이의 방	2	4

풀이과정

정 답

(　　　)의 방

5-1 8. 여러 가지 단위
넓이의 단위 m^2와 a 알아보기

5학년 반 번
이름:

문 제

정민이네 가족은 평행사변형 모양의 농장에서 딸기를 재배하고 있습니다. 다음 달에 정민이네 농장을 통과하는 도로가 아래 그림과 같이 길이 1200m, 폭이 30m인 평행사변형 모양으로 건설될 계획입니다. 도로가 건설된 후에 정민이네 농장의 넓이는 몇 a가 되는지 풀이과정과 답을 쓰시오.

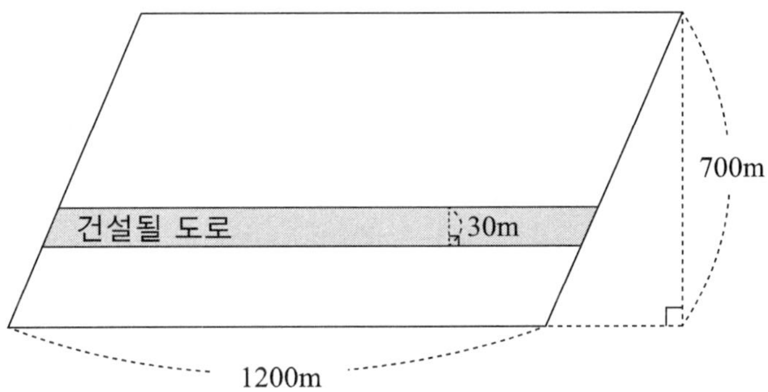

풀이과정

정 답

(　　　)a

5-1 8. 여러 가지 단위
무게의 단위 t 알아보기

5학년 반 번
이름:

문 제

지훈이의 아버지는 1.2t까지 실을 수 있는 트럭에 한 상자 무게가 4kg, 가격은 22,000원인 귤을 싣고 판매하십니다. 트럭에 귤 상자를 최대한 실어 모두 판매하셨다면 이 날의 아버지께서 판매하신 금액은 모두 얼마인지 풀이과정과 답을 쓰시오.

풀이과정

정 답

(   )원

5-1 8. 여러 가지 단위
넓이의 단위 사이의 관계 알아보기

5학년 반 번
이름:

문 제

한 변의 길이가 1km 200m인 정사각형 모양의 땅에 영화 테마 파크를 건설하려고 합니다. 영화 테마 파크가 건설될 땅의 넓이를 4가지 이상의 단위로 나타내는 풀이과정과 답을 쓰시오.

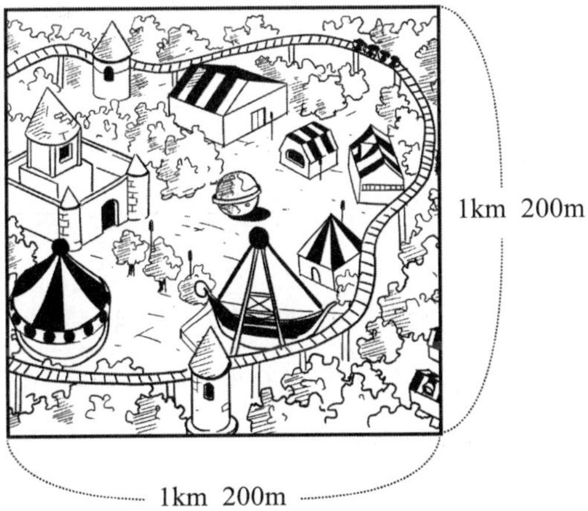

풀이과정

정 답

5-2 1. 분수와 소수
분수와 소수의 크기 비교하기

5학년 반 번

이름:

문 제

성진이와 한샘이는 각각 1부터 9까지의 숫자카드 세트를 가지고, 3장을 뽑아 다음과 같은 대분수와 소수를 만드는 게임을 하였습니다.

1	2	3	4	5	6	7	8	9

$\square\dfrac{\square}{\square}$ $\square.\square\square$

이 게임은 두 사람 중 더 큰 수를 만드는 사람이 이기는 게임으로 성진이는 대분수를 만들고, 한샘이는 소수 9.87을 만들어서 성진이가 이기게 되었습니다. 성진이가 만든 대분수는 무엇이었을지 풀이과정을 쓰고 답을 쓰시오.

풀이과정

정 답

5-2 1. 분수와 소수
소수를 분수로 나타내기

5학년 반 번

이름:

문 제

TV 프로그램에서 선수들이 종합장애물 경기를 하였습니다. 경기결과, 선수들은 다음과 같은 기록을 나타내었습니다.

경기순서	선수명	기록(초)
1	김특	44.37
2	이동해	52.45
3	강신동	탈락
4	박성민	44.44
5	최은혁	35.06

김특 선수는 박성민 선수의 기록보다 몇 초를 단축하였는지 분수로 나타내시오.

풀이과정

정 답

(   )초

5-2 1. 분수와 소수
분수와 소수의 크기 비교하기

5학년 반 번
이름:

문 제

다이어트 도전 프로그램에서 최종 2인으로 다음 두 사람이 남았습니다. 둘 중 누가 더 많은 몸무게를 감량했는지 알아보고자 합니다. 다음 내용을 참고하여 누가 우승자가 되었는지 풀이과정을 쓰고 답을 쓰시오.

〈최종 2인의 측정 몸무게〉

	첫회 측정 몸무게	마지막회 측정 몸무게
최민기	120.87kg	74.35kg
박수연	$96\frac{3}{4}$kg	$50\frac{1}{4}$kg

풀이과정

정 답

5-2 2. 분수의 나눗셈
(대분수) ÷ (자연수)의 계산

5학년 반 번
이름:

문 제

주원이는 다음과 같은 모양의 정육면체 겨냥도를 가지고 있습니다. 이 정육면체의 모든 모서리 길이의 합이 $38\frac{2}{5}$cm 라고 할 때, 정육면체 한 모서리의 길이는 몇 cm가 됩니까?

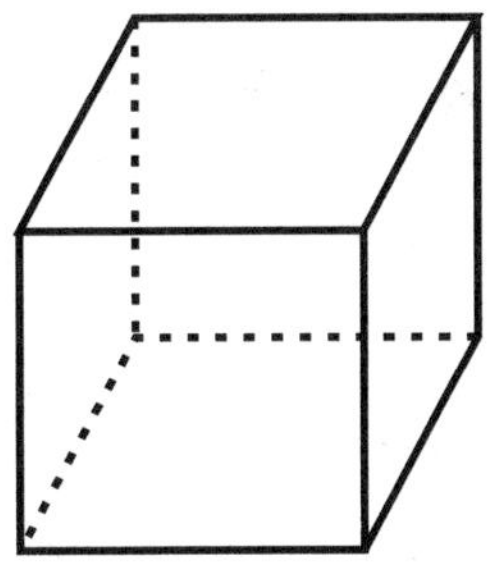

풀이과정

정 답

(   )cm

5-2 2. 분수의 나눗셈
분수와 자연수의 혼합 계산

5학년 반 번
이름:

문 제

승준이와 경봉이는 각각 3부터 7까지의 숫자카드 세트를 가지고, 1장을 뽑아 아래의 ○ 자리에 숫자를 넣어 식을 만들고 풀었습니다.

3	4	5	6	7

$$2\frac{9}{10} \div \bigcirc \times 5$$

승준이는 이 식의 값이 가장 크게 되도록 하는 식을 세웠고, 경봉이는 이 식의 값이 가장 작게 되도록 하는 식을 세웠습니다. 승준이와 경봉이는 어떤 식을 만들어 풀었을지 각각의 식과 답을 구하시오.

풀이과정

정 답

- 승준이가 세운 식: ( ) 답: ( )
- 경봉이가 세운 식: ( ) 답: ( )

5-2 2. 분수의 나눗셈
(대분수) ÷ (자연수) 계산하기

5학년 반 번
이름:

문 제

은아는 다음과 같이 핫케이크를 만들다가 고민에 빠졌습니다. 어떻게 하면 고민을 해결할 수 있을지, 잘 읽어보고 해결 방법을 생각하여 봅시다.

> **은아의 고민**
>
> 은아는 민아와 찬영이를 초대하여 파티를 하기로 하였습니다. 그래서 집에 있는 핫케이크 가루로 핫케이크를 만들었더니 총 3개가 나왔습니다. 그런데 은아 동생인 은영이가 3개 중 1개 핫케이크의 일부를 먹고, 원래 크기의 $\frac{6}{8}$이 남았습니다. (나머지 2개의 핫케이크는 먹지 않았습니다). 남은 핫케이크를 3명이 똑같이 나누어 먹으려면 한 명당 얼마만큼의 핫케이크를 먹어야 하는지 은아는 고민에 빠졌습니다.

은아의 고민을 해결하기 위해 어떠한 방법을 제시하면 좋을지 생각해보고, 해결방법을 <u>그림으로 표현</u>하여 한 명당 먹을 수 있는 핫케이크의 양을 구해봅시다.

풀이과정

정 답

5-2 3. 도형의 대칭
선대칭의 위치에 있는 도형

5학년 반 번

이름:

문 제

다음 그림과 같이 정육면체의 전개도의 한 면에 글자가 주어져 있습니다. 주어진 글자를 선분 ㈎를 대칭축으로 하여 선대칭의 위치에 있는 도형을 그리고, 그려진 도형을 다시 선분 ㈏를 대칭축으로 하여 선대칭의 위치에 있는 도형을 그립니다. 이러한 활동을 반복하여 선분 ㈐, 선분 ㈑, 선분 ㈒를 대칭축으로 하여 선대칭의 위치에 있는 도형을 그릴 때, 빗금친 면에 그려지게 되는 글자는 어떤 모양이 되는지 구하시오.

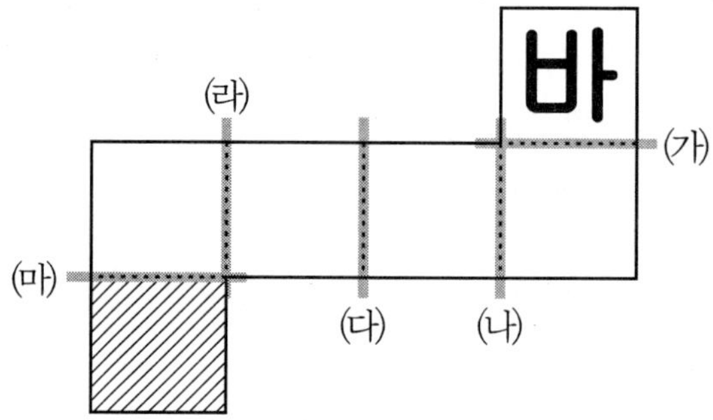

풀이과정

정 답

5-2 3. 도형의 대칭
점대칭도형

5학년 반 번

이름:

문 제

수학시간에 '점대칭도형'에 대해서 배우고 있는데, 다음 두 도형이 제시되었습니다.

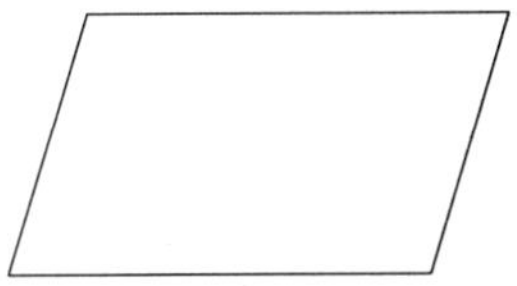

그림 A

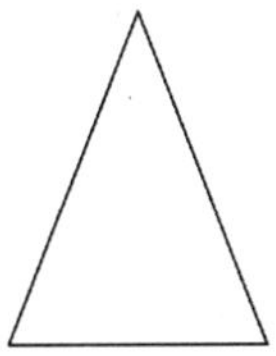

그림 B

위의 두 도형이 각각 점대칭도형인지 아닌지 설명해보세요.

풀이과정

정 답

5-2 3. 도형의 대칭
점대칭도형의 위치

5학년 반 번
이름:

문 제

수지와 민호는 함께 발레 공연을 하기로 하였습니다. 서로가 점대칭의 위치가 되도록, 움직이려고 할 때, 수지의 움직임에 따라 민호는 어떻게 움직여야 할까요?

〈무대〉

1	2	3	4	5	6	7
8	9	10	11	12	13	14
15	16	17	18	19	20	21
22	23	24	25 (중앙)	26	27	28
29	30	31	32	33	34	35
36	37	38	39	40	41	42
43	44	45	46	47	48	49

위와 같이 무대에 각 구역별로 번호를 붙여두고, 25번 중앙점을 기준으로 점대칭의 위치에 서기로 하였습니다.

수지는 차례대로 1번 → 16번 → 37번 → 45번 위치로 움직였습니다. 점대칭의 위치에 있으려면 민호는 어떻게 움직여야 할까요?

풀이과정

정 답

5-2 4. 소수의 곱셈
(자연수) × (소수)

5학년 반 번
이름:

문 제

정수네 집 근처의 ☆☆대형마트에서는 구매가격의 0.02만큼을 포인트로 적립하여 줍니다. 정수는 어머니와 ☆☆대형마트에서 물건을 사고 어제는 23750원, 오늘은 15000원을 계산하였습니다. 정수가 어제와 오늘 적립한 포인트는 모두 몇 점인지 구하시오.

풀이과정

정 답

(　　　)점

5-2 4. 소수의 곱셈
곱의 소수점 위치

5학년 반 번
이름:

문 제

A4규격의 종이를 1초에 62.37cm^{2}씩 100초 동안 파쇄할 수 있는 문서파쇄기가 있습니다. 이 문서파쇄기가 한 번에 파쇄할 수 있는 종이의 넓이는 최대 몇 cm^{2}인지 구하시오.

풀이과정

정 답

(　　　)cm^2

5-2 4. 소수의 곱셈
(소수) × (소수)

5학년 반 번
이름:

문 제

경식이는 컴퓨터로 파일을 다운로드 받고 있습니다. 컴퓨터에서 다운로드 속도가 1초당 7.5Mb가 나왔습니다. 모든 파일을 받는데, 20.5초가 걸렸다면, 받은 파일의 크기는 몇 Mb인지 구하시오. (매 초당 다운로드 속도는 일정하였습니다.)

풀이과정

정 답

(　　　)Mb

5-2 5. 소수의 나눗셈
(소수) ÷ (자연수)

5학년 반 번
이름:

문 제

☆☆제과점에서는 어느 날 14.4kg의 밀가루를 모두 사용하여 똑같은 케이크 12개를 만들었습니다. 이날 ☆☆제과점에서 케이크 하나를 만드는데 사용된 밀가루는 몇 kg인지 구하시오.

풀이과정

정 답

(   )kg

5-2 5. 소수의 나눗셈
(소수) ÷ (자연수)

5학년　반　번
이름:

문 제

길이가 2.4km인 직선 도로에 나무를 심으려고 합니다. 한 쪽에 41그루씩의 나무를 똑같은 간격으로 도로 양쪽에 심으려고 합니다. 도로의 시작부분과 끝부분에 모두 나무를 심는다고 할 때, 나무와 나무 사이의 거리는 몇 km가 되어야 하는지 구하시오.

풀이과정

정 답

(　　　)km

5-2 5. 소수의 나눗셈
(자연수) ÷ (자연수) 계산하기

5학년 반 번
이름:

문 제

민지는 수퍼마켓에 가서 마가렛트를 사려고 하는데, 크기와 양이 다른 규격으로 3종류가 있었습니다. 민지는 세 크기의 마가렛트 중에 1g당 가장 저렴한 것을 사려고 합니다.

	과자의 양	가격
마가렛트 A	456g	4990원
마가렛트 B	342g	2910원
마가렛트 C	228g	2800원

민지가 어떤 과자를 구입해야 하는지 구해보고, 왜 그렇게 생각했는지 풀이과정과 답을 쓰시오. (1g당 가격은 반올림하여 소수 둘째자리까지 구하시오.)

풀이과정

정 답

( )

5-2 6. 자료의 표현과 해석 줄기와 잎 그림	5학년 반 번 이름:

문 제

다음은 진선이네 모둠의 학생들이 1분 동안 윗몸일으키기를 한 횟수를 나타낸 줄기와 잎 그림이며, 줄기와 잎 그림의 □는 진선이의 윗몸일으키기 횟수의 일의 자리 수를 나타내고 있습니다. 진선이보다 윗몸일으키기를 더 많이 한 학생이 3명이라고 할 때, 진선이의 윗몸일으키기 횟수의 일의 자리 수가 될 수 있는 수를 모두 찾아 쓰시오.

〈윗몸일으키기 횟수〉

(1 | 2는 12회)

줄기	잎
1	4 5
2	3 7 9
3	6 0 2 3 □
4	8 2

풀이과정

정 답

5-2 6. 자료의 표현과 해석
평균의 원리

5학년 반 번
이름:

문 제

유경이가 10월 달에 본 단원평가 점수는 다음과 같습니다.

과목	국어	수학	사회	과학	영어
점수(점)	85	90	80	60	73

유경이는 다음달 11월 시험에서 과학 점수를 올려 전과목 평균이 80점 이상을 목표로 세웠습니다. 다른 과목은 10월 성적을 유지한다고 할 때, 11월 시험에서 과학은 몇 점 이상 받아야 할까요?

풀이과정

정 답

5-2 6. 자료의 표현과 해석
줄기와 잎 그림의 표현과 해석

5학년 반 번
이름:

문 제

다음은 1반과 2반의 윗몸일으키기 횟수를 나타낸 표입니다.

1반					2반				
13	25	14	22	21	36	34	33	39	21
19	11	47	33	19	26	37	47	44	19
17	15	11	29	42	23	29	18	38	42
27	24	28	31	28	27	24	28	31	43
12	22	16	20	38	35	22	32	20	38

1반의 영우와 2반의 지우는 윗몸일으키기를 29회 하였습니다. 각 반에서 영우와 지우의 윗몸일으키기 성적은 많이 한 순서로 몇 번째인지 아래 줄기와 잎 그림을 완성하여 설명해보시오.

잎(1반)	줄기	잎(2반)
	1	
	2	
	3	
	4	

풀이과정

정 답

5-2 7. 비와 비율
비율

5학년 반 번
이름:

문 제

'자동차 연비'란 자동차가 연료 1L로 달릴 수 있는 거리를 말하며, 일반적으로 km/L라는 단위로 표시합니다. ★★자동차 회사의 ○○○자동차는 사용 연료의 형태에 따라 휘발유와 경유, 하이브리드의 세 가지 타입으로 생산됩니다. 세 가지 연료의 형태에 따라 ○○○자동차가 달릴 수 있는 거리가 다음과 같을 때, A, B, C 타입 중 연비가 가장 높은 타입은 무엇인지 구하시오.

〈연료 형태에 따른 ○○○자동차의 주행거리〉

연료 형태	연료의 양(L)	달릴 수 있는 거리(km)
A	10 L	152 km
B	8 L	132 km
C	20 L	356 km

풀이과정

정 답

(   )타입

5-2 7. 비와 비율

백분율(%)

5학년 반 번

이름:

문 제

정수는 마트에서 ☆☆☆식빵 1봉지(7개입, 350g)를 샀습니다. 이 식빵에 대한 영양성분이 다음과 같습니다.

〈☆☆☆식빵 1봉지에 들어 있는 영양성분의 비율〉

영양성분	영양성분의 비율(%)
탄수화물	83
단백질	14
지방	3

정수가 간식으로 식빵 1개(50g)를 먹었다면, 정수가 섭취하게 된 탄수화물, 단백질, 지방 각각의 양은 몇 g인지 구하시오.

풀이과정

정 답

탄수화물: (   )g,   단백질: (   )g,   지방: (   )g

5-2 7. 비와 비율

백분율(%)

5학년 반 번

이름:

문 제

오늘은 '나는 가수다'를 촬영하는 날입니다. 이번 촬영에는 총 500명의 방청객을 초대하려고 합니다. 방청객의 나이를 고려하여 다음과 같이 표를 나누어 주려고 할 때, 30대 관객과 50대 관객의 수는 얼마만큼 차이가 나는지 구하시오.

연령대	비율(%)
10대	10
20대	30
30대	30
40대	20
50대	10
총	100

풀이과정

정 답

5-2 8. 문제해결방법 찾기
문제해결방법 찾기

5학년　반　번
이름:

문 제

한샘이와 경봉이는 숫자 야구게임을 하고 있습니다. 숫자 야구게임은 먼저 한샘이가 1부터 5까지의 수들 중에서 세 개의 숫자를 골라서 세 자리의 수를 만들면, 경봉이가 그 수를 예상하여 맞히는 게임입니다. 이때, 한샘이는 경봉이가 예상한 수의 자리와 숫자가 모두 맞으면 '스트라이크', 숫자는 맞으나 자리가 틀리면 '볼'이라고 대답해야 합니다. 게임에서 경봉이와 한샘이는 다음과 같이 예상하고 대답하였다고 할 때, 한샘이가 처음에 만들었던 세 자리 수는 무엇인지 구하시오.

〈한샘이와 경봉이의 숫자 야구게임 내용〉

경봉이가 예상한 수	한샘이의 대답
1 4 2	1볼
5 2 3	3볼
3 2 5	1스트라이크 2볼

풀이과정

정 답

5-2 8. 문제해결방법 찾기
문제해결방법 찾기

5학년 반 번
이름:

문 제

한솔이는 다음과 같은 종이에 ★ 모양의 붙임딱지를 규칙적으로 붙여서 꾸미기를 하고 있습니다. 한솔이는 종이의 10번째 칸에 ★ 모양의 붙임딱지를 몇 개 붙여야 하는지 구하시오.

★	★ ★★	★ ★★ ★★★	★ ★★ ★★★ ★★★★			· · ·			?
1번째	2번째	3번째	4번째			· · ·			10번째

풀이과정

정 답

( )개

5-2 8. 문제해결방법 찾기
문제해결방법 찾기

5학년 반 번
이름:

문 제

진석이네 반에서는 매달마다 다음과 같이 자리를 이동합니다. 진석이가 3월에 3번에 앉았다면, 7월에 진석이는 몇 번 자리에 앉게 되는지 구하시오.

〈이동 규칙〉

1. 짝수달은 오른쪽으로 2칸 이동한 뒤, 뒤로 한 칸 움직입니다.
2. 홀수달은 왼쪽으로 1칸 이동한 뒤, 뒤로 두 칸 움직입니다.

* 뒤로 이동할 때, 더 이상 자리가 없을 때에는 앞줄로 이동합니다.
예) 15번에서 2칸 뒤 → 12번

교탁

1	6	11	16	21	26
2	7	12	17	22	27
3	8	13	18	23	28
4	9	14	19	24	29
5	10	15	20	25	30

풀이과정

정 답

(   )번 자리에 앉게 된다.

| 참고문헌

강원도 교육청(2011). 강원도 서술형 평가문항 컨설팅 연구회 연구보고서. Retrieved from 강원도 교육청 홈페이지, http://www.gwe.go.kr

강지형 · 김수환 · 라병소 · 박성택 · 이의원 · 이정재 · 정은실 공저(2001). 《7차 교육과정에 의한 초등수학교육》. 서울: 동명사.

경기도 교육청(2010). 학생 창의력 신장과 교사 평가전문성 향상을 위한 평가방법 혁신 기본계획. Retrieved from 경기도 교육청 홈페이지, http://www.goe.go.kr

경기도 교육청(2011). 2011학년도 경기도 초등학교 창의 · 서술형 평가 실시 요강. Retrieved from 경기도 교육청 홈페이지, http://www.goe.go.kr

경기도 교육청(2012a). 2012 경기교육 기본계획. Retrieved from 경기도 교육청 홈페이지, http://www.goe.go.kr

경기도 교육청(2012b). 2012년 경기도 초등학교 서술형 · 논술형 평가 시행 계획. Retrieved from 경기도 교육청 홈페이지, http://www.goe.go.kr

교육인적자원부(1998). 《초등학교 교육과정 해설(IV)-수학, 과학, 실과》. 서울: 교육인적자원부.

국가교육과정정보센터(2007). 2007개정 교육과정 원문 및 해설서 초등학교 수학과. Retrieved from NCIC 국가교육과정정보센터 홈페이지, http://ncic.re.kr

국가교육과정정보센터(2011). 2009개정 교육과정 원문 및 해설서 초등학교 수학과. Retrieved from NCIC 국가교육과정정보센터 홈페이지, http://ncic.re.kr

김경희(2000). 〈수행평가의 타당도 검증을 위한 측정학적 접근〉. 이화여자대학교 대학원 박사학위논문.

김도연(2011). 〈초등학교 수학과 서술형 평가에 대한 실태 및 인식〉. 서울교육대학교 교육대학원 석사학위논문.

김민경 · 권점례 · 노선숙 · 주유리 · 유해진(2008). '초등 수학과 서술형 평가 적용을 위한 기초조사연구'. 〈학교수학〉, 10(3), 401-422.

김민경 · 노선숙 · 권점례 · 조미경 · 고바애니(2008). 《수학과 서술형 평가 개발의 실제 -초등학교 2학년-》. 서울: 교육과학사.

김민경 · 노선숙 · 권점례 · 홍지연 · 명혜경(2008). 《수학과 서술형 평가 개발의 실제 -초등학교 4학년-》. 서울: 교육과학사.

김민경 · 노선숙 · 권점례 · 주유리 · 김유진 · 황지현(2008). 《수학과 서술형 평가 개발의 실제 -초등학교 6학년-》. 서울: 교육과학사.

김민경 · 조미경 · 김래영 · 김구연 · 노선숙(2012a). '한국과 미국의 초등수학 서술형 평가의 제도 및 문항 비교'. 〈한국학교수학회논문집〉, 15(2), 239-258.

김민경 · 조미경 · 주유리(2012b). '서술형 평가에 대한 인식 및 실태에 관한 조사연구'. 〈한국초등수학교육학회지〉, 16(1), 63-95.

김민정(2009). 〈수학교과의 서술형 평가에 대한 현황 조사연구〉. 건국대학교 교육대학원 석사학위논문.

김진수 · 김석우(2008). '수학과 수행평가에 관한 고등학생의 인식 연구'. 〈교육연구〉, 18, 1-21.

김형미(2009). 〈수학과 수행평가에 대한 수학교사와 학생의 이해에 관한 연구〉. 전남대학교 교육대학원 석사학위논문.

노선숙 · 김민경 · 조성민 · 문종은 · 박수연(2008). 《수학과 서술형 평가 개발의 실제 -고등학교 1학년-》. 서울: 교육과학사.

노선숙 · 김민경 · 조성민 · 백해진 · 이경은 · 정윤아 · 정연숙(2008). 《수학과 서술형 평가 개발의 실제 -중학교 1학년-》. 서울: 교육과학사.

노선숙 · 김민경 · 조성민 · 정연숙 · 정윤아(2008). '중등 수학과 서술형 평가의 현황 분석 연구'. 〈한국학교수학회논문집〉, 11(3), 377-397.

대구광역시 교육청(2011). 서술형 평가 문항 제공으로 교사는 업무 경감 학생은 사고력 개발. Retrieved from 대구광역시 교육청 홈페이지, http://dge.go.kr

도주원 · 오지연 · 공정인 · 주미정 · 김미영 · 이대현 · 박만구(2009). '초등 교사들의 수학과 서술형 평가에 대한 인식 및 실태'. 〈초등수학교육〉, 12(2), 63-80.

박금란 · 방정숙(2008). '서술형 평가를 통한 초등학교 6학년 학생들의 수학과 기본 지식 이해에 관한 실태 연구'. 〈수학교육〉, 47(2), 181-195.

부재율(2003). 《초등교실을 위한 교육평가》. 서울: 문음사.

서울특별시 교육청(2007). 학습의 질 관리를 위한 초등 학업성취도 평가 문항 개발-초등 교원 평가전문성 신장 연수 교재. 서울특별시교육청.

서울특별시 교육청(2010a). 창의성 계발을 위한 평가 개선 기본 계획. Retrieved from 서울특별시 교육청 홈페이지, http://www. sen.go.kr

서울특별시 교육청(2010b). 창의성과 표현력을 키워주는 초등 서술형 평가 장학자료집(4학년용). Retrieved from 서울특별시 교육연구정보원 홈페이지, http://www.serii.re.kr

서울특별시 교육청(2011). 2011 주요업무계획. Retrieved from 서울특별시 교육청 홈페이지, http://www.sen.go.kr

양길석(2005). '서술형 · 논술형 평가 문항의 제작 원리'. 《서술형 · 논술형 평가 예시문항 자료집-고1 수학》. 서울: 서울특별시교육청.

이성연(2003). 〈고등학교 수학과 수행평가에 대한 인식과 문제점 및 개선방안에 관한 연구〉. 국민대학교 교육대학원 석사학위논문.

정동권 · 송상헌 · 김홍구 · 이용길 · 김성만 · 정주자 · 안승학 · 박정수 공저(2002). 《제7차 교육과정 수행평가 시리즈-수학과 수행중심 평가》. 서울: 학문출판.

조미경(2007). '초등수학 서술형 수행평가 문항 및 평가기준 개발 연구'. 〈수학교육〉, 46(2), 207-226.

조미경 · 김민경 · 권점례 · 노선숙(2008). '초등수학 2-나 단계의 서술형 평가 문항개발 연구'. 〈초등교육연구〉, 21(3), 437-466.

좌동지(2001). 〈서술형 평가가 수학적 성향 및 문제해결력에 미치는 효과-초등학교 수학과를 중심으로〉. 부산대학교 교육대학원 석사학위논문.

지은림(2000). '논술형 수행평가를 위한 채점방법들의 비교'. 〈경희대학교 교육문제연구소 논문집〉, 16, 235-246.

최승현(1999). 《외국에서의 수학과 수행평가: 수행평가 현장 정착을 위한 세미나 자료집-초 · 중등학교 교과별 수행 평가의 실제(5) 수학》 (pp.25-58). 서울: 한국교육과정평가원.

최연희 · 권오남 · 성태제(1998). 《중학교 영어, 수학 교과에서의 열린 교육을 위한 수행평가 적용 및 효과 분석 연구》. 서울: 이화여자대학교 사범대학.

한국교육과정평가원(2007). 《PISA 2006 결과 분석 연구: 과학적 소양, 읽기 소양, 수학적 소양 수준 및 배경 변인 분석(연구보고 RRE 2007-1)》. 서울: 한국교육과정평가원.

한귀원(2007). 〈서술형 평가에 대한 중 · 고등학교 수학교사의 인식〉. 이화여자대학교 교육대학원 석사학위논문.

허경철 · 백순근 · 박경미 · 최미숙 · 양길석 · 김광주(1999). 《수행평가 정책 시행 실태 분석과 개선 대책 연구(연구보고 CRE 99-2)》. 서울: 한국교육과정평가원.

홍지연 · 김민경 · 노선숙 · 권점례(2008). '수학과 서술형 평가의 문항개발 사례 연구 -4-나 단계를 중심으로-'. 〈수학교육학연구〉, 18(3), 335-352.

Bell. M., & Isaacs, A. (2007). The case of Every Mathematics. In C. R. Hirsch

(Ed.), *Perspectives on the design and development of school mathematics curricula*. Reston, VA: NCTM.

Charles, R., Lester, F., & O'Daffer, P. (1987). *How to evaluate progress in problem solving*. Reston: VA: National Council of Teachers of Mathematics. 강완, 김진호, 신혜진(역)(1997). 《문제 해결 과정의 평가 기법》. 서울: 동명사.

Chicago Public Schools (n.d.). Retrieved from Office of Performance website, http://research.cps.k12.il.us/cps/accountweb/Assessment/Resources/IdeasandRubrics/RubricBank

Herman, J. L., Aschbacher, P. R., & Winter, L. (1992). *A practical guide to alternative assessment*. Alexandria, VA: ASCD.

Mullis, I. V. S., Martin, M. O., Smith, T. A., Garden, R. A., Gregory, K. D., Gonzalez, R. J., Chrostowski, S. J., & O'Connor, K. M. (2003). *TIMSS Assessment Frameworks and Specifications 2003*. Chestnut Hill, MA: International Study Center, Lynch School of Education, Boston College.

National Council of Teachers of Mathematics (2001). *Mathematics assessment: Cases and discussion questions for grades K-5*. Reston, VA: Author.

| 찾아보기

[연구진]

노선숙 이화여자대학교 수학교육과 교수 (책임연구원)

김민경 이화여자대학교 초등교육과 교수 (공동연구원)

김구연 서강대학교 교육대학원 수학교육전공 교수 (공동연구원)

김래영 이화여자대학교 수학교육과 교수 (공동연구원)

[개발진]

고정숙 서강대학교 교육대학원 석사과정

권해란 이화여자대학교 수학교육과 졸업

김기영 이화여자대학교 대학원 석사과정

김도희 이화여자대학교 대학원 박사과정수료, 용인 청덕고등학교 교사

김민연 이화여자대학교 대학원 박사과정, 인천 하늘고등학교 교사

김서영 이화여자대학교 대학원 석사과정, 서울 청계초등학교 교사

박미영 이화여자대학교 대학원 박사, 한양대학교 강의교수

박석순 서강대학교 교육대학원 석사, 김포 통진고등학교 교사

박지원 이화여자대학교 대학원 석사

이민희 이화여자대학교 대학원 박사과정수료

이상아 이화여자대학교 수학교육과 졸업, 전북여자고등학교 기간제 교사

이선비 서강대학교 교육대학원 석사, 서울 상문고등학교 강사

이아름 서강대학교 교육대학원 석사,
미국 뉴저지주 Abraham Clark High School 교사

이일웅 서강대학교 교육대학원 석사

이지영 이화여자대학교 대학원 석사, 서울 천일초등학교 교사

이현희 이화여자대학교 대학원 박사과정

전지훈 이화여자대학교 대학원 박사과정, 인천 논곡중학교 교사

정빛나 이화여자대학교 교육대학원 석사, 서울 예일여자고등학교 교사

조미경 이화여자대학교 대학원 박사과정

주유리 이화여자대학교 대학원 석사과정수료, 서울 신중초등학교 교사

최나경 이화여자대학교 대학원 석사과정, 서울 언북초등학교 교사

홍지연 이화여자대학교 대학원 박사, 서울 동구로초등학교 교사

[협력진]

권기석 전 교육과학기술부 수학교육(정책)팀장
김건석 서울 가주초등학교 교사
김명혜 천안 동성중학교 교사
김수진 서울 가락중학교 교사
김연정 서울 양정중학교 교사
김지영 서울 숭의여자중학교 교사
남지연 서울 숭의여자중학교 교사
문미혜 서울 마전중학교 교사
박윤근 서울 양정고등학교 교사
박종관 김포 금파중학교 교사
박지원 전 서울 상일여자중학교 기간제 교사
박혜진 서울 신중초등학교 교사
신진모 서울 천일초등학교 교사
이보은 인천 대인고등학교 교사
이석현 광명 소하고등학교 교사
이성경 수원 수일중학교 교사
이순정 서울 언북초등학교 교사
이영철 서울 예일여자중학교 교사
이현희 전 서울 마포중학교 강사
임명택 서울 동구로초등학교 교사
임정숙 용인 보라고등학교 교사
장영훈 서울 예일여자중학교 교사
전지훈 인천 논곡중학교 교사
정혜진 안양예술고등학교 기간제 교사
최병윤 서울시 성북교육지원청 장학사
최은지 서울 잠실초등학교 교사
하영임 서울 언북초등학교 교사
홍유미 서울 신도중학교 교사
황의정 서울 동구로초등학교 교사
황혜림 서울 청계초등학교 교사

※ 이 책은 2011년도 정부(교육과학기술부)의 재원으로 한국연구재단의 지원을 받아 연구되었음(NRF-2011-32A-B00216).

수학과 서술형 평가의 실제

: 초등학교 5학년

지은이 김민경, 김구연, 김래영, 노선숙
김서영, 이지영, 조미경, 주유리, 최나경, 홍지연
펴낸이 박문규
펴낸곳 경문사
펴낸날 2013년 10월 30일 1판 1쇄
등 록 1979년 11월 9일 제313-1979-23호
주 소 121-818, 서울특별시 마포구 와우산로 174
전 화 (02)332-2004 팩스 (02)336-5193
이메일 kyungmoon@kyungmoon.com

값 15,000원

ISBN 978-89-6105-694-6